U0618107

中国农民工实证调查与理论研究

姚上海◎著

中国出版集团

世界图书出版公司

广州·上海·西安·北京

图书在版编目（CIP）数据

中国农民工实证调查与理论研究 / 姚上海著. --
广州：世界图书出版广东有限公司，2014.9
ISBN 978-7-5100-8731-8

Ⅰ. ①中… Ⅱ. ①姚… Ⅲ. ①民工－调查研究－中国
Ⅳ. ①D669.2

中国版本图书馆 CIP 数据核字(2014)第 226916 号

中国农民工实证调查与理论研究

策划编辑	胡一婕
责任编辑	杨力军
封面设计	高艳秋
投稿邮箱	stxscb@163.com
出版发行	世界图书出版广东有限公司
地　　址	广州市新港西路大江冲 25 号
电　　话	020–84459702
印　　刷	虎彩印艺股份有限公司
规　　格	787mm×1092mm　1/16
印　　张	14.75
字　　数	290 千
版　　次	2014 年 9 月第 1 版　2015 年 6 月第 3 次印刷
ISBN	978-7-5100-8731-8/F·0159
定　　价	58.00 元

版权所有　翻印必究

前　言

　　农民工这个特殊群体,形成于我国 20 世纪七八十年代实行改革开放政策以后,与我国经济体制的改革进程一同发展,其演进过程凸显着我国经济、社会、政治及全方位发展的典型特征,为推动我国城市化进程与城乡协调发展做出了巨大贡献。

　　农民工问题研究,自农民工现象出现伊始,即受到国内外学者特别是国内学者与各级政府的广泛关注。学者们从各个视角,依据自身的专业优势与特长,或理论探讨,或实证调查,或政策建议,观点鲜明,内容丰富,学养深厚。我自 1990 年代便开始关注和从事我国农民工问题相关理论的学习与农民工问题的研究,20 多年的研究实践,给了我巨大的收获,更开启了我的学术研究生涯。

　　在我与农民工群体亲密接触及农民工问题的深入研究中,体会最深的是:其一,农民工问题既是一个学术问题,更是一个鲜活的社会现实问题,是我国农村近 10 亿人口的生存与命运问题。所以,对农民工问题的研究首先需要研究者的感情投入,需要研究者抱有身临其境、设身处地的研究态度。其二,农民工问题是一个事关我国现代化路径选择的重大问题,也是一个与一位位充满期待的农民工个体的日常生活及生存境遇密切相连的最平凡的问题。所以,对农民工问题的研究需要研究者做深入、大量的实证调查,在仔细倾听农民工兄弟姊妹声音的基础上,发出自己灵魂的咏叹。其三,农民工问题是由一个一个现实的人与一件件现实的事组成的,更是一个综合性、全面性的复杂系统。所以,对农民工问题的研究,需要研究者借助各个学科的知识、工具和方法,展开多学科全方位的研究。

20多年来,我孜孜专注于这一问题的调查与研究,不分寒暑,无论冬夏,只要有机会,便一头扎进农民工兄弟之列,一头钻进这一问题的剖析之中。先后撰写发表近20篇相关论文,从实证调查报告到专题深入探讨,从现象描述到理论阐释,等等,不一而足,总感觉还有很多的话要说,还有很多的事要做。所以,便将自己的诸多论文结集出版,以志对前期的总结,并以此装点行囊,再次启航。

借此机会,衷心感谢我的老师、同事、朋友、妻女以及家人对我学术研究的支持,作为一位非专业的研究者,没有你们的大力支持与长期鼓励,对我来说,要挤出时间做好这些研究是不可想象的。感谢世界图书出版广东有限公司的杨力军编辑,是她的鼓励和支持,使我能鼓足勇气,将自己长期以来对农民工问题的研究心得结集出版。

"路漫漫其修远兮,吾将上下而求索。"以之激励自己。

姚上海
2014 年 7 月 6 日于武汉南湖畔

目录 content >>

◆ **第三部分** ◆

农民工权益保护问题研究

◆ **第四部分** ◆

农民工问题实证研究

第一部分
农民工城镇转移就业行为
理论及政策研究

我国农村富余劳动力转移的
制度性约束探讨

当前,我国农村出现了大量的富余劳动力,这是对劳动力资源的严重浪费。为了充分利用劳动力资源,进一步发展我国经济,必须对农村富余劳动力实施有序转移。然而,转移却遇到了诸多制度性约束。本文对我国农村富余劳动力转移的制度性约束予以简要探讨。

一、户籍管理制度

我国 1950 年代中后期逐步建立起来的城乡居民户籍管理制度,是当前我国农村富余劳动力转移最大的政策障碍。

我国现行的户籍管理制度,是一种典型的计划经济时代遗留下来的"唯出身论"管理观念下的制度模式,它充分体现了我国计划经济时代产生而后不断被强化的"城乡分治,一国两策"的二元体制管理方式,其本质就是限制人口在城乡之间甚至城市之间流动。在市场经济体制建设不断完善的当今,它实际形成的对农村劳动力的歧视日益凸显:把农村劳动力进城务工叫作民工,要另行办理"暂住证",造成农村劳动力身份上的不平等,从而不能平等享受与城镇居民同等的"公民待遇"。没有合法的身份,使得农村劳动力在就业机会和劳动收入等诸多方面受到不公正待遇,甚至是歧视,如有很多城市在招工时都附加一条,要求有该城市户口。加重了农村劳动力流动的"心理成本",形成农村富余劳动力转移的政策障碍。使得支配农村劳动力这一人力资源市场配置的市场机制这只"看不见的手"被一只"看得见的脚"踩住了,不能按市场规律流动①。

近年来,由于我国着力推进城市经济体制改革,调整经济结构,在城市产生了一定数量的下岗工人和转岗、待岗人群。于是,为了妥善安置本市的下岗

---

① 程晓农:《被忘却了的农村改革》[J],《经济管理文摘》2001 年第 9 期。

职工、转岗、待岗人群,维护当地社会稳定,许多城市都纷纷出台相关政策,首先解决本市人口的就业问题,排斥使用农村劳动力(如许多城市对招收本市下岗人群企业实行种种包括税收等多方面的优惠政策)。使得支配农村劳动力这一人力资源市场配置的市场机制这只"看不见的手"又被"市长的手"遏制住了①。

再从户籍管理制度的现行运行状态看,这一制度已基本成了一个几乎不起作用的空架子,也基本失去了这一管理制度制定之初的社会管理及经济运行的基础,几乎完全背离了它原有的管理功能。同时,在我国城市和农村也都存在着一定数量的"人户分离"人群、城市"边缘群体"。有鉴于此,近年来,许多城市出台了一些政策,正在逐步放松对城市户口的种种限制。但必须看到,现行的户籍管理制度不是一项"独立"的政策,依附于它的还有许多城市管理政策,如子女教育、社会福利、消费信贷等。如不彻底取缔户籍管理制度,就会使这些政策形成一种"路径依赖",依赖于户籍管理制度,沿袭旧有的管理模式,形成农村富余劳动力转移的一道道"篱笆",阻碍农村劳动力的流动。

我们的政府相关管理部门,必须彻底转变观念,转变行政理念。(1)由户籍管理制度转向身份证管理制度,破除旧的户口管理制度加在农村劳动力身上的一些歧视性规定,实现城乡居民身份管理的一体化。(2)在当前我国的城镇化建设中,进一步放开小城镇户口的落户限制,鼓励农村人口逐步向小城镇聚集。(3)降低落户大中城市的现在还较高的"准入件",如需大面积住房、高学历、高职称等,充分认识到农村劳动力进城是社会发展的必然,是工业优化成本结构、城市劳动力重组、市民提高生活质量和农民增加收入的多赢举措②。制定切实有效的政策,为农村劳动力的转移创造条件,使得农村劳动力这一我国最丰富的人力资源,采用市场化配置方式,在城乡之间、农业和非农业之间顺畅转移、合理流动。

二、农村土地管理制度

我国现行的农村土地管理制度,是当前农村富余劳动力向非农产业转移、向城镇聚集,推进我国城市化、农村现代化建设的又一政策性障碍。

我国现行的农村土地管理制度为:农村土地归村集体所有,农户家庭承

---

① 朱国宏:《"三农"问题的人口学研究》[J],载《人口研究》2003年第2期。
② 张敏华、项复民:《农村劳动力从"转移"到"转化"的提升》[J],载《中国人力资源开发》2003年第4期。

包经营,"统分结合"为基本特征的双层经营体制。农村土地归村集体所有,农民仅有承包经营权(即对农村土地的使用权),这种制度设置,在农村经济体制改革的初期,农村生产力水平比较低,农村经济发展处于原始积累阶段时,是完全切合我国基本国情的。但是,随着农村经济发展水平的不断提升,农业经济已经由生存型经济转变为发展型经济的时候,这一制度安排中的不足之处也不断凸显出来,如农村土地所有权与使用权的分离,造成所有权的"虚置";农村土地市场的不健全;农村土地不能自由流动和市场化配置等问题,给农村经济整体发展带来制度性碍。这种障碍之一,就是束缚了农村富余劳动力的转移,不利于农村富余劳动力的流动。

目前,农村土地对农村富余劳动力转移的束缚作用,突出表现在以下两个方面:其一,不能彻底解除已经顺畅转移了的农村富余劳动力的后顾之忧,造成他们"亦工亦农,亦商亦农"的兼业化状态。农闲时进城务工,农忙时回乡务农,"打工赚的几个辛苦钱都丢在路上了",加大了农村富余劳动力的转移成本。其二,不能彻底剥离已经成功转移了的农村富余劳动力及由他们带出来的农村剩余人口与农村之间的制度"脐带",脱离"母体",增强自身的生存能力,形成对农村土地的"心理依赖",不能真正脱离农村,融入城镇,实现彻底转移,并升华为转化。

其实,目前,我国不少农村的农民已经在开始尝试建立农村土地使用权流动市场,尝试着让农村土地使用权转包、转让、互换、入股等[①]。虽然这些尝试还存在一些问题,但却是符合我国农村经济发展规律、符合中央农村经济政策的一种制度创新。

我们的一些管理部门以及学者总担心:如果允许土地使用权的自由流动,就会出现"无地农民",给社会的稳定带来不安定因素。其实,这种担心是没有必要的,即使出现所谓的"无地农民"也只是少部分,只是社会经济体制转型过程中的一种"阵痛",阶段性的。我们要充分相信,经过 20 多年的市场经济建设实践,已经不断增强了的农民的市场经济意识。关键的问题在于:要坚决巩固农户的承包经营权,充分尊重农户的独立自主的经营地位,健全和完善农村土地市场,防止"强化"农村土地所有权,而"弱化"农村土地使用权的现象,特别是要杜绝用村组织的行为削弱甚至否定农户的市场经济主体地位,真正遵循土地流转中的"依法、自愿、有偿"的原则,使农村土地使用权自

---

① 浙大卡特与浙江省农业厅联合调查组编著:《农村土地流转:新情况、新思考》[J],载《经济管理文摘》2002 年第 5 期。

由流动。在这种流动中,农民既可以让土地使用权"流出",也同样可以让土地使用权"流入",彻底解除土地对农村富余劳动力的束缚,有利于农村富余劳动力的转移、转化,推进城镇化建设,加快农村现代化建设步伐。

三、农村劳动力就业培训制度

农村劳动力总体素质较低,就业培训几乎处于"空白状态",是当前制约我国农村富余劳动力转移的核心问题,是目前解决农村富余劳动力转移必须立即着手解决的当务之急。

由于受经济发展水平的制约等多重因素的影响,造成我国农村人口的整体文化、科技素质远远低于城镇人口。据国家统计局调查,在我国农村人口中,初中以下文化程度的人口占 88.3%,受过专业技能培训的仅占 12%[1]。另外,在对在读大学生生源地的统计中,来自于农村的大学生仅占 30%,来自于城市的大学生占 70%。农村人口基数大,比例高,素质低,已经严重制约着我国农村人口的经济收入水平。据国家统计局 1989 年对 6.7 万户农村人口的跟踪调查结果:文盲户人均年收入 442.8 元,小学文化程度户 529.4 元,初中文化程度户 616.3 元,高中文化程度户 639.8 元,中等技术教育程度户 740.9 元[2]。这些数据表明,农村人口的收入与所受的教育程度及文化素质具有明显的正相关性。正因为这种正相关性,国家必须大力加强农村基础教育投资,努力培植各种职业技术培训模式,积淀农村人才资本存量。这不仅是当前农村经济发展的必需,更是国家长远发展的"百年大计",要全面建设小康社会,必须减少农村人口比例,而要减少农村人口,又必须促使农村人口在农村富余劳动力的带动下,实现向城镇、非农产业转移,而要使这种转移稳定,不出现"退潮",必须提高农村富余劳动力的整体素质、职业技能,在城镇、非农产业获得固定的就业岗位,这是一根链条上的几个环节,环环相扣,互为依托。只有加强农村基础教育,加强农村富余劳动力的就业培训,从总体上提高他们的文化、科技素质和就业能力,才能为农村富余劳动力的转移提供较高的"平台",以避免当前农村富余劳动力转移的低质状态。

在当前的农村富余劳动力向城镇、非农产业的转移过程中,有一个不可忽视的现象:他们绝大多数从事的都是建筑业、手工制造业、批发零售贸易和

---

① 李建民:《解决"三农"问题的根本途径是减少农民》[J],载《人口研究》2003 年第 2 期。
② 闫淑敏、张生太:《中国家庭人力资本投资动态分析及政策建议》[J],载《预测》2003 年第 1 期。

服务业等以体力为支柱的简单劳动,收入很低。据统计,农村劳动力转移后的人均年收入仅在5000元左右,低于城镇劳动力的收入水平[①]。由此而造成农村富余劳动力就业岗位不稳定,不能实现真正的转移。

由于目前农村就业中介服务组织的缺位,造成农村富余劳动力转移过程中,就业信息不对称。一般来说,他们仅仅依据农民之间的亲缘关系网和地缘关系网提供的一些就业信息,往往不可靠,农村劳动力的转移基本上处于盲目和无序流动状态,一时"南下",纷纷涌入珠江三角洲、长江三角洲,一时又"北上",涌入北方甚至是西部城市,既所谓的"民工潮""盲流",这不仅给社会带来了诸多的不安定因素,也大大加大了农村富余劳动力的就业风险和转移成本。这一现象是当前农村富余劳动力转移过程中十分突出的问题。这就要求我国"民工"相对聚集地区的地方政府,转变观念,转变职能,切实为农民服务。(1)建立和健全信息网络,广开门路,收集各种就业信息,并根据发达地区的人力资源需求状况,进行有针对性的岗前培训和各种职业技术培训,使得没有技能的农村富余劳动力有一技之长,已经有了一技之长的更加熟练、更加符合城市发展的需要,提高农村劳动力的就业和创业能力。(2)加强农村富余劳动力转移过程中的经验交流,用已经成功转移了的农村富余劳动力的经验激励和帮助正在转移过程中农村富余劳动力,激发和引导广大农民改变生存方式,促进农村富余劳动力转移质量和水平的升级、提高。(3)以培训为依托,建立农村富余劳动力转移服务的中介组织,健全就业信息服务体系、就业信息收集和传递体系,促使农村富余劳动力转移工作的有序化、规范化,以进一步使得农村富余劳动力的转移不仅仅是"劳务输出""进城务工",而是真正融入城镇,成为合格的"城里人"。

四、农村社会保障制度

我国农村社会保障制度的不健全,保障体系的不完善,使得土地成了农村人口的最主要的保障形式之一,严重束缚了农村富余劳动力的转移,让农民们"离不开土地"。

土地是农业经济的最为主要的经济资源。但是在我国,土地资源却是异常缺乏的,全国至少有三分之一的省市人均耕地面积不足1亩,而按照联合

[①] 张敬华、项复民:《农村劳动力从"转移"到"转化"的提升》[J],载《中国人力资源开发》2003年第4期。

国的规定:1亩地是一个人维持基本生存的最低保障。所以,在我国绝大部分地区,土地对于农民来说,既是一种生产资源,更是一种生存保障,其保障功能要大于其生产功能。现阶段农村土地对农村人口的生存保障功能主要体现在如下两个方面:其一,是养老保险,农村老年人口拥有一份土地,自己耕种或由子女耕种,或转给他人耕种,农村老年人口就有了基本的生活保障;其二,是"退农保障"或"失业保障",拥有一份土地,当农村劳动力进城务工或就业遭遇挫折时,就可以回到农村务农,获得基本的生活来源[①]。同时,我国农村人口除了现有的土地保障机制外,还没有任何其他有效的社会保机制,虽然,土地对农民的保障作用正在不断减弱,但这却是我国农村人口的唯一保障依赖。正因为如此,使得土地成了农村人口的最根本的依靠,在我国农村目前还"没有适宜的社会保障制度替代土地的保障功能,农民不可能从根本上离开土地"(于学军,中国人口信息研究所);使得农村富余劳动力的转移对绝大部分农民来说,成了一句空话。为此,应尽快完善我国农村社会保障制度,丰富社会保障体系,如建立农村居民最低生活保障制度、农村劳动力进城务工工伤医疗保险制度等,建立城乡一体化的社会保障体系,解除土地对农村富余劳动力的束缚,促进农村富余劳动力的转移。

（原载《中南民族大学学报》2004 年第 1 期）

[①] 杨立雄:《争论与分歧 -- 对社会保障最新研究的综述》[J],载《中国人口科学》2003 年第 2 期。

"民工荒"背景下
农村剩余劳动力转移动因与行为选择

"民工荒"产生于我国农村剩余劳动力转移进程中,绝非偶然,虽有悖于我国的基本国情,出乎我们的意料,却反映了我国社会经济结构中的许多深层矛盾,更是我国深刻的城乡二元经济结构的具体体现。根据国际经济发展经验,农村剩余劳动力城镇转移是一个国家由传统的农业、农村社会向现代工业、城市社会转型的必然。当前,我国农村外出务工农民已超过一亿人,并且每年以 5%的速度增长,农村剩余劳动力城镇转移群体已逐渐成为我国转型社会中一个新的阶层,在传统的二元社会结构中形成第三元结构(农民工),这是一个不容忽视也不能忽视的社会现实。维护好这部分人的经济、社会权益,不仅关系到我国社会的稳定,更关系到国家现代化建设的进程。我国的工业化和城市化道路具有强烈的中国特色,不仅面临着巨大的农村人口压力,而且是在体制和机制以及社会的转轨与转型中、巨大的区域发展差距中逐渐推进的,有着其自身的特征和规律。已经走过的 20 多年的农村剩余劳动力的城镇转移进程,特别是由"民工潮"的形成到"民工荒"的产生,更是深刻显示着我国农村剩余劳动力城镇转移的特殊性。正是在这样的特殊背景下,对我国农村剩余劳动力城镇转移现象做进一步的理论探讨便更显得必要和迫切。

一、东西部地区之间、城乡居民之间以及农村居民之间的经济收入差距是我国农村余劳动力城镇转移行为最基本的转移动因,并推动了"民工潮"的形成。

东西部地区之间、城乡居民之间收入差距的存在以及持续扩大,既是制约我国国民经济健康、持续、协调发展的刚性因素,也是我国农村剩余劳动力城镇转移的最基本的激励动因。我国城乡居民收入差距一直存在,并时有起伏,1978 年城乡居民人均收入比是 2.57∶1,农村改革后这一比例逐步降低,到 1983 年降到最低点 1.82：1,随后城乡收入差距反弹扩大,到 1990 年城乡收入比为 2.2：1,1995 年为 2.71：1,2000 年为 2.9：1,目前则达到 3.1：1 [①]。特别是 1990 年代以后, 我国城乡居民的收入增长速度差距不断扩大的问题日益突出,城市居民收入水平和生活水平大幅提高,农村居民收入增长幅度却十分缓慢,1990—2001 年,农民人均纯收入增长 4.48%,比 80 年代增长速度几乎慢了一倍,同期城镇居民人均可支配收入增长 110.15%,年均增长 7%,比 80 年代增长快 54% [②]。全国各地区在改革开放以来普遍取得很大发展的同时,地区发展之间的差异也逐年扩大,1990 年代以后,这种差距扩大的趋势更加显现,从经济总量看,东部地区占全国经济总量的比例不断提高,从 1980 年的 50% 提高到 2003 年的 59%, 中、西部地区分别由 30% 和 20% 下降到 24.5% 和 16.5%;从人均 GDP 看,东部地区人均 GDP 水平高出全国平均水平的幅度进一步提高,由 1980 年的高 34% 提高到 2002 年的 53% 左右,中西部地区人均 GDP 与全国平均水平的差距也进一步扩大,由 1980 年相当于全国平均水平的 88% 和 70% 下降为 2002 年的 70% 和 59% [③]。

根据托达罗(Todaro)关于劳动力迁移的绝对收入假说理论,决定农村劳动力进城的条件是:城市中的预期收入(包括实际收入和人力资本增值收入)乘上城市就业概率减去外出的成本(包括实际成本、机会成本、心理成本等)后为正值。农村劳动力是否转移,取决于城镇转移的预期收入、就业形势、外出成本、外出机会成本以及家庭情况的变化等因素。托达罗关于劳动力迁移的绝对收入假说理论是目前国内外解释劳动力迁移现象最基本的理论,对我国农村剩余劳动力城镇转移现象也具有一般性解释力。毫无疑问,客观存在的城乡之间和东西部地区之间的绝对收入差距为农村剩余劳动力的城镇转移提供了最基本的转移动因。我国农村劳动力城镇转移现象从其产生之初,就是迫于农业收入、农村经济增长空间的限制而做出的理性选择。一方面随着我国 1980 年代以来改革的深化,城镇工业化发展水平不断提高,城镇经济收入水平也有了较大幅度的增长,城乡居民收入差距进一步拉大,城镇更高的经济收入以及更多的就业机会形成了对广大农村劳动力的拉动力量;另一方面农村社区随着家庭联产承包责任制的实施, 农业生产率的大幅提高,农

---

① 中国"三农"形势跟踪调查课题组、中汉经济研究农村发展研究部编:《小康中国痛》[M],北京:中国社会科学出版社 2004 年第 1 版。
② 刘斌、张兆刚、霍功编著:《中国三农问题报告》[M],北京:中国发展出版社 2004 年第 1 版
③ 张翼:《从三组数据看地区差距》[N],载《光明日报》2004 年 5 月 10 日 B1 版。

村产生了数以亿计的剩余劳动力,农村居民要增加收入,要改善生活条件,剩余的劳动力特别是青年劳动力要寻找出路,便有了城镇转移的巨大的推动力量。这种"推—拉"双重作用模式显然与托达罗模型理论的解释是基本吻合的。但在我国农村剩余劳动力城镇转移的实践中,也有托达罗模型所不能解释的现象,主要有两点:其一,按照城乡收入预期差异的影响力大小来说,我国东中西三大区域之间,东部与西部地区之间的收入差距显然要远远大于东部与中部地区之间的收入差距,根据托达罗理论观点,西部地区劳动力转移的规模和力度应该大于中部地区的劳动力转移规模和力度。但我国农村劳动力城镇转移的事实却并非如此,中部地区向东部地区的劳动力转移规模要比西部地区大得多,2000 年占全国农村人口 32%的 6 个省和自治区(江西、湖南、安徽、湖北、河南、广西)构成了全部迁出人口的 59%,而这些省份无一被划入最贫困的西部地区[①]。其二,按照托达罗理论假说,城市更高的收入和更多的就业机会而形成的较高的城市收入预期,应该对农村的每一个家庭都构成巨大的转移吸引力,农村家庭应该普遍具有较强的转移动机,但我国农村劳动力城镇转移的事实也并不完全如此,一些研究结果显示,我国农村最具迁移动机的家庭并不是最贫困的农户[②]。对于出现在我国农村剩余劳动力城镇转移进程中的这类现象,我们可以借助伊斯特林(Easterlin)、斯塔克(Stark)等人的相对经济地位变化假说理论予以解释。伊斯特林较早地借用相对经济地位变化假说来解释人的经济行为。他认为,人们的相对收入决定人们的经济行为。所谓相对收入,是指一个人根据一个内在化的期望生活标准对收入做出的评价。根据这种假说来解释城乡之间的迁移现象,可以得出这样的结论:农村劳动力迁移与否,不仅决定于他们与城市劳动力之间的预期收入之差,还决定于他们在家乡感受到的相对经济地位变化,以及迁移之后按照接受地的期望生活标准感受到的相对经济地位变化。斯塔克等对此作了补充,他们认为,人们的迁移行为不仅受城乡收入差距的拉动,还受到农村户与户之间收入相对差距的影响,即那些按照当地基本要求来看收入水平太低,因而许多感受到经济地位下降的农户会更有迁移动机。显然,人们之间相对经济地位的变化为人们的迁移行为提供了某种激励。我国改革开放以来农村剩余劳动力的城镇转移现象也说明了这一理论假说的合理性,1990 年代以来,农村地区之间、农户之间以及农村个人之间的收入差距持续扩大,农村社区

① 李培林主编:《农民工:中国进城农民工的经济社会分析》[M],北京:社会科学文献出版社 2003 年 4 月第 1 版。
② 李培林主编:《农民工:中国进城农民工的经济社会分析》[M],北京:社会科学文献出版社 2003 年 4 月第 1 版。

居民日益强烈地感受到经济收入差距不断拉大带来的冲击,部分农户、农民外出打工改善相对收入状况的激励,都不断地强化着农村剩余劳动力的城镇转移动机①。

正是客观存在的城乡之间和东西部地区之间的绝对收入差距和农民之间客观存在的相对经济地位变化,促使我国农村劳动力城镇转移的形成,并逐渐强化而形成"民工潮"。

二、由人口—资源压力下的生存理性到寻求增加收入的经济理性到注重权益的社会理性,体现了我国农村剩余劳动力城镇转移活动中,市场主体意识的不断增强和经济行为能力的不断成熟。

美国经济学家、1979 年诺贝尔经济学奖得主 T.W.舒尔茨(Schultz)认为,农村经济中的农户就相当于资本主义市场经济中的企业单位,农民比起任何资本主义企业家来说都毫不逊色。在这样的基本认识基础上,他认为,改造传统农业的出路在于激励农民为追求利润而创新的行为。S.波普金(Popkin)与T.W.舒尔茨的观点十分相似,他也认为,小农的农场完全可以用资本主义的公司来刻画,小农无论是在市场领域还是在政治社会生活中,都更倾向于按理性的投资者的行动原则行事。人们将他们两人的观点归纳称为"理性小农"命题。这一理论实际上强调了,对于农户或者小农,重要的是为其提供"现代市场要素"和创造外部市场条件,只要这些因素具备了,农户就会自觉出现"进取精神",并合理使用和有效配置他们掌握的资源(包括他们的人力资源)②。按照"理性小农"的观点解释我国的农村剩余劳动力城镇转移的现象是有一定的说服力的,正是我国广大农村劳动力的"理性"选择不断推动和强化着我国的社会主义市场经济体制改革,同时,我国社会主义市场经济体制改革的不断深化和完善,又进一步推动着农村剩余劳动力的城镇转移进程,1980 年代初,人口—资源压力下的农村剩余劳动力"离土不离乡,进厂不进城"的"生存理性"选择,1990 年代,持续扩大的城乡收入差距激励下的"离土又离乡,进厂又进城"的"经济理性"选择,目前广大农村剩余劳动力渴望"离土、离乡又离坟",注重自身个人权利、社会权利和政治权利的"社会理性"选择,改革开放

① 李培林主编:《农民工 中国进城农民工的经济社会分析》[M],北京:社会科学文献出版社 2003 年 4 月第 1 版。
② 张杰主编:《中国农村金融制度:结构、变迁与政策》[M],北京:中国人民大学出版社 2003 年第 1 版。

以来 20 多年的我国农村剩余劳动力城镇转移历程中的每一步都镌刻着农村劳动力"理性选择"的烙印。但"理性小农"理论的解释也并不完全,第一,我国农村剩余劳动力的城镇转移是在信息极不对称的情况下进行的,农村剩余劳动力城镇转移不仅需要支付一定的转移成本(包括信息搜寻成本、工作找寻成本、就业机会成本等),而且还要承担一定的风险(也可称为心理成本)。农民往往承受着极大的"转移风险",有可能为此所进行的大部分投入都演化为"沉没成本"。第二,我国农村剩余劳动力的转移不仅受"理性"支配,更是在"理性"的"启蒙"下,更大程度的受到农村社区的血缘、亲缘、地缘以及学缘关系相互影响和彼此强化。第三,我国农村剩余劳动力的城镇转移行为深受"小农观念"的影响。对此,我们可以用经济学中的"道义小农"理论来进行解析。"道义小农"理论产生于 A.V.蔡亚诺夫(Chayanov)的"道义命题"理论,完善于 J.斯科特(Scott)的"道义经济"理论。在 A.V.蔡亚诺夫的"道义命题"理论里,核心的观点是小农生产的产品主要是为了满足自身消费而不是追求利润,于是,小农经济行为的最优化选择就取决于自身的消费满足与劳动辛苦程度之间的均衡,而不是成本收益间的比较。所以,对于小农的经济决策来说,只要家庭消费(或生存)需要没有得到满足,就依然会接着投入劳动力,而不论此时的边际收益是否已经低于市场工资。美国经济学家 J.斯科特对上述理论做了进一步扩展,并提出著名的"道义经济"命题,他认为,小农经济坚守的是"安全第一"的原则,具有强烈生存取向的农民宁可选择避免经济灾难,而不会冒险追求平均收益的最大化。或者说,他们宁愿选择回报较低但较为稳妥的策略,而不选择为较高回报去冒风险[1]。回顾我国改革开放政策实施以来农村剩余劳动力转移历程,这一理论解析是比较吻合的,在我国传统的农业社会里,广大农村居民在各种不同的谋生方式的选择中,往往更多地笼罩在传统的生存理念之下,农村居民在我国人多地少的资源压力下,其决策行为不是遵循所谓的"经济理性"原则,更多考虑的是为了全家的生存,在趋利与避害的选择中,避害第一,趋利第二[2],长期以来形成的我国农业、农村经济"过密化"现象就是最直接的后果之一。这种小农思想观念也严重影响着我国农村剩余劳动力城镇转移行为,我国农村居民渴望城镇转移,但又难以割离农村社会,融入城市生活,形成"候鸟式"转移现象,就有这种小农思想观念的影响痕迹。

---

① 张杰主编:《中国农村金融制度:结构、变迁与政策》[M],北京:中国人民大学出版社 2003 年第 1 版。
② 黄平主编:《寻求生存——当代中国农村外出人口的社会学研究》[M],昆明:云南人民出版 1997 年第 1 版。

三、由"离土""离乡"到"离坟"是我国农村剩余劳动力城镇转移的必然发展趋势，也正是"离土""离乡"的艰辛和"离坟"的艰难，造成当前"民工荒"的现实。

为什么会产生"民工荒"？除我国城乡二元经济结构性原因外，我们可以用黄宗智的小农理论和吉登斯（Giddens）的结构化理论，从农村社会自身的角度加以解释。

华裔学者黄宗智小农理论的核心是对小农经济"半无产化"的定义与刻画以及在此基础上提出的著名的"拐杖逻辑"。根据黄宗智的这一理论，我国农村存在多余的劳动力而又无法转移出去，或者说，暂时离开农村小农家庭的劳动力对小农经济仍然心存眷顾，他们有时十分贫困甚至挣扎在生死线上，但就是因为无法割舍几亩农田而不能成为真正意义上的雇佣劳动者，也就是彻底割离农村，融入城镇。对于中国农村小农家庭，农业或农业土地是一种生存保险，更是尊严的依托，农户或农民对土地的依赖，并非只是出于经济收入的考虑，对于他们而言，寄托于土地的东西太多太多，经济收益可以寻找替代物，但渗透农业和土地的其他传统、文化、尊严和情感，则难以割舍和替代，于是，农民工进城务工收入仅是家庭农场的某种补充而不是替代。显然，我国农村社会长期以来一直维持着黄宗智意义上的小农格局，农户的心态大多是保持温饱无忧，一旦农民从事农村农业生产可以维持生计，保障家庭成员衣食无忧，便会回归土地。这对当前"民工荒"现象不无解释力。

在吉登斯的结构化理论中，吉登斯认为，人们有意图的行动包括三个层面的基本内容：第一，对行动的反思性调节，即行动者总是试图不断地认识自己的种种活动和自己得以在其中活动的社会与物质环境，并期望知道别人对自己的这些活动是如何反应的，因此，他们总是不断地改变和调节着自己的行动；第二，行动的合理化过程，即行动者不间断地保持对自己活动的各种环境条件的理论性领悟，并能对自己也对他人做出合理化的解释；第三，促使行动得以发生的动因，行动的动因并不直接与行动的连续性相连，潜在于行动，是对行动的"规划"[①]。按照吉登斯的结构化理论，农村剩余劳动力在城镇转移的过程中，作为行动主体，城镇转移行为不仅具有明确的动

---

① 黄平主编：《寻求生存——当代中国农村外出人口的社会学研究》[M]，昆明：云南人民出版 1997 年第 1 版。

因,而且总是能够不断地将自己的行动加以合理化,总是不断地对自己的行动进行反思和调节。

　　我国农村居民是一个富有创造性和开拓性的群体,农村居民群体创造了实行家庭承包责任制和发展乡镇企业这两项农村最重要的改革,1978年安徽省小岗村的几十号人,创造性的拉开了农村家庭联产承包责任制的序幕,并如决堤江水,势如破竹,农业生产率获得极大提高,农村劳动力获得极大解放,于是,农村有了剩余劳动力,这部分农村居民需要寻找出路,需要就业机会,在当时我国城乡二元体制障碍还不可逾越的年代,农村居民创造性地办起了乡镇企业,农村居民们开始了"离土不离乡,进厂不进城"的农村内非农转移;1980年代中期,随着城市经济改革的推进和深化,城乡二元结构壁垒的逐渐解除,城市有了巨大的劳动力需求,于是农村地区充分发挥劳动力"蓄水池"的作用,广大农村剩余劳动力开始了大规模城镇转移,农村剩余劳动力"离土又离乡,进厂又进城",大批农村剩余劳动力南下东进,涌进各大中小城市,"民工潮"由此形成;随后的劳动力转移进程中,由于我国长期以来的城乡二元经济结构的阻滞,户籍管理制度、劳动就业制度、社会保障制度等改革的滞后,农民工劳动权益、经济权益以及社会权益得不到有效保障;同时,我国城市化建设的滞后,城市在吸纳农村转移人口中作用不能有效发挥,造成农村转移人口的城市"边缘人"角色和"离坟"的艰难,产生很多城市问题,进而形成当下的"民工荒"。回顾我国农村剩余劳动力的城镇转移进程,由农村剩余劳动力冲破城乡、工农壁垒开始非农就业和城镇转移到"民工潮"的形成以及当前"民工荒"的产生,我国农村剩余劳动力的城镇转移正是在这种不断的反思性调节、逐步合理化和由动因与结果的双重循环作用下的优化选择。

（原载《安徽农业科学》2005年第6期）

从"民工潮"到"民工荒"
——农民工劳动力要素价格扭曲现象剖析

我国人多地少,耕地总面积只占世界总耕地面积的 7%,农业人口却占世界农业人口总数的三分之一,全国人均耕地面积仅为 1.43 亩。严重的人地矛盾,使我们深刻认识到:只有减少农民才能富裕农民,农村富余劳动力的转移问题关乎我国全面建设小康社会的宏图伟略,关乎我国社会主义现代化建设事业的进程。如何把巨大的人口压力转变为人力资源优势,一直是我国各级政府"执政为民"的首要问题和头等大事。国家发展与改革委员会小城镇改革发展中心副主任何宇鹏认为:"在统筹城乡经济社会发展的过程中,转移农村劳动力是一项非常艰巨的任务。按每年提高 1%的城市化率计算,每年得转移800 万的农村劳动力。要把现在的 1.5 亿农村剩余劳动力全部转移,也要 20 年时间。显然,这是长期的任务。何况农村人口还在不断增加"[①]。这说明从我国的发展现实看,"民工荒"现象的出现,决然是一种假象,必然有其深层的原因。同时,根据经济学"刘易斯转折点"理论,如果真出现"民工荒",就应该出现经济学上的"刘易斯转折点",它是经济发展进入新阶段的一个重要特征,意味着工资水平上涨,劳动力开始变得稀缺,资本相对丰富,资本、技术在经济发展中作用和比例会逐步提高。但是,我们并没有看到什么工资上涨的迹象[②]。显然,从理论上看,"民工荒"的出现也是没有依据的。在此,作者通过回顾"民工潮"产生及"民工荒"出现的背景和状况,分析特征,认为从"民工潮"到"民工荒"的深层原因是农民工劳动力要素价格的扭曲。

一、"民工潮"是我国经济体制改革的产物

我国农村富余劳动力的自由流动,始终伴随着我国改革开放的进程。始于农村家庭联产承包责任制改革,兴起于农村乡镇企业的蓬勃发展,形成于沿海

---

① 田永胜:《统筹城乡发展重在以城带乡》[N],载《光明日报》2004 年 3 月 8 日 C1 板。
② 田永胜、蔡昉:《如何使劳动力要素价格不再被扭曲》[N],载《光明日报》2004 年 10 月 19 日。

开放战略的实施。从农村富余劳动力转移的发展历史进程看,大体可以分为这样三个阶段:

第一阶段,1978—1983 年:1978 年随着农村经营体制改革的实行,农业家庭联产承包责任制的实施,农村劳动力获得极大解放,农业劳动生产率极大提高,加上耕地面积的制约,以前在旧体制掩盖下的农村劳动力隐性剩余开始显性化,农村有了一定数量的富余劳动力,以往单一的粮食生产格局被打破,农民开始积极发展多种经营,出现部分农村劳动力从事二、三产业的情况。1978 年林牧渔业产值占农业总产值的比重为 17.6%,1983 年上升到 20.5%[①]。

第二阶段,1984—1988 年:中国的农民是一个富有创造性的群体,也是一个蕴涵着巨大发展潜力的群体,为了农村大量富余劳动力的就业,也为了过上更加宽裕的生活,农民们把由家庭联产承包责任制解放出来的富余劳动力与农业大发展中积累起来的剩余资本有机结合起来,创造性的发展起了乡镇企业。乡镇企业的异军突起,不仅成为国民经济的重要组成部分,为我国的经济成分增添了新的经济形式,也为广大农村富余劳动力提供了丰富的就业机会和出路,成为农村富余劳动力非农产业转移的主渠道。农村富余劳动力的非农产业转移,无论是在规模与数量上,还是在流动范围上,都有了空前的发展。1980 年农村劳动力从事非农产业的比重仅占 3%,到 1985 年便一跃达到 18%[②],乡镇企业吸纳的劳动力由 1984 年的 5208 万人增加到 1988 年的 9545 万人,平均每年增加 1084 万人,年均递增 16.4%。全国乡镇企业职工总数接近全民所有制单位职工人数(9984 万人)[③]。

第三阶段,1989 年至今:各种体制障碍的逐渐拆除是劳动力实现转移的关键[④]。随着改革的进一步深化,1980 年代末以来,国家逐步解除了各种限制农村劳动力流动的政策,对于暂时不能突破的政策,也加大了改革力度;同时,沿海各大中城市的相继开放,私营、民营以及三资企业的兴起,出现了大量的劳动力需求,我国农村富余劳动力转移和自由流动,不仅在规模和数量上空前发展,而且在转移的空间上,出现了跨区域、跨省级的流动,根据第五次全国人口普查信息推算,全国总迁移人口为 13116 万人,其中,省内迁移为 9724 万人,跨省迁移为 3392 万人。在省内迁移人口中,52%为农村到城市的移民;在

---

① 刘斌、张兆刚、霍功:《中国三农问题报告》[M],北京:中国发展出版社 2004 年 2 月出版。
② 蔡昉、都阳、王美艳:《劳动力流动的政治经济学》[M],上海:上海人民出版社、上海三联书店 2003 年 12 月出版。
③ 刘斌、张兆刚、霍功:《中国三农问题报告》[M],北京:中国发展出版社 2004 年 2 月出版。
④ 蔡昉、都阳、王美艳:《劳动力流动的政治经济学》[M],上海:上海人民出版社、上海三联书店 2003 年 12 月出版。

跨省迁移人口中，78%为农村到城市的移民。全国大约有 7600 万农村劳动力处于流动状态中①，逐渐形成了我们俗称的"民工潮"。

没有改革开放，就没有农村劳动力的自由流动，就没有"民工潮"的形成。"民工潮"既是我国体制改革与制度创新的必然产物，又是我国社会转型和经济转轨进程中的特有产物。一个国家的现代化过程就是工业化和城市化过程，就是农村人口向城市迁移和集中的过程。我国是一个传统农业大国，农村人口比例过大（占 64%左右，近 9 亿），所创造的国民生产总值比例过小（仅占 15%）。人口及劳动力的产业分布、城乡分布极不合理，城市化水平太低，已经制约着我国的社会经济发展，必须加速农村人口的城镇转移。根据北京国际城市发展研究院院长连玉明在《中国城市"十一五"核心问题研究报告》中的预测，到 2020 年，我国的城市化率将达到 58%～60%，在这一期间，我国的城市人口将达到 8 亿～9 亿。他认为，除了小城镇可以消化 2 亿～3 亿人口外，大概还有 6 亿的人口要在城市去消化。同时，各种制约和阻碍农村劳动力城镇转移的体制和制度性因素并没有完全消除，广大农村劳动力在城镇就业但仍然是农民身份，仍然脱离不了农村社区的各种羁绊。在这种现代需求和传统约束的双重制约下，出现"民工潮"现象就不足为怪了。

二、"民工荒"是农村劳动力资源市场配置的结果

自 1980 年代末出现"民工潮"这一颇具特色的名词以来，"民工潮"成了描述我国农村劳动力城镇流动的专用名词，成为我国改革开放进程中的一种社会常态现象，人们对此已经习以为常。但 2003 年一个异样的声音从我国改革开放的前沿福建传来：缺工！并且，这个声音被迅速扩大，不断扩张，传遍大江南北。先是我国吸纳民工最多的珠江三角洲称缺工 200 万，接着民营经济最发达的浙江温州等城市反映招工困难，随后，江西、湖南等传统劳务输出大省也加盟缺工行列，甚至甘肃等西部地区也不可思议地宣称缺工，逐渐形成一个新的充满神奇色彩的名词："民工荒"。这是真的吗？全面观察，冷静思考，"民工荒"是片面的。劳动部关于东南沿海地区用工短缺的一份调查报告显示，月工资在 700 元(含加班费)以下的企业普遍招工较难；700～1000 元的企业，招技工较难，但用工基本可保证；1000 元以上的企业招工没有问题①。显然，"民工

---

① 蔡昉、都阳、王美艳：《劳动力流动的政治经济学》[M]，上海：上海人民出版社、上海三联书店 2003 年 12 月出版。

荒"是一种假象,要真说有"民工荒"也只是一种"技工荒",当今我国社会中,目前这种劳动力流动形态的形成,是农村劳动力资源市场配置的结果。

第一,"民工荒"的真实含义是"技工荒",是我国劳务吸纳主要地区劳动力需求结构伴随其产业结构升级的结果。对此,樊荣强曾以我国珠江三角地区的缺工现象为例深刻阐述过:民工荒是珠三角地区产业转型期,对高素质劳动力的需求与现实的、由民工自发提供的低素质劳动力供给的矛盾②。市场经济的不断发展与完善,先发展起来的珠三角等沿海开放地区,靠"廉价劳动力"作为地区及企业核心竞争力的时代已经过去了,它们必须依靠自己的先发优势,即已经积累起来的资本、管理经验、市场运作能力,推动企业与产业转型。于是,对劳动力的人力资本需求水平也同步提高。没有文化的简单劳动力不能成为现代资本的雇佣对象,除非这个经济只是由劳动力密集型的产业群所构成的。但这样的产业群是不会有活力的,由这样的产业群所支撑的社会也不会是和谐的社会③。我国几个主要吸纳农村富余劳动力的优先发展起来的地区,正是顺应这样的理论与现实的要求,开始走向产业结构的升级和发展战略的调整,对劳动力的人力资本水平要求也自然同步提高。在这样的过渡与转型时期,出现的"民工荒"实质上应该是"技工荒"。如针对我国浙江温州、台州、嘉兴、湖州等经济最活跃地区的一份调查报告显示,有三大类岗位的空缺最为严重,一是制造业所需的熟练技术工人,如电焊工等;二是劳动密集型企业的操作工,如缝纫工、印染工等;三是第三产业所需的服务员、营销员④。

第二,"民工荒"是我国农村劳动力流动和转移这一资源市场调节行为日益成熟的体现。20多年的农村劳动力流动使农民工不断成熟起来,当现今农民工城镇转移由传统的生存理性转向社会理性的时候,农村富余劳动力的转移动因发生了可喜的变化,新一代农民工城镇转移时考虑的不仅是工资收入,不仅仅是为了生存而远离家乡、奔波于城镇,他们更寻求一种令人满意或足够好的"发展需求",他们更加重视工作环境、安全保障、社会地位、社会福利待遇、劳动技能等人力资本积累机会、城市生活经验学习机会等有关农民工可持续发展前景的因素,农村富余劳动力城镇转移变得更加成熟起来。于是,当长期以来过低的农民工工资等问题不能得到有效解决时,便成为现今制约农村富余劳动力城

---

① 《劳动密集型企业比较缺工》[N],载《人民日报》2004年9月19日 第5版。
② 樊荣强:《民工荒的核心是制度缺陷》[EB/OL]:中国农村研究网(http://www.ccrs.org.cn)2004年8月13日。
③ 党国英:《农民工权利关乎国家命运》[EB/OL]:中国农村研究网(http://www.ccrs.org.cn)2004年8月16日。
④ 江南:《用工短缺"考"浙江》[N],载《人民日报》2004年9月26日第5版。

镇转移的重要因素。劳动和社会保障部在《关于民工短缺的调查报告》中指出：工资待遇长期徘徊、劳工权益缺乏保障、企业用工迅速扩张、经济增长模式面临变革等四大原因造成局部地区民工短缺，其中工资待遇低、工作环境差、劳动强度大的企业缺工尤为严重①。当农村劳动力城镇就业所得到的经济收入不能满足他们的生活及发展需要时，"民工荒"的出现不仅是广大农民工"理性经济人"内涵日益丰富的体现，更是劳动力资源市场配置与调节日益成熟的体现。

第三，"民工荒"是农村劳动力这一市场主体的市场经济行为能力日益成熟的表现。在我国城镇特别是沿海开放城市，长期以来，农民工的工资一直是低水平运行，农民外出打工甚至成为一种"收不抵支"的经济行为，缺乏保障的就业环境、缺乏安全的工作环境、非市民待遇的生活环境等，既伤害了广大农民工的个人权益、经济权益和社会权益，也伤害了广大农民工的感情。同时，中央近期高度重视"三农"问题，特别是 2004 年更是出台了一系列具有实质性意义的政策，农民减负和农产品价格上涨，使农产品价格逐步与农民劳动价值成正比，农民在家乡的日子好过了，用不着出来打工也可以维持一定的收入，更可以避免外出打工的成本淹没风险和各种歧视。在这样的情况下，农民外出打工的愿望自然减弱，外出打工的人数也自然减少。根据劳动力流动的托达罗（Todaro）模式分析理论，农村劳动力流动和城镇转移的基本动因，是城镇更高的工资收入和更多的就业机会。显然，在这种利益比较中，一方面是城镇就业吸引力的减弱，另一方面是农业收入的增加，作为理性经济人的农民工做出回流或留守农村的选择是自然的，是农民工这一市场经济主体的经济行为日益成熟的具体体现。

三、从"民工潮"到"民工荒"是
农民工劳动力要素价格扭曲的反映

从"民工潮"到"民工荒"，是农民工工资过低、农民工工资收入严重不对等于其劳动所创造的价值所致，是农民工劳动力要素价格长期被扭曲的具体反映。

第一，工资待遇低，劳动强度大，广大农民工的劳动报酬远远低于其劳动所创造的价值，并且农民工的工资水平长期不变，是农民工劳动力要素价格扭曲的基本表现。《人民日报》2004 年 9 月 19 日《劳动密集型企业比较缺工》一

① 《四大原因造成部分地区民工短缺》[N]，载《中国青年报》2004 年 9 月 8 日 A1 版。

文中报道:我国东南沿海地区在主要从事"三来一补"的劳动密集型企业中,农民工每天劳动时间至少 10~12 小时, 而每月工资却仅有 600~700 元。另据《中国青年报》2004 年 7 月 12 日的报道,广东省总工会 2004 年 7 月 6 日公布的一项调查表明,外来工月收入近半不足 800 元,成为广东大量技术工人流失的重要原因。调查还发现,那里月收入在 1200 元以下的占 78.7%,月工资收入在 1600 元以下的高达 89.4%。同时,国务院发展研究中心的报道也指出,在我国农民工较为聚集的珠江三角区,农民工工资增长幅度 12 年来只有 68 元。在农民工工资普遍很低的同时, 全国各城镇均存在着农民工与城镇职工同工同岗不同酬的现象,2000 年,国有企业职工平均工资比农民工平均工资高 32%,如果再加上国有企业职工享有的住房、医疗、养老等福利,2000 年国有企业职工收入平均比农民工高 127%,达 7381 元①。

第二,农民工本已少得十分可怜的工资常常被任意克扣和恶意拖欠,更放大了农民工劳动力要素价格被扭曲的现象。据《中国青年报》2004 年 9 月 8 日《四大原因造成部分地区民工短缺》一文中报道:2003 年底深圳市在企业工资发放情况大检查中,发现欠薪企业 653 家,占被查企业总数的 40%多,涉及员工 10 万多人次, 欠薪总额达 1 亿多元。据劳动和社会保障部权威人士透露,2002 年 1—10 月份,各地累计拖欠农民工工资近 300 亿元②。另据人民日报 2004 年 9 月 19 日报道,截至 2004 年 8 月 6 日,全国拖欠农民工工资总额为 323.49 亿元,已解决拖欠农民工工资 282.79 亿元,其中解决 2003 年当年拖欠款 160.29 亿元。拖欠农民工工资数额大、范围广、比例高。

第三,农民工工作环境差,缺乏劳动安全保障,几乎没有享受城市社会福利,在这一基础上的过低的农民工工资,使农民工劳动力要素价格扭曲的现象被进一步强化。据《中国青年报》2004 年 6 月 20 日报道:2003 年全国死于工伤人员高达 13.6 万人,其中大部分是农民工,特别是在矿山开采、建筑施工、危险化学品 3 个农民工集中的行业,农民工死亡人数占总死亡人数的 80%以上。在江苏省开展的为期一个月的农民工劳动保障权益保护专项执法检查中,江苏全省共检查用人单位 11802 户,涉及农民工 75.97 万人,查处侵犯农民工劳动保障权益的案件 2530 件, 共责令支付农民工工资及补偿、赔偿金 2370.64 万元,拖欠农民工工资涉及 4.68 万人,责令补交社会保险费 999.69 万元,清退童工 103 人,取缔非法职业中介机构 118 户,实施行政处罚 199 件,罚款金额

① 王元璋、盛喜真:《农民工待遇市民化探析》[J],载《人口与经济》2004 年第 2 期。
② 程蹊、尹宁波:《农民工就业歧视的政治经济学分析》[J],载《农村经济》2004 年第 2 期。

166.03 万元①。另据国家安全生产监督局官员透露,中国每年因工致残人员有 70 万,其中进城务工人员占绝大多数。全国 8 成三乡镇企业存在不同程度的职业病危害,职工发病率高达近 1.6。广东省抽检了 8000 多户乡镇企业及个体工商户,发现职业病危害因素的超过 7000 户,占 8 成六以上。调研还发现,农民工各项社会保险参保率极低,用人单位很少能按国家规定,为农民工交纳保险。安徽省合肥市反映,该市近 60 万农民工,参加各类保险的均不足百分之一②。广大农民工在城镇就业几乎没有任何社会保障,他们既没有劳动保险,也没有医疗保险,更无权享受城市最低生活保障,甚至有部分农民工连最基本的用工合同都没有签订。他们更无权享受城市政府为了帮助城市低收入阶层解决住房问题而提供的各种"安居工程"住房优惠。

农村劳动力流动与转移既是一个社会现象,也是一个经济现象,因为农村劳动力流动与转移的过程既是农民工个人权益和社会权益不断调整的过程,也是农民工经济利益不断满足和优化的过程,经济利益的不断满足和优化是农村劳动力转移动因中最基本的因素。分析和研究我国 20 多年来农村劳动力流动和转移进程,由"民工潮"的产生到"民工荒"的出现,其深层原因是农民工劳动力要素价格的扭曲和长期得不到调整的结果。我国学者康晓光认为,一个敌视社会精英的政府是难以为继的,一个逼得大众铤而走险的政府同样也是难以为继的③。由"民工潮"到"民工荒"的现象是背离我国基本国情和建设发展战略的,必须得到及时的调整。我国在世界经济发展格局中,曾经拥有两大优势:庞大的市场和低廉的劳动力成本,"廉价劳动力"是我们一个非常自豪的优势,在很长一段时间里,也是我们的核心竞争力之一,今天,这种核心竞争力面临着挑战。但是,我们必须清醒地认识到,我国庞大的农村人口和相当丰富的农村富余劳动力的城镇转移和集中,始终是我国经济社会发展战略选择中必须首先考虑的问题,把人口压力转变为人力资源优势始终是我国现代化建设事业必须首先面对的头等大事。"民工荒"显然不是我国劳动力市场基本国情的真实写照,它是我国农村劳动力城镇转移过程中,农民工劳动力要素价格被扭曲并且长期得不到调整的具体反映,是农村劳动力资源市场配置的必然结果。

(原载《中南民族大学学报》2005 年第 5 期)

① 邵文杰:《保障农民工权益呼唤制度化》[N],载《光明日报》2004 年 7 月 22 日 A4 版。
② 马浩亮:《调查显示民工境域堪忧,专家称应让其享受市民待遇》,[EB/OL]:中国农村研究网(http://www.ccrs.org.cn)2004 年 10 月 12 日。
③ 张英洪:《新旧体制交织下的农民工》,[EB/OL]:中国农村研究网(http://www.ccrs.org.cn)2004 年 8 月 13 日。

理性选择理论视角下
新生代农民工城镇转移行为研究

　　新生代农民工是指改革开放以后出生、年龄在 18～25 岁之间、户籍在农村的新一代进城务工就业的农民工群体,俗称"七八九":出生于 1970 年代,成长于 1980 年代,1990 年代中后期开始进入城镇务工就业。新生代农民工与传统"农民工"相比较,有着一些相同的群体特征,如他们都不能忘怀的乡土之根,不能割舍的乡村之情,他们都面临的"脱胎"易"换骨"难的两难境地等,但更多的是不同的群体特征,如不同的职业选择标准、不同的社会认同感、不同的生活期望、不同的行为方式和不同的思维习惯等。特别是从城镇转移行为动因这个视角来看,更是明显地区别于他们的前辈,他们除了与前辈们一样,追求更好的生存空间、经济利益和社会权利外,更为突出的是注重个人的全面发展。针对新生代农民工群体的这一城镇转移行为特征,本文提出新生代农民工的城镇转移行为是一种发展理性选择行为的观点。发展理性选择主要是指新生代农民工在城镇转移和进城务工就业行为选择中,注重包括身份转变、职业转换和地域转移在内的三位一体的同步实现。与传统"农民工"城镇转移行为动因的生存理性选择、经济理性选择以及社会理性选择相比较,发展理性选择是新生代农民工城镇转移和进城务工就业的基本行为动因。本文正是从这个角度,尝试着对新生代农民工的城镇转移行为动因,做一个较为深刻地探讨和研究,以促进长期以来制约我国农村剩余劳动力城镇转移行为的一系列社会制度的进一步改革和城市利益调整中各种制度刚性约束的加速融化。

一、改革开放以来我国农民工城镇转移行为
　　动因研究的基本脉络

　　农民工城镇转移动因研究,一直是我国学者对这一群体关注的一个重点和研究的一个主要内容,1980 年代以来,对农民工城镇转移行为动因的研

究,随着农村剩余劳动力转移深度和广度的不断拓展而不断深化,由最初的人口资源压力下的"生存理性"选择,到增加收入的"经济理性"选择,再到注重各种权利的"社会理性"选择,比较客观和真实地反映了我国农民工城镇转移行为基本动因动态变化规律。学者们一致认为,我国农村剩余劳动力外出务工就业,总体上是一种理性选择行为,是在国家宏观、微观制度刚性不断柔化的前提下,对我国长期存在的城乡收入差别的一种反映。并且更进一步认为,农民外出就业发生的初期,表现得更多的是一种生存理性选择,随着外出就业次数的增多和外出就业时间的拉长,经济理性选择和社会理性选择才表现得越来越突出。进入新世纪,特别是 2003 年"民工荒"现象出现和新生代农民工成为农民工群体主体以来,农民工群体再也不是我们通常认为的一个同质群体,其异质性和多样性愈来愈突出。新生代农民工进城务工就业的目的进一步深化,他们的转移动因已经不仅仅是为了释放生存压力、获得经济收益,以及保护自己的各种社会权益,而是更加关心自身的全面发展,更加注重包括职业转换、身份转变和地域转移在内的三位一体的发展理性的实现。

与我国农村剩余劳动力向非农产业和城镇转移行为同步,我国农民工城镇转移行为动因的理论研究,大体分为三个阶段。

第一阶段:生存理性选择动因研究阶段(1978—1988 年)。随着我国农村家庭联产承包责任制对农村生产力的解放,农业劳动生产率提高后"溢出"的农村劳动力为了寻找出路,开始出现转移出传统农业的流动行为。此时的农村剩余劳动力转移行为主要是"就地"流向当地农村非农产业和乡镇企业,转移的基本特征被形象地称之为"洗脚上岸、穿鞋进厂",即所谓"离土不离乡,进厂不进城"。这是在国家传统城乡管理模式及管理制度异常坚固之时,农村居民对长期以来的农村地区人口—资源约束下的生存压力的一种释放,其转移的基本动因主要表现为一种生存理性选择。

第二阶段:经济理性选择、社会理性选择动因研究阶段(1988—20 世纪初)。1980 年代中后期,随着经济体制改革向城市经济的推进,在农村乡镇企业发展趋缓而对农村剩余劳动力吸纳受阻之时,城市经济出现了对劳动力的大量需求;同时,由于城市经济体制改革和城市经济发展的需要,原来的一系列阻碍城乡经济社会统筹发展的二元体制,如粮食统购统销制度、城市居民食品凭票定量供应制度、城乡居民户口管理制度等出现不同程度削弱,为农村剩余劳动力进城务工就业创造了有利条件;特别是随着香港的顺利回归,国家开放政策的进一步向前推进,港澳台制造业受国内廉价劳动力、优质基础设施以及巨大消费市场的吸引,纷纷转移至"珠三角"、"长三角"等东南沿海地区,三资企业蓬勃发展,形成了对劳动力前所未有的巨大吸引。由此多方因素综合推动,促成了当时曾轰动一时的"民工潮"现象的出现,并且进城务工就业农民工数量持续增加。1992 年在城外来农民工 4600 万,1994 年增加到 6000 万,此后,城镇流动农民工数量每年以 800 万～1000 万的速度增加,目前,我国在城农民工的总数有 1.2 亿～2 亿左右。这一时期的农村剩余劳动力城镇流动的主要特征可以概括为既有"离土"也有"离乡",甚至出现少数"离坟"(即举家整体迁移至城镇),农民工跨区域流动现象成为主流,流动的目的地更多的是各大中小城市和东南沿海的发达城镇。转移行为的动因除了依然具有生存理性选择外,更多地表现为追求经济收入为主的经济理性选择和不断强化的寻求各种权益保护的社会理性选择。

　　第三阶段:以农民工全面发展为主体的研究阶段(20 世纪初以来)。 自 20 世纪八九十年代出现"民工潮"现象以来,"民工潮"成了描述我国农村劳动力城镇流动的专用名词,成为我国改革开放进程中的一种社会常态现象。但 2003 年以来,在我国城乡劳动力流动进程中,却出现了这样一个不可思议的现象:"民工荒",并且愈演愈烈。自此,我国农村剩余劳动力的城镇转移行为便进入一个新阶段。"民工荒"现象是复杂的,形成的原因也是多方面的,从农民工城镇转移行为动因这个角度来考察,正是新生代农民工对自身全面发展的需求越来越强烈,对自身主体地位的要求越来越全面等新时期农民工的群体特征,对"民工荒"现象的形成起着重要的推动作用。在这一阶段,农村剩余劳动力城镇转移行为特征,不仅表现为"离土""离乡",更表现为"离坟"——农民工家庭整体迁入城市、农民工个体真正成为城市市民。转移行为已经不再仅仅是农民工的个体行为,不仅仅满足于为了规避生存危机、获得一定经济收益等目的而来回奔波于城乡之间,农民工在城镇生活务工就业,除了生存压力的释放(生存理性选择)、寻求增加经济收入(经济理性选择)、注重各种权益的满足(社会理性选择)等目的外,更加追求自我发展目的的满足。相对于过去的农民工城镇转移行为,新生代农民工城镇转移行为更多的是抱着自我发展和事业性目的,以及为了子女的发展前途,提供相对农村来说更好的成长环境和成长条件。对农民工转移动因的研究,也进入了新的阶段,首先研究关注的主体不断由城市利益让渡给农民工群体,研究关注的重点不仅是农民工的生存,更关注农民工的发展,研究关注的视角不仅是维护农民工的权益,更加关注农民工发展机会的公平、发展能力的提升和发展成果的分享。

二、新生代农民工的群体特征及提出发展理性选择理论的时代背景

进入新世纪,我国经济社会发展取得巨大成就,全国人均收入突破1000美元,国家进入重要发展战略机遇期,在迎来大好发展机遇的同时,也将面临许多发展中的新情况和新矛盾。与之相应,作为改革开放以来,我国最主要的社会结构变动现象之一,我国农村剩余劳动力城镇转移行为也出现了许多新特征,突出表现在以下几个方面:

其一,随着国家整体消费水平跃上一个新台阶,特别是在城市收入水平进一步提高的同时,农村居民收入水平却增幅不大,甚至前一阶段粮食主产区农民的收入水平反而有所下降,城乡收入差距越来越大。于是,农村剩余劳动力城镇转移的愿望便越来越强烈,对转移行为的经济收入期望值也越来越高。

其二,在我国农村剩余劳动力城乡流动行为中,出现一种愈演愈烈的"二律背反"现象,一方面在1990年代中期以后,在农村经济发展和农民收入增长长期徘徊不前的大背景下,农民外出务工在农民收入中的贡献份额越来越大,各地农村政府越来越重视农村剩余劳动力外出就业、进城务工活动,有的地方甚至把"打工经济"作为本地区经济社会发展的重要战略来推动。但另一方面农民工的务工收入水平却长期低水平徘徊,恶意拖欠和克扣农民工工资现象时有发生,农民工社会保障和社会福利长期缺位,农民工被伤害和被侵权事件不断,农民工在城市的就业环境和生存际遇与农民工群体的期望相去甚远。长期得不到及时调整的农民工经济利益分配、社会利益分享格局的失调,已经成为国家未来发展的一个主要问题,正如许多专家指出的:农民工群体将对我国整个社会结构产生革命性影响,它涉及我国现代化的路径选择,涉及我国未来50年社会能否持续发展、经济能否稳定增长、社会能否长治久安等重大问题。

其三,国家宏观层面上,原有的导致城乡二元分割体制的制度刚性不断柔化,宏观制度背景的利好,以及不断发展的城市经济的巨大吸引,加速了农村剩余劳动力的城镇转移行为。但另一方面,城市既得利益者对原有分配格局的固守,利益分配制度刚性的惯性作用,致使长期以来,农民工的经济收入

没有得到应有的保证,社会地位没有得到应得的承认,农民工处于"经济吸纳,社会排斥"的城市"边缘人"角色和"城中村"封闭社区等不正常现象。这往往成为城市管理的顽症,并进一步成为某些人对农民工城镇转移行为诟病的理由,甚至出现农民工群体被"污名化"的现象。

其四,经过 20 多年的改革开放,从 1980 年代开始出现农民工现象到现在,已经有相当一部分农民工在城市生活工作了 10 年、15 年甚至 20 年,他们在城市有固定的工作、合法的居所和一定的收入来源,他们已经实现了职业的转换和地域的转移,与来回奔波于城乡之间的传统农民工相比,他们已经成了一个"准市民",成为城市居民的一个有机组成部分,但仍然是农村户口,没有城市居民身份,没有与职业转换、地域转移同步实现身份的转变,从而不能享受与城市居民一样的社会地位,现实是他们既不是农民,没有享受到农村经济社会的发展成果,也不是市民,没有享受城市经济社会的发展成果,而是游离于城乡之外的第三元群体。

其五,新时期出现的新生代农民工的群体特征与他们的父辈们相比,存在明显的差异,群体同质性不断减弱,而异质性、多样性不断增强。年龄结构以青年为主,在 18～25 岁之间;学历水平普遍提高,以初中和高中学历为主;大多数是由学校直接流入城市,没有农业生产背景,并且没有他们父辈们那样的对土地的依恋和难舍情节;一部分新生代农民工出生在城市,从出生便随着父辈们在城市生活,没有农村生活经历,也没有他们父辈们对农村社区和土地的那种深厚的感情,与回到农村生活相比,他们更愿意把自己变成"城里人",他们与农村同龄青年的差异要大于他们与城市同龄青年的区别;新生代农民工背负的家庭责任远远小于他们的父辈们,他们绝大部分人的城镇转移行为,已经不是"为了生存"和单纯追求经济收入,而是开始关注自己的社会权益,关心自己的"城市人"身份,渴望由"农民"到"工人"、由"村民"到"市民"、由"流动"到"定居"的彻底转变。

分析和研究新时期新生代农民工城镇转移行为动因和群体特征,并得出发展理性选择理论,我认为这是我国新时期经济制度背景、社会发展战略以及农民工自身需求等多重因素综合作用的必然结果。"农民工是我国产业工人的一个重要组成部分"的定论和各种阻碍农村剩余劳动力城乡之间自由流动的体制性因素的不断改革,为促进新时期新生代农民工发展理性的实现提供了有利的宏观制度环境;农村经济社会发展水平的不断提高为促进新时期新生代农民工发展理性的实现提供了基本的推动力量;城市经济社会发展水平的不断提高为新时期新生代农民工发展理性的实现提供了基本条件；发展理性的实现是新时期新生代农民工的强烈渴望。

三、新生代农民工城镇转移行为动因——发展理性选择的实现条件

农民工是我国产业工人的一个重要组成部分，农村剩余劳动力进城务工就业是工业化、城市化的必然选择，分析和研究新时期农民工发展理性问题，应该放在我国工业化、城镇化的大背景下，以统筹城乡发展为目标，以城市融入为取向，以职业转换与身份转变和地域转移同时实现为根本。因此，农民工发展理性的实现条件，应包括农民工群体人力资本积累水平、农民工群体对城市社会的认同程度、城市社会对农民工群体的接纳程度以及社会宏观层面的制度支持等因素。

人力资本积累水平的不断提高是农民工发展理性实现的基本条件。 我国城乡居民人力资本积累水平的巨大差异是长期以来就存在的，在某种程度上说，这也是我国城乡经济社会发展不平衡的主要原因之一。我国农民工整体素质不高，不仅严重影响农民工的生存生活、经济收入和社会权益的保护，更深刻影响农民工群体的发展。因为素质不高，必然市场信息捕捉能力不强，进城务工就业仍然依赖于传统的亲缘、血缘以及地缘关系，不仅在宏观上制约城乡一体化的劳动力市场的建立，在微观上也制约着劳动力的就业能力。因为素质不高，必然职业技能不强，在国家产业结构不断优化升级的背景下，对劳动力技能的需求水平必然不断提高，这就将使得农民工的就业范围越来越窄，在产业链条上从事的工种越来越低，经济收入的提升空间越来越狭小。近年的"民工荒"现象、城市"最苦、最累、最脏、最险、最重"的工作大多由农民工承担的现象，等等，都不得不说是与此有关的。因为素质不高，自身维权意识必然不足，在就业谈判和权益保护中必然处于弱势地位，进而影响自身的生存环境。因为素质不高，城市管理难度和管理成本增大，必然影响城市社会对农民工的接纳。显然，没有农民工一定的人力资本积累，农民工发展理性将难以实现；或者说，农民工人力资本水平不高，会严重阻滞农民工发展理性的实现。

社会认同和城市融入是农民工发展理性实现的必要条件。 这是同一个问题的两个不同侧面，即以农民工为研究主体和从城市社会的角度来探讨农民

工发展理性的实现条件。在农民工发展理性实现的进程中,一方面农民工自身对城市社会的认同感是一个非常重要的因素,农民工往往因为自身群体文化背景的差异,受传统"乡土社会"中形成的"原始社会资本"的束缚,难免在心理和行为上偏离城市社会,形成封闭心理甚至发生行为偏差,难以融入城市社会网络。另一方面,城市社会对农民工群体的认同和接受也是一个非常重要的因素,在现实中,城市社会往往会因为社会利益分割格局调整中部分既得利益的丧失,而抑制农民工融入城市社会的进程。新时期农民工对城市社会的认同感要大大优于他们的前辈,他们受农村社区的传统影响较小,更容易接受城市生活观念,更容易适应城市生活习惯,更渴望实现由"农民"到"工人"、由"村民"到"市民"、由"流动"到"定居"的转变,他们的流动与城镇转移目的更多的为了自我发展,为了自己的前途和事业。这是之所以提出农民工发展理性的前提,也是新时期农民工发展理性得以实现的内在条件和有利因素。城市社会应认识到农民工阶层发展理性必须实现的社会宏观背景和微观需要,转变观念,改革社会制度,实现由过去的堵截、限制和管理到接纳、疏导和服务的转变,为新时期农民工身份转变、职业转换和地域转移的同步实现创造条件、留下空间,推进农民工群体发展理性的实现。

制度支持是农民工发展理性实现的关键。农民工现象产生于我国由计划经济体制向社会主义市场经济体制的转变过程之中,由于受传统二元经济社会结构的制约,其存在的本身就是我国社会经济体制改革滞后于社会发展的具体体现。所以,要实现农民工的发展理性,进一步加快我国社会主义市场经济体制改革进程,获得社会制度的支持是关键。这些制度包括城乡二元户籍管理制度、城乡二元劳动力市场制度、城乡二元社会保障和社会福利以及社会救助制度、城乡二元教育培训制度等等。消除城乡二元户籍管理制度,是从根本保障农民工发展理性得以实现的首要条件,实行城市和农村两种户口,是一种典型的"社会屏蔽"制度,是目前我国各种城乡居民不平等待遇的依托,也是农民工倍受歧视的根源,取消这种户籍政策,既是对城乡居民平等公民权的尊重,也给农民工摘掉了农民帽子,为从根本上解决农民工问题、实现农民工的发展理性准备了体制性条件。消除城乡二元劳动力市场制度,是解决目前普遍存在于农民工中的"同工不同酬""同工不同时""同工不同权"等就业和待遇歧视、实现农民工发展理性的基本保证。没有城乡统一的劳动力市场制度,不仅使农民工群体在就业市场谈判博弈中居于弱势地位,更不利于农民工有效保护自身的各种权利,也加大了国家劳动执法成本。城乡二元社会保障、社会福利和社会救助制度,是阻碍农民工发展理性实现的又一根源,农民工发展理性的实现是需要成本的,身份转变需要割离农村"土地资源",付出机会成本,职业转换需要担负一定的风险成本,地域转移需要支付必要的迁移成本等等。目前,农民工社会保障、社会福利和社会救助制度的缺位,使农民工发展理性的实现缺少必要的"资金支持"而益发显得步履维艰。从目前的基本国情看,应着力推进农村土地市场改革,完善农村土地流转制度,构建城乡一体化土地政策,创建"以土地换保障"的政策支撑平台。教育培训是实现人力资本积累的必要条件,农村教育的落后、农民工子女教育的不到位是国家传统城乡二元教育体制弊端的结果,也是实现农民工发展理性的阻滞因素,从某种角度讲,在国家城乡二元经济社会制度刚性不断柔化,统筹城乡经济社会协调发展日益完善的进程中,教育培训下的人力资本水平将会成为农民工发展理性实现的关键性因素。

我国现有的社会制度造就了农民工群体、农民工现象和农民工问题,从农民工城镇转移动因角度研究和探讨农民工城镇转移和流动行为,推动农民工实现包括身份转变、职业转换和地域转移在内的三位一体的发展理性,也必须从社会制度创新的层面反思现实的体制构建和制度安排。同时,农民工发展理性的提出,也与农民工群体变迁进程之现实相契合,与社会改革的发展趋势相一致,对农民工发展理性的进一步研究和探讨,必将有助于推动农民工问题的解决进程,最终实现城乡统筹发展。

(原载《企业家天地》2006 年第 3 期)

新农村视野下中国农村劳动力
城镇转移流动行为研究

建设社会主义新农村是我国现代化建设进程中的重大历史任务,是"工业反哺农业、城市支持农村"新阶段农村建设与发展新的战略指导思想,是农村改革开放以来继家庭联产承包责任制、取消农业税后的又一重大战略举措,必将对我国农村政治、经济、社会、文化产生深刻影响。我国现代化建设事业进程中,城市化明显滞后于工业化,农村人口比例过大、人均资源占有量较低、人均国民财富分配比例不足、农村经济社会发展滞后日益突出,现代化建设事业重点在农村、难点也在农村,关键在于解决好"三农"问题。要富裕农民,必须减少农民,要建设新农村,又必须将流失的农村精英请回农村。农村劳动力的城镇转移流动行为是农村劳动力对城乡经济收益进行比较后做出的一种理性经济行为,新农村建设战略的实施必将对我国城乡经济利益格局形成冲击,影响农村劳动力的城乡流动行为选择。同时,农村劳动力的城镇转移流动也将深刻影响社会主义新农村建设战略的顺利实施。

一、建设社会主义新农村必须高度重视
农村劳动力的流动与转移

"三农"问题是我国现代化建设、和谐社会建设的重点和难点,建设社会主义新农村,为我国在新的形势下统筹解决"三农"问题,提出了新的思路和政策平台。"生产发展"离不开农业现代化,离不开农业产业化,离不开农村土地管理制度创新,离不开农业基础设施建设;"生活宽裕"的基础是农民收入的稳步增长,同时离不开农村公共供给制度的改革与创新;"乡风文明、村容整洁"的前提是农村人口素质的不断提高和人力资源的合理配置;"管理民主"必须建立在乡村治理结构的改革创新基础上。所有这些问题,最基本的前提是我国新农村建设必须面对的农村人口压力和农业资源瓶颈。所以,解决"三农"问题、建设社会主义新农村的最终出路在于"减少农民",在城乡劳动

力资源配置和人口迁移过程中,把农村真正剩余的劳动力转移到非农产业和城镇,把新农村建设中真正需要的"能人"吸收回来,形成有序的城乡劳动力转移流动机制和合理的城乡劳动力资源配置结构。

(一)农民是社会主义新农村建设的主力军。在我国农民群体中,农民工已经占有相当大的比例,有的农村地区甚至占到90%以上,建设社会主义新农村,必须充分发挥农民工群体的作用,必须高度重视农村劳动力的流动转移,农村劳动力的城镇流动转移全方位地影响着我国社会主义新农村建设目标五大方面、二十字的总体要求。从我国农村地区社会主义新农村建设主体——农村劳动力(农民),特别是转入非农产业和城镇的农村劳动力(农民工)的视角切入,通过对这一庞大转移群体的转移行为、转移现象的研究,具体研究我国社会主义新农村建设的目标、特点、问题、措施、对策,为新农村建设提供理论支持和决策依据,抓住了"发展农业、繁荣农村,必须减少农民"这一"三农"问题的实质和新农村建设的根本,对于推动当前和今后一个时期内我国社会主义新农村建设,加快农村地区社会经济发展,具有重要的现实指导意义和理论价值。

(二)社会主义新农村不仅要求农村实现"生产发展、生活富裕",还要实现农村社会文化的大发展、大繁荣。农民是农村地区社会文化变迁的主体,农村劳动力城镇转移这一乡—城流动活动深刻地影响着农村地区社会文化变迁,研究农村劳动力城镇转移活动对农村社会文化变迁的影响,研究农村社会文化变迁规律,研究与新农村建设相适应的新型乡村社会治理结构,为我国社会主义新农村建设战略的实施,提供更加丰富的决策参考和理论视角,提出的新农村建设对策、措施,将更切合我国农村地区的实际,更具有可行性。

(三)我国农村劳动力非农产业和城镇转移是一个分离性过程。从转移行为的时序看,它分离为由农民到农民工,再由农民工到城市产业工人这样两个过程;从转移行为的内质看,它体现为身份转变、地域转移、职业转换的不同步性;从我国农村劳动力城镇转移行为这样的分离性特征看,在我国的农村劳动力转移流动进程中,会出现群体分化趋势,一部分农民在转移成为农民工后,不能实现再到产业工人的转换,还是返回农村地区成为农民,特别要高度重视的是,对于新生代农民工,这种再次身份回换的角色认同意识会难以实现,他们"留不下城,又不愿意回到农村,也回不了农村"的现状,必将影响到我国农村地区的可持续发展。开展新生代农民工群体特征及其在社会主义新农村建设中的主体作用研究,对当前的新农村建设战略实施具有更强的指导意义。

二、当前我国农村劳动力城镇转移流动行为新特征

我国农村劳动力城镇转移始于 20 世纪七八十年代,大体经历了四个阶段:1978—1988 年为第一阶段,转移的主要形态是"进厂不进城,离土不离乡",转移的目的地主要是当时迅猛发展的乡镇企业;1988—1992 年为第二阶段, 随着我国国民经济的全面调整, 农村劳动力的非农产业转移出现徘徊、收缩现象;1992—2003 年为第三阶段,城市经济、民营经济、私有经济、外资经济、合资经济的迅速发展,以及香港回归带动的东部经济体的大力发展,极大地吸引着农村劳动力,农村劳动力城镇转移规模迅速扩大,这一阶段转移的主要形态是"进厂又进城,离土又离乡",转移的目的地主要是各大、中、小城市[①];2003 年至今为第四阶段,由于转移进城的农村劳动力长期以来面临的工资待遇低、工作环境差、劳动保障缺、权利维护难等状况得不到有效解决,农民工"用脚投票",出现用工短缺,产生"民工荒"。目前,我国农村每年流动进城打工的农民在 1 亿左右,改革开放 20 多年来,我国农村劳动力累计向非农产业转移了 1.3 亿人,平均每年转移 591 万人,农村劳动力非农就业年均增长 9.2%[②]。农村劳动力城镇转移,已经成为当代中国社会最普遍、最重要的社会现象之一,转移的方式、数量、结构和流向也随着中国社会经济的发展而出现不同的阶段性特点。当前我国新农村建设战略的实施,推动农村劳动力城镇转移流动出现了一系列新的情况。

(一)与城市"民工荒"同时并存着农村"精英流失"现象。一直以来,"民工潮"是我国普通劳动力市场的供求常态,但 2003 年却产生"民工荒"现象,并且愈演愈烈,首先是我国东部地区,然后蔓延至中部地区,甚至个别西部省份,纷纷出现"用工短缺",这一现象本身有悖于我国劳动力资源特征。但不可忽视的是:与城市"民工荒"同步存在着农村地区愈来愈严重的"精英流失"现象,农村"能人"绝大多数流向城镇,农村地区剩下"386199"群体(38 指妇女群体、61 指少年儿童群体、99 指老年群体),"空壳村"现象严重,我国农村劳动力城乡转移流动中,城市与农村"两头慌"。应该说,当前我国的劳动力总量供给是充足的,却出现了这样的有悖于劳动力供需市场规律的反常现象。

---

① 瞿振元、李小云、王秀清主编:《中国社会主义新农村建设研究》[M],北京:社会科学文献出版社 2006 年 3 月第 1 版,第 142—146 页。

② 国家统计局农村社会经济调查总队编:《农民收入调查与研究—2003》[M], 北京: 中国统计出版社 2004 年版,第 421 页。

（二）城乡转移劳动力数量与人口迁移数量不平衡现象。按照世界发达资本主义国家工业化初期阶段的农村剩余劳动力乡—城流动规律，流向城市的农村劳动力一般是非优质人力资源，并负载着相应的农村人口的城市迁移。而我国情况恰恰相反，首先是农村转移的劳动力并非全部都是"剩余"的，同时，由于我国现行的"一国两策"①的城乡二元经济社会制度的刚性约束，以转移的劳动力为载体的农村人口城镇迁移行动受到严重制约，农村优质人力资源的转移规模远大于其应承载的人口迁移数量，农村人力资本存量不足，农业生产发展受到劳动力供给制约，使我国农村地区经济发展和社会进步受到巨大冲击和影响。

（三）劳务东进、资金西流、回流资金使用效益大打折扣。在我国农村劳动力城镇转移就业进程中，农村能人流向城市（主要是东部大中小城市）、城市资金流向农村（主要是中西部农村），农民工在城市和发达地区务工就业获得收入，除用于必需的生活消费支出外，大部分寄回或带回了农村，农民工群体每年打工回流家乡的资金总额数以千亿计。根据四川、安徽、河南、江西、湖南等省的统计，每年农民工从打工地汇回家乡的钱，都在 100 亿～200 亿元以上，相当于甚至超过全省的财政收入②。农村能人外流，农民工打工收入中流回农村的资金，缺乏投资引导，使用效益大打折扣，绝大部分流回资金投向生活消费领域（如房屋翻新扩建，但建成后又大多处于闲置状态），农业科技投入不足，农业产业化发展资金积累不足，农业基础设施建设落后，农村公共设施建设缺乏，农民文化娱乐场所建设陈旧落后，都影响着农村的可持续发展。

（四）农民工城镇转移流动中"乡城两栖"现象。农民工是农民群体中素质普遍较高的一个组成部分，但流动进入城市务工就业，却成了城市"弱势群体"，居于"弱势地位"。农民工在城市的"弱势地位"主要体现在：政治上的"沉默"地位、经济上的"佣人"地位、社会上的"无根"地位和文化上的"边缘"地位③。正由于农民工在城市社会中的这种弱势地位，实现转移的农村劳动力，虽然在城镇就业，却难以融入城市生活，在成功实现了地域转移和职业转换的同时，不能实现身份的转变，成为真正的城市市民，与城市市民享有同等的政治经济社会权益，城市社会对待农民工"经济吸纳，社会排斥"。农民工离开了农村社会，又不能融入城市社区，形成了我国独特的农村劳动力城镇转移"乡城两栖"现象：既是"城市边缘人"，也是"农村边缘人"，这种"双重边缘"的尴尬处境，使农民工

---

① 陆学艺：《农民工问题要从根本上治理》[J]，载《特区理论与实践》2003 年第 7 期。
② 陆学艺：《农民工问题要从根本上治理》[J]，载《特区理论与实践》2003 年第 7 期。
③ 朱力：《农民工阶层的特征与社会地位》[J]，载《南京大学学报》2003 年第 6 期。

群体的政治民主权利的实现没有保证,经济报酬权益的合理主张难以伸张。

(五)新生代农民工已经成为农民工群体的主体。当前,随着我国"80年代"农村青年的大量进入城市务工就业,形成了"新生代"农民工群体,他们与其父辈(我国第一代农民工)相比,无论是转移行为动因,还是转移行为目的,以及流动归属地的选择,都不同于其父辈一代,在他们的城镇转移就业行为中,有生存理性的体现、有经济理性的体现、有社会理性的体现[①],却更深刻地体现着对发展理性的追求。新生代农民工文化综合素质普遍提高、"市民化"信心得到强化,乡土依恋情结逐渐淡化、城市归属感不断增强,转移动因突显发展理性、物质要求和价值追求逐步提升,社会支持网络不断丰富、城市社区融入进程加快,城市社会认同日渐形成、社会经济地位获得承认。新生代农民工是我国未来的产业工人大军,老一代农民工以农民的身份成为我国产业工人的重要组成部分,新生代农民工却不可能以农民的身份成为我国工人阶级的主力军。

(六)农民工群体分化趋势明显。根据郑功成教授等专家的观点,目前,我国农民工群体至少已经分化为三大类[②]:一是已经城市化了的农民工,他们虽然仍然是农村户籍身份,但经过多年的打拼,已经在城镇具有稳定的居住处所、稳定的就业岗位和相对固定的劳动关系,以及能够满足在城市生活的经济能力。据国家统计局相关资料,目前,我国农村常住人口已经减少至7.685亿,而农村户籍人口仍有9.375亿,也就是说,至少有1.69亿农村人口已经在城镇找到工作,并成为城镇常住人口,但这部分人没有城镇户口,不具有市民身份[③]。二是农忙时回乡务农、农闲季节外出务工的传统农民工,他们流动在城市和农村之间,是城市经济发展的重要劳动力补充。三是仍然处于流动状态的农民工,这是农民工中的最大群体。同时还存在一类,他们是曾经在城镇务工,现在已经返回农村的农民工群体。这部分曾经的农民工返回农村,或从事农业生产,或开发创业,因为曾经的城市生活和二、三产业工作经历,开阔了视野,受到工业文明和城市文化的熏陶,逐渐成为农村经济发展、社会进步的主要推动力量,也是把城市文明带向农村的主体。

总之,当前我国农村劳动力的城镇转移进程中的这些突出现象,既带有传统色彩、由来已久,也有随着我国经济社会发展进程而出现的新情况;既带

---

① 文军:《从生存理性到社会理性选择:当代中国农民外出就业动因的社会学分析》[J],载《社会学研究》2001年第6期。

② 郑功成、黄黎若莲:《中国农民工问题:理论判断与政策思路》[J],载《中国人民大学学报》2006年第6期。

③ 瞿振元、李小云、王秀清主编:《中国社会主义新农村建设研究》[M],北京:社会科学文献出版社2006年3月第1版,第142—146页。

有世界经济发展中的共同特点，也有我国独具的特色。但都深刻影响着我国农村经济社会的全面发展，也将影响到"建设社会主义新农村"目标的实现，必须引起我国理论界和政府决策层的高度重视。

三、农村劳动力城镇转移流动行为新特征为新农村建设带来的主要启示

我国长期的"三农"研究和农村工作实践表明：必须跳出"三农"解决"三农"，即：农业的出路在于农业产业化、农村的出路在于农村城镇化、农民的出路在于农民市民化，其中关键和核心是增加农民收入。"要富裕农民，必须减少农民"，增加农民收入的最终出路在于把我国农村大量的剩余劳动力转移到非农产业和城镇中去。农村劳动力转移的当前主体形态是农民工，农民工已经成为我国绝大部分农村地区农民群体的主体，如我国湖北、湖南、四川、贵州、重庆、广西、安徽等省市，外出打工的农民工人数一般都占当地青壮年(18～45岁)劳动力总人数的90%以上，农村劳动力非农产业和城镇转移务工就业的主要形式——"打工"已经成为我国农民最主要的、也是全新的生产方式和生活方式。当前农村劳动力城镇转移这一社会流动现象出现的新特征，深刻地、全方位地影响和改变着我国农村地区人们传统的生产方式、生活方式、价值观念甚至人生态度，影响和改变着我国农村地区的经济结构、社会结构和文化结构，成为我国农村地区农民致富奔小康的生血剂，成为推动我国农村地区社会文化变迁的主要驱动力量，甚至成为决定当前我国社会主义新农村建设成败的关键因素。

(一)建设社会主义新农村必须首先解决农村劳动力转移中的"民工荒"问题。 当前，在我国农村劳动力城镇转移进程，一个比较突出的问题是"民工荒"现象，"民工荒"的实质仍然是我国农民工劳动力资源要素市场配置过程中供求不相适应的具体体现。要提高我国农村剩余劳动力的转移成效，有效规避农村劳动力城乡转移流动中的"空壳村""乡城两栖""回流资金使用效益欠佳"等现象，首先必须加强我国城乡一体化的劳动力市场制度建设、城乡一体化的户籍管理制度建设、城乡一体化的社会保障制度建设，其次是要努力提高农村劳动力的人力资本存量，创新农民工劳动技能培训机制和农村教育运行模式。

(二)社会主义新农村是一个和谐的农村， 构建和谐乡村必须善待农民工。农民工在社会主义新农村建设的二十字基本目标建设的各个方面，都是主体力量，农村地区应建立适应社会主义市场经济发展要求的经济社会机制，发挥农民工在城市现代化劳动方式中学会的劳动技能、管理技能、价值观念、生活

方式、文明素养等,推动社会主义新农村建设二十字目标的实现。城市社会应建立完善的农民工机制,包括农民工工资待遇、工作环境、劳动保障、权利维护、技能培训等各个环节的运行机制,尊重和维护农民工的工资待遇权、劳动保障权、教育培训权,在吸纳农民工贡献的同时培养农民工素质,这是新时期"工业反哺农业、城市支持农村"的一个重要途径和有效方式,具有长远效益。

(三)根据全面建设小康社会的奋斗目标,到 2020 年,我国城镇化率要求达到 56%。这就意味着我国农村地区今后每年要有 1300 万农民进入非农产业和城镇务工就业,改善农民工的城镇务工就业环境至关重要。改革开放以来,农民工为我国的工业化、城市化、现代化建设做出了巨大的贡献,创造了难以估量的财富,为城市生活提供了各种各类的服务,有的学者估计,劳动力流动对年平均 9.2%的国内生产总值增长的贡献为 16.3%(这里的流动主要是指农村劳动力非农产业流动)。蔡昉和王德文研究发现劳动力转移对 1982—1997 年中国经济增长的贡献为 20.23% [1]。农民工又是我国农村地区思想活跃、观念开放的群体,加上与城市现代产业和城市现代生活的结合,自身素质得到了长足的提升,他们在长期的城市务工和生活经历中,自觉自愿地接受现代社会的生产、生活方式、价值、理念,他们或回到农村或通过城乡之间的流动,为农村带回了资金、带回了技术、带回了思想、带回了观念,对改变农村落后面貌起着根本性的作用。他们中的一部分人回乡创业,参与社会主义新农村建设,成为农村地区经济发展、社会变革的主体。农民工回乡创业、参与社会主义新农村建设的主要渠道有:其一回乡开办工厂、开发经济作物、改变传统农业生产习惯、引见现代生产方式、开展城乡贸易、开拓农村内外市场、引进农业技术与人才;其二推动乡村政府机构改革与职能创新、实践和监督村民民主管理;其三转变传统生活习俗、改变传统生活方式、培养现代生活习惯。

社会主义新农村建设"二十字"任务的每一项都离不开农民工,改善我国农民工在城市就业、生产、生活状况,通过流动就业和城市生活体验,培养农民工的现代社会公民素质和生产、经营技能,培养新一代"有文化、懂技术、会经营"的新型农民,不仅对城市建设十分重要,对社会主义新农村建设更加意义辉煌,城乡政府应为农民工在城市务工就业和回乡创业创建平台,充分发挥农民工在社会主义新农村建设中的主体作用。

(原载《中南民族大学学报》2008 年第 2 期)

---

[1] 白南生、何宇鹏:《回乡,还是进城?——中国农民外出劳动力回流研究》[A],载李培林主编《农民工——中国进城农民工的经济社会分析》,北京:社会科学文献出版社 2003 年 4 月第 1 版,第 26 页。

"刘易斯拐点"凸显：
我国劳动力资源面临重大转型

2003 年，我国东南沿海地区劳动力供求市场上，出现了与我国传统劳动力市场资源状况极不相称的"民工荒"现象，并且愈演愈烈，于 2004 年以后逐渐蔓延至中部地区，甚至部分西部省区也相继出现了民工短缺情况，我国农村劳动力供给出现重大转折。虽然受 2008 年国际金融危机的影响，我国农村劳动力供求发生变化，出现部分农民工因此被迫返乡的现象，根据国家统计局发布的调查数据显示，截至 2009 年春节前，全国返乡农民工为 7000 万左右，春节后，大约 80% 以上的返乡农民工又重新回到城市，其中 4500 万人已经找到工作，1100 万人仍处于找工作状态；留在家乡的返乡农民工中仍有 1200 万人尚未找到工作，两项相加共有大约 2300 万返乡农民工处于失业状态[1]。但这种情况只是短暂现象，2009 年下半年后，随着经济的回暖，东南沿海地区再次出现"民工荒"，并且，全国其他省区也出现民工短缺。据有关报道资料，2008 年底至 2009 年上半年，短短半年左右时间，珠三角的劳动力市场经历了一次截然不同的转变，从找不到工的"民工慌"到招不到工的"民工荒"，中国劳动力市场发生着悄然变化[2]。和逐渐回升的经济数据几乎同步，沿海地区的"民工荒"正在加剧。浙江省人力资源市场 2009 年 7 月份供求报告显示，企业需求总人数 60.3 万人，求职总人数 35.4 万人，用工缺口达 25 万人。深圳市 2009 年 4 月用工缺口 2.3 万人，到 6 月份用工缺口超过 6 万人。与此同时，劳务输出大省四川也出现民工荒，招工困难重重[3]。如果说 2003 年我国劳动力供求市场进入由全面过剩转向局部短缺，劳动力供求市场上的"民工荒"只是"结构性短缺"[4]，我国农村劳动力"无限供给"阶段并没有结束。那么，2008 年后我国农村劳动力城镇转移活动便进入了一个全新的阶段，中国经济在经

---

① 中共中央宣传部理论局编：《理论热点面对面 2009》[M]，人民出版社 2009 年 7 月第 1 版，第 173 页。

② 陈翼：《从民工慌到民工荒 中国劳动力市场悄然演变》[N]，载《经济参考报》2009 年 9 月 15 日。

③ 周羿翔：《四川也现民工荒》[EB/OL]，四川新闻网(http://www.sina.com.cn)2009 年 09 月 21 日。

④ 姚上海：《从"民工潮"到"民工荒"——农民工劳动力要素价格扭曲现象剖析》[J]，载《中南民族大学学报》(人文社科版)2005 年第 5 期。

历了一个中国特色的二元经济增长阶段之后,劳动力无限供给的特征正在消失,刘易斯转折点已经初显端倪①,农村劳动力城镇转移进入"刘易斯转折区间",我国劳动力供求市场将进入全面短缺的时代。劳动力市场这一新情况的出现,对于我国转变经济发展理念、有效保护、积极开发和持续利用经济发展中最可宝贵的劳动力资源提出了新的要求,同时也为顺利解决我国长期存在、并日益尖锐的农民工问题,把广大农民工真正培养成为我国产业发展必须依靠的重要资源,提供了一个有利时机。我们应充分利用好这一有利时机,改善农民工就业环境,进一步完善农民工的利益保障机制和人力资本培育机制,有效保护我国劳动力资源优势,维护我国产业和产品的国际竞争能力,推动我国经济的持续发展。

一、当前我国劳动力市场上 "刘易斯拐点"来临的迹象明显

"刘易斯拐点"指劳动力供需市场上的劳动力供给从长期过剩转变为出现短缺的转折之处,2008 年以来,蔡昉等一批国内学者对我国劳动力供求市场有一个基本判断:中国经济在经历了一个中国特色的二元经济增长阶段之后,劳动力无限供给的特征正在消失,刘易斯转折点已经初见端倪②。我国劳动力供求市场"刘易斯拐点"是否已经来临,目前在我国学术理论界尚存较大争议,但从目前我国劳动力市场供需的基本表现,根据国际先发国家的发展经验判断,我国劳动力供求市场"刘易斯拐点"来临的迹象明显。根据发展经济学理论,刘易斯拐点来临预示着一个国家劳动力供需市场新阶段的到来,在刘易斯拐点到来之时,国家宏观经济会出现这样两个基本特征:一是劳动力市场上普通劳动力佣工工资将普遍上涨,二是城乡劳动力市场一体化趋势明显。2003 年我国普通劳动力市场出现"民工荒"以来,"刘易斯拐点"到来的迹象已经不断凸显出来,当前尤为明显。

(一)农民工在城镇的务工收入虽然长期以来低位徘徊、增幅极小,但 2004 年以来却涨幅明显。在我国普通劳动力市场上,农民工占着极大的比例,农民工工资水平的变化,具有极大的说服力。根据农户调查资料分析,农民工的人均月工资水平,2004 年增长 2.8%,2005 年增长 6.5%,2006 年增长 11.5%,可

① 蔡昉:《中国经济面临的转折及其对发展和改革的挑战》[J],载《中国社会科学》2007 年第 3 期。
② 蔡昉:《中国经济面临的转折及其对发展和改革的挑战》[J],载《中国社会科学》2007 年第 3 期。

见，工资增长呈现逐年加快的趋势，2006 年的增速已经超过了当年的经济增长速度①。同时，农民工打工获得的工资性收入，在农民人均纯收入总体上升的大趋势下，其占比也逐步提高。据统计，2004 年全国农民人均纯收入 2936 元，比 1997 年提高了 846 元，其中工资性收入 998 元，比 1997 年提高了 483 元，1997 年到 2004 年，工资性收入占农民人均纯收入的比重由 25% 提高到了 34%②。虽然我国农民工的工资，由于我国特殊的农民工制度背景，还只是一种生存性工资和制度性工资，并且是以我国农村居民生活水平和收入水平为参照和基本"定价标准"，并不是完全意义上的、由市场供求状况所决定的工资，但不可忽视的是：其一，农民工的市场意识逐步增强，出现"用脚投票"的可喜局面，并已经逼迫我国部分长期依赖于劳动力廉价优势的地区和企业逐渐转变观念，改善劳动环境、提升劳动工资，以此吸引农民工就业。其二，农民工的福利和劳动保障逐步得到落实和完善，新的《劳动合同法》的贯彻与实施，城市《最低工资制度》的制定，《工伤保险》《医疗保险》《养老保险》等基本社会保障制度逐步覆盖农民工群体，农民工子女在务工城市平等接受义务教育制度的不断落实，有力地推动了农民工工资的"含金量"不断提升。其三，新生代农民工逐渐成为我国农民工群体的主要组成部分，新生代农民工群体转移进入城市务工就业的目的，已经成功地由"生存型"转型为"发展型"，"融入城市""与城市市民享受平等的经济权利和社会待遇"等已经成为新生代农民工追求的主要目标，新生代农民工的工资参照体系也已经不再是农村的务农收入，而是城市同龄、同业青年的收入水平，对工资收入的"期望值"明显高于其父辈，这些变化影响着新生代农民工群体的就业选择，也深刻影响着农民工所在企业的成本决策。提高工资标准、按时足额支付的信誉，已经成为农民工所在企业必须高度重视的人力资源战略。其四，新生代农民工受教育水平普遍提升，整体素质明显增强，法律意识、维权能力明显提高，接受过一定技能培训的比例也逐渐增大，在工资收入方面的"博弈"能力和社会资本明显增强，同时因家庭经济负担带来的经济收入压力大大减小，新生代农民工在就业选择中，工资收入方面有了更大的选择空间和期望空间，从而对佣工企业带来更大的工资支付压力，迫使企业提升工资水平。经过改革开放 30 年的发展，农民工群体已经顺利实现了转型，转型后的农民工新生代对务工就业的收入选择有了实质性的转变，农民工务工的工资收入的逐步提高，既是主观

① 蔡昉：《发掘劳动力供给的制度潜力》[N]，载《文汇报》2007 年 8 月 12 日。
② 中国农民工问题研究总报告起草组编著：《中国农民工问题研究总报告》[J]，载《改革》2006 年第 5 期。

使然,也是客观必然,更是当前的现实写照。

(二)阻碍城乡劳动力市场一体化进程的制度性障碍正逐步消除,各种有利于农村劳动力城镇转移的体制机制正逐步健全与完善,城乡一体化劳动就业市场已基本形成。我国农村劳动力城镇大规模转移发生在 1970 年代末的改革开放以后,先后经历了以"离土不离乡、进厂不进城""离土又离乡、进厂又进城"等为典型特征的不同发展阶段,并逐渐走向成熟,但每一阶段的转移与流动,都与我国农村劳动力转移制度密切相关,并深受劳动力转移制度的影响。总体上说,对于不同的阶段,受国家宏观经济发展战略的需要,国家提供了相应的农村劳动力转移制度。据不完全统计,改革开放以来,针对农村剩余劳动力城镇转移流动行为,党中央、国务院以及各部委下发的专门性文件达 70 余份,这些文件规范、有效地引导了我国农村剩余劳动力的城镇转移与流动,并使我国劳动力资源的配置日趋合理,劳动力转移对国家经济发展的贡献与作用不断得到认同。特别是 2003 年"民工荒"现象出现以来,国务院以及国家相关部委下发的、关于解决农民工问题的各种文件与规定多达近 20份,力度和密度都是前所未有的,有效地规范了农村劳动力的城镇转移行为、城市企业佣工行为,极大地改善了农村劳动力的城市务工就业环境,推动了我国农村劳动力市场一体化建设进程。典型的有:2003 年 1 月,国务院办公厅颁布的 1 号文件《做好农民进城务工就业管理与服务工作的通知》,提出取消对农民工进城务工就业的不合理限制,切实解决拖欠农民工工资问题,改善农民工的生产生活条件,做好农民工培训工作,多渠道安排农民工子女就学等等有关农民工切身利益的一系列民生问题的解决办法和详细要求;2003 年8 月 1 日,国务院颁布政令,废止《城市流浪乞讨人员收容遣送办法》,开始实施《城市生活无着的流浪乞讨人员救助管理办法》,体现了城市管理的人文关怀,切断了长期以来城市社会管理中存在的对农民工歧视性管理的制度依据;2003 年 9 月,国务院下发《关于进一步做好进城务工就业农民子女义务教育工作的意见》,推出了农民工子女义务教育问题的解决办法;2003 年 11 月,国务院办公厅发出《关于切实解决建筑领域拖欠工程款问题的通知》,并提出自 2004 年起,用 3 年时间基本解决建筑领域拖欠农民工工资问题,农民工在城镇务工就业中最大的问题有了明确、具体的要求;2004 年 7 月中旬,国家发改委会同财政部、公安部、劳动与社会保障部、农业部、教育部、国务院纠风办、国家人口与计划生育委员会联合下发《关于进一步清理和取消针对农民跨地区就业和进城务工歧视性规定和不合理收费的通知》,使国务院的相关要求有了落实的载体;2004 年 12 月,国务院下发《关于进一步做好改善农民工进城就业环境工作的通知》,系统地明确了农民工的平等就业、工资收入、劳动保障、素质培训以及子女教育等方面的合法权益,为农民工利益的保障提供了制度性支撑;2005 年 2 月 26 日和 3 月 23 日, 时任总理温家宝两次对农民工问题做出重要批示, 要求国务院研究室会同有关部门从深层次研究农民工问题,制定和完善涉及农民工的各项政策,由此于 2005 年 4 月 4 日成立了由国务院研究室牵头、中央和国务院 17 个部门、8 个农民工输出或输入大省(市)为成员单位、5 位长期从事农民工问题研究的专家组成的"农民工问题调研和文件起草组",调研组在广泛调研的基础上,形成了《中国农民工问题研究总报告》,报告详细地分析了中国农民工的现状、作用和发展趋势,深入剖析了农民工面临的问题及深层次原因,提出了解决农民工问题的总体思路和目标,针对农民工存在的十大方面的问题提出若干政策建议, 并在促进农村劳动力转移、加强与改善城市政府对于农民工的管理和服务等维护农民工的切身利益方面阐明了应对之策[1];在此基础上,国务院于 2006 年 3 月出台《关于解决农民工问题的若干意见》,从农民工现状、作用及发展趋势、当前农民工面临的突出问题及深层次原因、解决农民工问题的总体思路及目标、解决农民工问题需要研究提出的政策措施等六个方面, 对农民工问题做出了一个总结性的全面规定和要求。特别是报告中针对目前围绕农民工群体的生存保障、权益维护、城市化发展等十大方面面临的问题,提出了若干务实有效的政策建议。

跨入新世纪以来, 国家一系列有关农民工管理与服务的规定和政策的出台,有力地推动了我国城乡劳动力市场一体化进程,城乡劳动力市场一体化障碍逐步消除,可以说,目前我国城乡一体化劳动力市场配置模式已经基本形成。

二、"刘易斯拐点"的来临
使我国劳动力资源面临重大转型

基于长期以来我国是一个人口大国、一个传统农业大国的基本国情认识,农村劳动力具有"无限供给"性质一直是我国社会各界的一个基本定论。但随着我国 1970 年代末实施改革开放的发展战略以来,我国工业化、城市化发展迅速,特别是我国工业化发展战略选择了充分依靠劳动力数量和价格优

---

[1] 蔡昉:《发掘劳动力供给的制度潜力》[N],载《文汇报》2007 年 8 月 12 日。

势的劳动力密集型产业,劳动力资源的市场配置和城乡流动有效地推动了我国经济发展,奠定了我国产业和产品在世界经济竞争中的有利地位。所以,我国农村劳动力"无限供给"和农村劳动力的"剩余状况"将长期存在,成为我们的共识。但 2003 年出现并逐渐蔓延到全国的"民工荒"给了我们一个警示,经过 20 多年的城镇转移,我国农村劳动力的"剩余状况"已经开始发生了实质性转变,"无限供给"时代行将结束,"有限剩余""结构性短缺"开始显现;2008年,中国社会科学院推出的《中国人口与劳动问题报告》,更是向国人充分证明了"刘易斯拐点"即将来临。根据发展经济学理论观点,发展中国家劳动力供需市场上"刘易斯拐点"的来临,将使这个发展中国家的二元经济结构发生实质性转变。显然,我国劳动力供需市场上"刘易斯拐点"的凸显,必将使我国劳动力优势取向将发生历史性转变,劳动力资源特色将发生重大转型。

(一)农村劳动力"总量无限、规模供给"阶段行将结束,劳动力资源将由"全面过剩"转向"结构性短缺",并进一步发展为"全面短缺",劳动力将成为我国经济发展中的稀缺性资源。 根据著名的发展经济学家刘易斯的观点,发展中国家的经济是一种典型的二元结构,在发展中国家同时存在着两大经济部门,一个是传统的、生产效率低下的农业部门,一个是现代的、高效率的城市工业部门,在传统农业部门存在着劳动"边际生产率为零"(甚至为负)的大量剩余劳动力,由于劳动力的市场配置机制和现代工业部门的高收入吸引,传统农业部门的劳动力以"仅够维持生计的工资水平""无限"地向现代工业部门转移,工业部门依靠农业部门劳动力的低工资,实现资本积累,进一步扩大生产规模,继续吸收农业部门劳动力,加速工业化进程。这一过程可以一直维持到农业部门剩余劳动力被吸收完毕,此时,农业部门转移劳动力的工资开始上升,直到劳动力工资在农业部门和城市工业部门一致,二元经济结构消失,转变为城乡一体化。农村劳动力剩余消失、城乡劳动力工资水平一体化的转折之处就是"刘易斯拐点"。"刘易斯拐点"是分析发展中国家二元经济结构转变的一个权威性经济理论工具,自从 20 世纪初产生以来,得到了世界发展中国家的广泛认同,也经受了各发展中国家经济发展实践的检验。当前,我国农村劳动力到底还剩余多少呢?[1]学术界和决策部门根据不同的调研渠道和计算方式,从我国当前农村剩余劳动力总量、结构和性质等方面进行了深入研究。比较突出并得到广泛认同的观点有:劳动和社会保障部田成平从农

---

[1] 马晓河:《中国农村劳动力到底还剩余多少》[J],载《中国农村经济》2007 年第 12 期。

村剩余劳动力的总量角度进行了分析，认为我国农村目前有劳动力 4.97 亿，除去已经转移就业的 2 亿多人以及从事农业需要的 1.8 亿人，农村仅有 1 亿左右富余劳动力。中国社会科学院人口与劳动经济研究所蔡昉对我国农村剩余劳动力的结构进行了深刻研究，认为目前我国农村只有不到 1.2 亿剩余劳动力，剩余比例为 23.5%，其中 40 岁以上占 49.8%，根据第五次全国人口普查数据以及对农民工的调查资料，农村流动人口平均年龄为 26.89 岁，90% 的年龄为 16～61 岁，78% 的人集中在 16～40 岁年龄段，60.5% 的人集中在 16～30 岁年龄段，农村 40 岁以上农村劳动力在非农从业人员中仅占 15.5%，这个年龄段的劳动力是不容易向非农产业转移的，农村 16～30 岁之间仍留在农村的劳动力仅占 19.5%，农村绝大部分青壮年劳动力都已经外出打工，我国四分之三的村庄已经没有青壮年劳动力可转移了[①]。国务院发展研究中心农村经济研究院院长韩俊等人从我国农村劳动力剩余性质方面进行了研究，认为在我国现有农业生产水平下，农业产业大约需要 1.5 亿～1.8 亿人的常年劳动，农村约有 1 亿～1.2 亿富余劳动力，主要是中年以上劳动力，并且多以农业剩余劳动时间的形式存在[②]。我国劳动力供需市场上"刘易斯拐点"已经出现，劳动力市场供需状况将发生实质性转变，长期以来的农村劳动力"总量无限、规模供给"即将结束，我国劳动力特别是普通劳动力供给将由"全面过剩"转向"结构性短缺"，并进一步发展为"全面短缺"。

（二）"刘易斯拐点"的来临，必将对我国大批劳动力密集型企业、产业形成一种"倒逼"机制，推动我国企业与产业把劳动力人力资本培育视为企业长远发展的自觉行为和应尽的社会责任，并推动国家由"人力资本大国"向"人力资源强国"的转变。 劳动力是经济增长的重要源泉之一，长期以来，我国经济发展依靠劳动力的廉价优势，采取低成本竞争战略，改革开放以后，这种趋势尤其明显，并符合当时我国的基本国情，从而成功的支撑了我国经济 30 年来的持续、快速发展，推动了我国经济的崛起和世界"制造大国"地位的形成。但 2003 年底的"民工荒"、2008 年"刘易斯拐点"的凸显，使得我国长期以来形成的依靠劳动力数量和价格优势的经济发展战略遇到了极大的挑战，对我国大批劳动密集型产业形成一种"倒逼"机制，使我国产业和产品面临着国际、国内市场的双重考验和多重制约，在我国经济发展进程中曾经做出过重大贡献的大批劳动力密集型企业必须正面应对这一挑战，实现企业发展战略的转

① 蔡昉：《破解农村剩余劳动力之迷》[J]，载《中国人口科学》2007 年第 2 期。
② 韩俊：《农村劳动力短缺与剩余并存》[J]，载《职业技术教育》2007 年第 15 期。

型。转型应包括三个方面的内容：其一，是通过技术创新，提高企业产品的技术价值含量，培育企业和产业的核心竞争能力；其二，是根据产业梯度转移发展理论，把企业转移到劳动力成本更低的地区，降低企业生产成本；其三，是加强企业人力资本培育，提高企业生产效率和管理效率，化解因劳动力成本上升带来的生产成本增长。显然，这三条道路的第二条是短期的和暂时性的，其作用也十分有限；第一条和第三条是相互关联的，其内在实质是相同的，都是必须注重企业的劳动力培训。技术的创新和应用创新的技术都要求有高素质的劳动力，同时，高素质的劳动力本身也是技术创新的前提之一。我国改革开放以来，大多时间里单纯重视企业和产业的经济增长指标，忽视了经济发展质量，特别是忽视了在经济发展中培养高素质的劳动者队伍，甚至以牺牲企业劳动者的在岗培训投资和福利保障供给为代价，追求企业低成本效益，这种发展模式带来的严重后果就是技术工人的大量缺乏，并严重影响到我国企业和产业的升级发展，这在当前我国产业发展中已经非常明显了。对于一个具有典型二元经济特征的发展中国家，"刘易斯拐点"的到来不可避免，中国经济发展在"刘易斯拐点"到来之时，必将面临一次"重生"，关键是通过提高全体劳动者的人力资本积累水平，把我国由一个"人力资本大国"转变成为一个"人力资源强国"。

（三）加强农村劳动力城镇转移制度创新，挖掘我国农村劳动力供给的制度潜力，为我国产业升级换代、通过技术创新等手段培育竞争能力赢得宝贵的时间。当前我国劳动力供需市场上"刘易斯拐点"凸显，标志着我国普通劳动力供给状况发生了实质性变化，劳动力供给将由传统的"无限供给"转向短缺，但这并不表示我国农村已经没有剩余劳动力了，也不能说明我国城镇劳动力市场已经进入"全面短缺"时代，无论是经验研究、理论分析或者实地调研，都不能支持这种观点。"刘易斯拐点"的来临只能说明我国劳动力市场进入了一个新阶段，长期以来我国产业发展中"过度使用"劳动力的状况必须改变。这种"过度使用"主要体现在四个方面：其一，农村转移劳动力工资收入的"超低"水平且经常"拖欠"，使大量转移的农村劳动力只能是"短期性"和"临时性"，在每一个岗位工作时间短，不能成为企业发展所必须依赖的"人力资源"；其二，农村转移劳动力福利保障制度严重缺乏，且现有的几项社会福利与保障的运行机制也不能适应农民工的"流动性"特征，绝大部分农民工只能选择年轻时在城市打工，年老后返回农村种田，产业工人（特别是熟练的技术工人）队伍建设没有持续性；其三，农村转移劳动力在岗培训几乎为空白，绝大多数农民工从事的都是城市"最苦、最累、最脏、最重、最危险"的简单体力劳动,几乎没有技术性可言,当他们年老体弱时只能选择返回农村;其四,城市政府的"忽视"、城市社区的"漠视"和城市市民的"歧视",使农民工成为城市"弱势群体"和"边缘群体",难以真正成为我国城市发展必须依靠的产业工人。"过度使用"农民工的直接后果就是严重制约着农村劳动力在城镇务工就业的劳动参与率的提高,使农民工在城市"流动性过剩"。所以,加强我国农民工制度创新,改善农民工的城市务工就业环境,维护农民工城市务工就业的各项权利,提高农民工城市劳动参与率,引导农村劳动力城镇转移模式向长期转移转变,使已经成功转移的农村劳动力随着职业的转变,顺利实现身份的转化和地域的转移,真正成为我国二、三产业持续发展可依赖的产业工人,是当前我国应对"刘易斯拐点"来临的首善之举。

三、"刘易斯拐点"来临给我国 经济社会发展战略选择带来的启示

对于一个具有典型二元经济特征的发展中国家,在其经济发展进程中,"刘易斯拐点"的来临是必然的,在这一新的经济迹象来临之时,理论本身的讨论是必要的,但更重要的是要充分分析这一经济现象背后的深层原因和如何正确应对这一新的经济现象带来的挑战。当前,我国劳动力供求市场已经进入"刘易斯转折区间","刘易斯拐点"已经来临,农村劳动力供需状况发生实质性变化,劳动力资源面临重大转型。这种不可避免的转型,必将给我国经济社会发展战略和产业发展政策带来重要启示。

(一)"刘易斯拐点"的来临为进一步加快我国城乡二元户籍管理制度改革进程提供了一个大好时机。我国二元户籍管理制度形成的标志是 1958 年 1 月《中华人民共和国户口登记条例》的颁布和实施,但真正把我国城乡居民"隔离"开来的制度规定,却是 1964 年 8 月国务院批转的《公安部关于处理户口迁移的规定(草案)》,在这个具有执行意义的文件中,明确规定了在具体工作中处理我国居民户口城乡迁移的基本原则,即两个"严加限制":对从农村迁往城市、集镇的要严加限制,对从集镇迁往城市的要严加限制,这一规定基本堵住了我国农村人口向城镇自由迁移的通道。由此,我国城乡二元户口管理制度形成并一直延续。改革开放以来,在阻碍我国广大农村劳动力城镇转移务工就业的各项管理制度中,户籍管理制度始终起着最为核心的作用,其

他各项制度都是附着在城乡二元户籍管理制度之上的。在公共供给学理论中，从社会管理和服务的角度看，户籍制度的实质意义应该是居民登记作用，而在我国已经将其演变为一种"社会身份屏蔽"制度，成为不同社会成员以不同标准占有和分享社会公共资源的依据。正是户籍管理制度的这种"功能异化"使其成为我国劳动力资源管理、开发、维护和利用的严重障碍。户籍制度改革势在必行，彻底取消户籍制度的城乡流动控制，实行户籍登记制是户籍改革的终极目的，一步到位难以实现。从维护社会稳定的基本要求出发，我国城乡人口户籍管理制度应采取渐进改革模式。其一，制定我国不同类型、不同等级城市不同的户籍改革目标，逐步推进，分步实施；我国地域广阔，国情复杂，不同地区、不同城市有不同的区情、市情、省情，劳动力资源作为市场经济的一种重要经济资源，市场配置是其必然选择，户籍改革的总体目标应以此为基本准则；其二，设立相对客观的城市户口准入制度，逐步替代当前的城市户口审批制，为已经成功融入城市的农村转移劳动力提供"入城通道"，理顺已经在城市"定居"下来的农民工及其家属的户籍身份。城市户口准入标准应以城市基本生活保障水平为基准，包含如下三个基本条件：具有基本能保障城市生活需求的、稳定的收入来源，具有相对固定的劳资关系，具有稳定合法的居住场所。其三，对已经成果转入城市并具有城市户口的原农村转移劳动者，应允许其拥有农村承包地，不应轻易剥夺土地承包使用权——农村劳动力赖以回流的生活资料和保障屏障，对于已经稳定转入城镇的农村劳动力及其承载人口的农村承包地，应采用市场流转的方式、根据市场经济法则、采取依法、自愿、有偿的原则自发流转配置。

（二）"刘易斯拐点"的来临为进一步推进我国城乡一体化劳动力市场的形成提出了迫切的要求。劳动力作为最基本的生产要素，在市场经济体制中，必须采用市场配置的模式，也只有通过市场配置，才能达到最佳利用效率，这是市场经济的基本准则。改革开放以来，在我国社会主义市场经济体制建设进程中，一直面临着双重转型：由传统社会向现代社会转型、由计划经济体制向市场经济体制的转变，农村劳动力的城镇转移与流动是这一双重转型的集中体现。我国农村劳动力城镇转移和跨区域流动采取的是农民工制度模式，虽然这只是我国城乡劳动力配置模式的一种过渡性安排、一种权宜之计[1]，但在我国改革开放进程中，却逐渐演变为一种制度设计，并且是我国社会各阶

① 陆学艺：《农民工问题要从根本上治理》[J]，载《特区理论与实践》2003 年第 7 期。

层、团体在长期的利益取舍与相互博弈中形成的一种制度安排,应该说其在我国改革开放之初是具有一定的积极意义的,不应全盘否定。但在我国劳动力供需市场上"刘易斯拐点"来临之时,加强我国农民工制度创新,推动形成我国城乡劳动力一体化市场尤显必要。"刘易斯拐点"是从劳动力供求变化的角度,对发展中国家二元经济发展规律的一种解读,其核心观点就是:"刘易斯拐点"来临,预示着该国经济将由"二元"向"一元"转变,劳动力的供求将走向城乡一体化。我国城乡劳动力一体化市场建设的核心任务是逐渐撤除制约我国农村劳动力城镇转移和流动的制度性障碍,切实保障农民工的社会、经济、政治、文化权利,改善农民工的就业环境,加强农民工就业信息服务,降低农村劳动力就业的交易成本,减少农民工就业中的"摩擦性失业"和"结构性失业",提高农民工的城市劳动参与率。

(三)"刘易斯拐点"的来临将进一步推动我国经济发展方式的转变进程,促进我国经济发展进入一个崭新的阶段。"刘易斯拐点"来临在我国最明显的表现就是我国珠三角、长三角、闽东南等沿海企业的佣工工资普遍上涨,劳动力成本增大,一部分资源投入粗放、技术含量低下、劳动强度大、就业环境差、产品利润低、纯粹依赖我国农村劳动力低成本优势的劳动密集型加工和制造企业经营困难、难以为继。劳动力低成本高质量,曾经是我国企业和产业发展的巨大比较优势,但对这一优势长期依赖已经使我国部分企业落入"劳动力低成本陷阱",严重缺乏技术创新动力和劳动力培训投资压力,部分企业短期行为、速富心态弥漫,缺乏社会责任感和长远发展观,企业和产品竞争能力日益下降。"刘易斯拐点"的来临无疑是对这种发展模式的"断奶"之举,逼迫这类企业"重生"。按市场经济理论,企业也是"理性经济人",追求收益最大化是生产的根本性目的,在对收益的最大化追求中,使用最廉价的生产要素是当然的理性选择,资本和劳动力是企业投入的两种不可缺少的最基本的生产要素,在劳动力价格便宜、供给充足时,自然选择劳动密集型产业,但在劳动力价格上涨、资金供给并不充裕时,只有劳动生产率高的企业可以生存和发展。当前我国经济发展正是面临这样的情形,所以,企业必须通过提高劳动生产率、转变经济发展方式,树立劳动力资源动态优势观,由依靠生产要素的数量投入转变到追求生产效率的提高上来,来有效化解企业劳动力成本上升的压力。

(原载《江南大学学报》2009 年第 6 期)

中国农民工政策的回顾与思考

农民工是我国改革开放以来农业生产效率大幅提高、农村生产力快速发展的产物,农民工由农村流动进入城镇、由第一产业转移到二、三产业,总体上说是一种向上的流动,是我国社会经济发展进步的具体表现。但由于我国传统社会结构性、体制性以及自身素质等因素的制约,目前,农民工仍然是城市社会中的弱势群体——经济上的"佣人"地位、政治上的"沉默"地位、社会上的"无根"地位、文化上的"边缘"地位①,农民工群体的这种弱势地位,更显国家政策保护与扶持的重要。以农民工群体为政策对象,专门针对农民工就业、生产、生活行为而制定政策,始于1970年代末。30年来,中央政府及各部门专门以农民工群体为政策对象制定的各项政策措施,总数超过了60条,加上各地方政府制定的农民工政策,总计数百条,涵盖了农民工群体迁移就业、收入保障、权益保护等各个方面,为我国庞大的农民工群体的非农就业、城镇转移、务工环境、工资收入等各项权益保障,提供了一个不断完善的政策支持体系。

一、农民工政策的演进脉络

(一)农民工政策形成的制度基础。"农民工制度是在我国由计划经济体制向社会主义市场经济体制转变过程中产生的,本来只是权宜之计,以后逐渐演变成一种制度性的安排"②。实践已经证明,农民工制度不利于我国建立完善的社会主义市场经济体制,农民工政策是为了解决我国农民工制度带来的发展中问题而制定的。我国农民工制度的形成主要源于我国城乡分割的二元经济社会体制,而推动我国城乡二元经济社会体制形成、构成我国当今"农民工"体制产生的制度基础,一是城乡分割的户籍管理制度和与之配套的城

---

① 朱力:《农民工阶层的特征与社会地位》[J],载《南京大学学报》2003年第6期。
② 陆学艺:《农民工问题要从根本上治理》[J],载《特区理论与实践》2003年第7期。

乡差别化的社会保障制度;二是农产品统购统销制度;三是人民公社制度[1]。城乡分割的户籍制度以国家法律法规的形式把我国公民根据出生和生活地域分为"农村居民户口"和"城镇居民户口"两大类别,并制定了严格的两大类别户口之间转变的"门槛"条件,基本堵住了农村农民户口转变为城镇居民户口的通道,也使全国公民基本失去了自由迁徙的权利,广大农村居民无论在任何地方、从事何种职业,都必须首先改变户口性质,否则都只能是"农民"。社会保障制度、统购统销制度和人民公社制度在户籍管理制度基础上,又进一步强化了我国城乡二元经济社会体制。这三大制度设计,从公共服务享有、生活资料供给、生产资料分配三个方面与人口身份管理相配套,牢牢地把我国人口区分成为"农村居民"和"城市市民"两大类别,在制度上固化了我国传统的城乡二元社会经济体制。

正是由于城乡二元社会经济体制的存在,使得改革开放以后出现的农民城镇转移、非农就业行为只能以"农民工"的形式存在,因此而造成农民工在城镇务工就业中的各项权利屡遭侵害,不能得到有效保障,也促使国家为了保护农民工各项权利而制定一系列农民工政策。

(二)农民工政策演进历程研究的几个主要观点。我国农民工政策是在改革开放前的高度计划经济体制基础上产生的,总体上经历了一个由严格禁止到逐步放开的过程,包括了新中国成立以来的整个城乡劳动力配置机制的发展历程。国内学者对于我国农民工政策发展变迁历程,开展了深入广泛的研究,具有代表性的观点有四种。

1. 以胡鞍钢教授为代表的三分法。胡鞍钢教授认为,我国农民工政策可分为红灯、黄灯、绿灯三个阶段,红灯阶段是从 1950 年代中期到 1983 年底,基本上不允许农村人口进入城市;黄灯阶段是从 1984 年到 20 世纪末,允许农民自带干粮进城,但农民进城实际上还有违当地政府的就业、居住等城市社会管理政策;进入 21 世纪,我国在第十个五年规划中首次明确要促进农业劳动力大规模转移,并提出每年 800 万的转移就业目标,我国农民工政策由此进入绿灯阶段[2]。胡教授的这种分法直接形象,把握住了我国农民工政策的产生、发展与不断完善的总体脉络。

2. 文军博士的四阶段论。华东师范大学的文军博士认为,历史地考察改革开放以来我国有关国内移民的制度设置,大致可以把 1979 年以来移民制

① 肖冬连:《中国二元社会结构形成的历史考察》[J],载《中共党史研究》2005 年第 1 期。
② 胡鞍钢:《中国存"四农"问题 农民工问题是核心》[EB/OL]:(http://www.hc360.com)2005 年 3 月 2 日。

度的演变划分为四个阶段:第一阶段是 1979 年至 1983 年,这一阶段仍然处于政府禁止劳动力自由流动的阶段;第二阶段是 1984 年至 1988 年,这一阶段政府开始允许农民自带口粮进城经商务工;第三阶段是 1989 年至 1991年,这一阶段的重要特征就是"劳动力移民"问题开始引起社会的广泛关注,政府开始感觉有必要实施干预和控制;第四阶段是 1992 年至 2000 年,这一阶段中央某种程度上是鼓励农村劳动力移民的,但 1994 年以后,由于城市下岗失业等问题的增多,许多大城市纷纷加强了对外来移民的控制。文军博士是基于移民理论,从宏观角度根据农民工群体规模变化,运用国际移民理论的分析框架,对整个国内农村劳动力转移现象进行研究的,并且认为"在移民过程中,制度或政策可以说是影响移民的一个核心因素","无论是国际移民还是国内移民,制度、政策、文化等非经济因素的影响已经越来越大,至少已经成为移民动因的一个非常重要的限制性因素"[1]。

3. 刘小年的农民工政策分期思想。刘小年在胡鞍钢教授等人的研究基础上,根据改革开放后我国农民工政策发展的真实记录,将我国农民工政策分为四个阶段:第一个阶段是以十一届三中全会为起点,从 1978 年到 1988 年的"松绑阶段",基本政策就是给农民松绑,给农民在经济、社会与政治生活各方面的自主权;第二个阶段是以民工潮的爆发为起点,从 1989 年到 1991 年的"控制阶段",基本政策就是控制农民工盲目外出异地就业,以配合国家当时对国民经济治理整顿的要求,减轻农民工异地流动对城市与国民经济造成的冲击;第三个阶段是以邓小平南巡讲话为起点,从 1992 年到 2001 年的"引导阶段",这一阶段,农民工政策的基本特征是总体上由控制流动向允许与鼓励流动转变,以引导农民工在城乡之间有序流动为政策目标;第四个阶段是以2002 年十六大为起点,2002 年以后的"扶持阶段",在党的十六所确立的"以人为本"的科学发展观指导下,农民工政策指导思想转变为创造条件,大力扶持农民进城务工就业[2]。刘小年以国家政策对农民工自主择业权利的认同过程为视点,对国家农民工政策的演变历程进行阶段划分,并逐次分析是妥当的。

4. 宋洪远等人的五阶段论。宋洪远、黄华波、刘光明等人认为,政策和体制是影响农村劳动力外出与回流的重要因素,要全面深刻揭示农村劳动力外出与回流的现象及其原因,就必须对政策问题进行专门的讨论和分析。我国对农村劳动力流动就业政策的放开是在改革开放之后,经历了一个从内到

① 文军:《从分治到融合:近 50 年来我国劳动力移民制度的演变及其影响》[J],载《学术研究》2004 年第 7 期。
② 刘小年:《农民工政策的阶段新论》[J],载《探索与争鸣》2006 年第 3 期。

外、由紧到松、从无序到规范、由歧视到公平的过程,具体划分为五个阶段: 1979—1983 年控制流动,1984—1988 年允许流动,1989—1991 年控制盲目流动,1992—2000 年规范流动;2000 年以后公平流动①。宋洪远教授等人以农民工城乡流动行为为研究视角,与刘小年的研究有异曲同工之妙,对政策演变的各个阶段特征分析得更加详细。

(三)农民工政策的演进历程及其阶段性特征。改革开放短短 30 年来,涉及我国农民工群体的国家政策总数超过 60 条,加上各地方政府的相关政策规定,总计数百条。这一系列农民工政策的演变总体上经历了 1980 年代末1990 年代初的"破冰潜行"阶段、1990 年代中期以后的"市场配置模式"形成阶段、进入 21 世纪以来的"城乡统筹发展"阶段。

1. 有效解决农村劳动力释放问题视角下的"破冰潜行"阶段。1980 年代,随着我国改革开放战略的实施,农业生产效率大副提升,农村开始出现大量"显性"剩余劳动力,农民已经不能满足于在农村、农业范围内就业的现状,开始尝试着走出乡村、跨出农业,从事农业以外的产业活动,形成农村剩余劳动力转移就业"推力"。同时随着我国城市经济体制改革的推进,对产业工人的需求呈逐渐扩大趋势,推动着农村劳动力向城镇及非农产业的转移就业,形成农村剩余劳动力转移就业的"拉力"。但农村劳动力的城镇和非农产业转移仍然受到传统的社会经济体制制约,阻碍着农村劳动力的转移就业行为,这一时期的农民工政策主要是以"消除制约、撤除障碍"为主要特点,以解决生存类问题为主要政策目标。

2. 社会主义市场经济建设视角下的"市场配置模式"形成阶段。1988 年至 1991 年,我国进入国民经济治理整顿阶段,因为国有经济转型发展期间所面临的弱势竞争能力,为了保障城市国有经济的传统生存空间,国家决策部门以"控制农村剩余劳动力盲目流动"为目标,采取了阻止农民工进入城镇务工的就业政策。在这一系列政策规定的作用下,我国农民工城镇转移就业速度减弱,甚至出现被迫"回流"农村的现象。1992 年春天邓小平同志的"南巡讲话"推动了我国市场经济体制改革进程,我国经济进入高速增长时期,城市经济发展对劳动力的需求,特别是沿海开发区的大力发展对基础设施建设施工工人的需求和对粗加工工人的需求大幅增加。经济形势变化形成的对劳动力市场需求情形变动, 又一次带动了农村劳动力的大规模跨区域流动就业。1992 年底党的十五大明确提出我国"社会主义市场经济体制"改革目标,第一

---

① 宋洪远、黄华波、刘光明:《关于农村劳动力流动的政策问题分析》[J],载《管理世界》2002 年第 5 期。

次指出要发展劳务市场,建立健全农村剩余劳动力城镇转移就业的市场配置机制和自由流动务工模式。以"社会主义市场经济体制"为目标的深化改革带来我国经济的新一轮高速增长,进一步加快了我国农村剩余劳动力的城镇跨地区转移速度,农村剩余劳动力城镇转移进入"市场配置模式"形成阶段,国家农民工政策总体上也进入改善农民工城镇务工就业环境、建立完善的农民工劳动力资源"市场配置模式"时期。这一阶段的农民工政策主要以"改善农民工就业环境、建立农民工城乡流动市场配置机制"为主要内容。

3. 城乡统筹发展视角下的"城乡一体化劳动力市场"建设阶段。进入 21 世纪,我国农民工政策发生了积极的变化和根本性转变,全面进入城乡统筹发展、逐步建立城乡一体化劳动力市场机制。突出表现在:(1)国家从现代化建设的战略高度审视和判断我国农民工问题,并给予充分肯定和准确定位。(2)国家开始在"城乡统筹发展"的视角下,制定我国农民工政策,政策目标设计上重在取消专门针对农民工进城务工就业的各种不合理规定,推进农民工公平就业,促进广大农民工与城市市民充分享有平等的社会管理服务及基本均等的公共产品供给,逐步建立城乡一体化劳动力市场新机制。(3)积极推进农民工城镇转移与流动就业过程中涉及的劳动就业、社会保障、户籍管理、子女教育、技能培训、住房建设等各个方面的政策改革,为我国城乡一体化劳动力市场机制建设创造条件。

总之,1978—2008 年我国农民工政策 30 年的演变历程,总体上表现出如下三个典型特点:(1)国家经济发展战略和宏观经济政策深刻影响农民工流动就业行为,对于农民工转移就业、流动务工起着决定性的作用。(2)我国农民工政策演进历程突显出明显的渐进式改革特点,以农民工为主体的农村劳动力城乡流动市场机制逐步形成并分步完善,农民工政策演进由禁止流动、限制流动、默认流动,逐渐转向承认流动、接受流动、支持流动,发展到鼓励流动、推动流动、公平流动。(3)我国农民工政策演变的主线是由"禁止"到"引导"、由"利用"到"保护"、由"使用"到"培育",逐步形成"以人为本"的政策理念和建立劳动力资源市场配置模式。

二、农民工问题的新发展

农民工政策是由国家提供的专门解决我国改革发展进程中的农民工问题的政策制度,必须紧密结合我国农民工现象的发展变化以及农民工问题在不同阶段的特征。当前我国农民工群体特征及农民工问题出现了一系列新的变化趋势。

(一)农民工群体的分化日益明显。目前,我国农民工群体已经分化为如下三大群体:第一类是已经成功融入城市的农民工,他们在城市有稳定的居住场所、相对固定的工作及劳资关系、相对成熟的城市社会关系网络,我们称这一类型农民工为"融入型"或"定居型",他们之所以仍然被称为农民工,仅仅因为他们只具有"农村户口",这类农民工群体规模不大,但正呈日益扩大的趋势,是广大农民工群体中的优秀者,农民工学习和模仿的典范,在农民工群体中影响力很大,并且他们的下一代已经成为出生在城市、成长在城市、学习与就业也都将在城市的新型农民工。第二类是仍然在城乡之间流动的农民工,他们以传统农民工的务工和生活方式生活与工作着,农忙时节回乡务农,农闲时节外出打工,在城乡之间"两栖"生活,我们常常称这一类型农民工为"摇摆型"或"两栖型"。这类农民工群体一个典型的群体特征是他们的未来归宿取向的"模糊性"和在城市务工的"临时性",他们在城市务工生活,对工资待遇、工作条件、权利保障、居住环境、文化娱乐等没有强烈的要求,更多的是把城市务工当作自己农业收入的补充,能找到满意的工作,便在城里打工,一旦没有工作就回乡从事农业生产劳动。第三类是流动型农民工,他们在城乡之间、城市之间、岗位之间频繁地流动着,呈一种典型的"漂泊状态",我们称之为"漂泊型"或"迷茫型",这一类农民工群体以新生代农民工为主。他们的典型特征是在未来归宿问题上,大多处于"踏空"状态——"留不了城,也回不了乡,更不愿意回乡"。不同类型特点的农民工群体对农民工政策有着不同的要求,在当前的农民工政策创新中,必须根据不同的群体要求,提供多种可供选择的政策。

(二)农民工群体身份的转变。当前农民工群体面临着三种身份的同时转变:从个体劳动者变成雇佣劳动者、从农业劳动者变成工业或服务业劳动者、从农村人变成城市人[①]。这三重转变,既是身份的转换,也是职业的转变和地域的转移。从个体劳动者变成雇佣劳动者,必然要求有足够的权益保障,特别是农民工在城市生活、就业最需要的平等就业权、公平合理的工资报酬权、基本的社会保障与社会福利、子女义务教育权等。从农业劳动者变成工业或服务业劳动者,必然要求有相应的素质保障和基本的文化教育水平作为保证,这就需要根据农民工群体的特点,提供适应农民工要求的职业技能培训服务

---

① 成思危:《农民工问题应放在更大背景下来考虑》[J],载《人民论坛》2007年第14期。

和文化知识教育培训体系。从农村人变为城市人,需要城市政府提供与城市市民同等的社会管理和公共服务。当前的农民工政策创新和制度供给,必须适应农民工群体的这些变化和新的特点。

(三)当前我国农民工群体城乡转移与流动中面临的一系列问题有可能逐渐演变为一种劳动力城乡转移的"流动陷阱"。农民工在城市工作,是城市各产业的生产者,但因为他们不能成为城市市民,他们打工的绝大部分收入要寄回或者带回农村,成为农村的消费者,造成国家和农民工个人双重的经济效益损失,陷入"效益陷阱"。农民工城镇转移过程分离为:农民—农民工—产业工人—市民,农民工群体的权益保障和素质提升渠道处于分离状态,陷入"权益陷阱",阻碍农民工的现代性培育和全面发展。农民工个体的发展历程处于:打工—挣钱—盖房子娶媳妇—生下的小孩继续打工,从而陷入"代际陷阱"。"效益陷阱""权利陷阱""代际陷阱"都迫切需要相应的政策予以预防和有效规避。

(四) 新生代农民工逐渐成为我国农民工群体的主体。1980 年以后出生的、年龄在 16 周岁以上的青年新生代农民工人数超过 1 亿,已经成为我国农民工的主体力量。新一代农民工文化综合素质普遍提高,"市民化"信心得到强化;乡土依恋情结逐渐淡化,城市归属感不断增强;转移动因突显发展理性,物质要求和价值追求逐步提升;社会支持网络不断丰富,城市社区融入进程加快[1];新生代农民工的这些异于上一代农民工的群体特征,使农民工在城镇务工就业过程中面临的一系列问题变得更加突出。新生代农民工既是农村草根精英,也是城市低层精英,既是我国未来产业工人的重要组成部分,也是我国社会主义新农村的建设者。针对新生代农民工的制度设计与政策创新必须充分考虑这一群体的这些新特点和新问题,通过合理的制度引导,把庞大的农民工劳动力数量优势转变成为我国三大产业协调发展的人力资源强势。

三、农民工政策的创新思考

经过改革开放 30 年,我国有关农村劳动力城乡转移与流动的政策已经相对成熟,并逐渐成为推动我国城乡经济社会发展的动力,特别是 2006 年 3 月,国务院在大量的调研基础上,推出的《关于解决农民工问题的若干意见》,为综合解决我国长期存在的农民工问题提出了一系列可行的措施和具体的

---

[1] 姚上海:《新生代农民工现代性培育与全面发展问题探讨》[J],载《理论月刊》2008 年第 4 期。

办法。当前,我国农民工群体已经发生了一系列新的变化,我国农民工政策创新,必须从这些变化出发,深入研究农民工群体新特征,寻求适合农民工群体新特点的制度创新路径,提高我国农民工政策的针对性和有效性。

(一)农民工既是我国农村农业现代化建设主体,也是我国产业工人的重要组成部分,农民工政策必须立足于这一群体的权益维护和素质提升。农民工输入地应转变公共服务理念,将农民工纳入公共服务对象范围,逐步落实农民工对公共产品的需求;雇用农民工的企业应强化企业社会责任,将农民工纳入企业和社会人力资源范畴,使用与培育并举,眼前需要和未来利益兼顾;农民工输出地应强化人力资源责任意识,加强农村基础教育和职业技术教育服务,着力提升农民工素质。

(二)城乡各级政府应把农民工群体的权益维护和素质培育纳入当前"工业反哺农业、城市支持农村"这一"三农"问题总体战略之中,切实维护农民工的各项权益。为农民工特别是新生代农民工的素质提升创造必要的物质基础、文化氛围和社会环境,发挥农民工特别是新生代农民工在我国城乡统筹发展战略中的巨大作用,把有效解决农民工问题纳入我国城乡经济社会发展一体化新格局建设战略之中。

(三)农民工问题是一个牵扯面极广的综合性问题,所以立意于解决农民工问题的农民工政策的制定也应该是一个系统性工作。包括农民工生活、生产与发展的方方面面,但核心问题是农民工的收入保障问题。农民工工资应由三部分构成:农民工自身再生产、农民工赡养老人和养育后代、农民工享受和发展所必需的生活资料价值。我国农民工工资报酬结构中,二、三两项构成明显被轻视,造成农民工工资制度的不完善和报酬结构的不合理,工资水平普遍低于城市工人。所以,当前针对农民工群体特别是新生代农民工群体的政策制定,应始终坚持以保障农民工的务工收入为首要的政策目的。

(四)城市化是综合解决我国错综复杂的农民工问题的根本出路。让有能力在城市稳定下来的农民工成为城市市民是最终解决农民工问题的唯一选择。各城市政府应服从国家现代化建设总体战略需要,创造条件接受由农民工转变而成的新市民,并提供相应的社会保障和必要的社会福利,维护社会稳定,促进社会经济的可持续发展。

〔原载《中南民族大学学报》(人文社科版)2009 年第 3 期〕

第二部分
农民工问题的社会学研究

新生代农民工的现代性培育
与全面发展问题探讨

　　融入城市、成为城市市民,是新生代农民工的基本行为取向和目标选择。当前,新生代农民工"留不下城,又不愿意回到农村,也回不了农村",处于十分尴尬的境遇。新生代农民工既是我国城市产业工人的重要组成部分、新时期我国工人阶级的杰出代表(陆学艺,2003),也是我国社会主义新农村建设的主力军。他们的现代性培育与全面发展是基础性工作,极具战略意义。

一、新生代农民工现代素质表现

　　(一)现代性概念解读。人的现代性是指人的现代生活中的文化素质,是一个与传统性相对应的、体现在人的价值观念、文化精神、思维方式以及行为方式上的概念。它产生自 20 世纪五六十年代的"人的现代化"理论,代表人物是美国社会学家英格尔斯。根据英格尔斯的观点,现代人的理想模型应具有如下 14 个方面的特征:效能感和自信心,不相信命运,乐于接受生活变迁;具有接受新生事物的能力;乐观的生活态度;时间感;重视技术技能;待人平等;计划性;尊重他人;对陌生环境不抱戒心,具有信任感;期待子女受教育和获得现代职业;具有独立见解,能容纳不同意见;兴趣广泛,接受信息能力强;对生活中的问题具有理解力[1]。国内应用现代性理论研究农民工群体问题的、较有代表性的是周晓虹教授,他在其《流动与城市体验对中国农民现代性的影响》一文中,对农民工的现代性问题进行了较为全面和深刻的探讨:现代性概念可以适用于社会,也可以适用于个人;相对个体而言,现代性是一个社会中个人所具有的与传统相对应的现代属性。具有现代属性的个人常常表现为见多识广、积极参与,具有明显的个人效能感,具有独立性和自主性,乐意接受新观念和新经验;也可以表现为具有平等开放、独立自

---

[1] 张著名:《走出"人的现代化"理论研究的误区》[J],载《社会》2000 年第 7 期。

顾、乐观进取、尊重感情和两性平等等方面的意识。总之,一个具备了现代素质或现代性的人应该具有一整套能够在现代社会中比较顺利地顺应生活的价值观、生活态度和社会行为模式。农民工的城市务工和流动体验促进农民增加对变迁社会的适应性和谋生能力,增强了农民对新生事物的接受性,尤其是对异己事物的宽容性,扩大了他们的生活半径,为他们建立起超越地缘和血缘限制的各种新型的社会关系①。

农民工的现代性是指他们在适应城市生活时所形成的一套新的行为方式、心理态度和价值观念②。农民工现代性的获得和提高是多方面的,主要包括把人的主体性、创造性和自身所蕴含的能力从现实的自然力的、社会关系的束缚中解放出来,使个体获得独立的人格,能自由地发挥自身的全部才能和力量,成为一个全面发展的人③。

(二)新生代农民工群体特征中所包含的现代性元素。目前学界一般认为新生代农民工具有"三高一低"的群体特点:受教育程度普遍较高、职业期望较高、物质和生活享受要求较高、劳动耐受能力较低④。但我认为新生代农民工群体的特征应具体体现在如下五个方面:文化综合素质普遍提高、乡土依恋情结逐渐淡化、转移行为动因突显发展理性、社会支持网络不断丰富、城市社会认同日渐形成。新生代农民工群体的这五个基本特征,都从不同的角度透显着其现代性的萌芽。

其一,文化综合素质普遍提高,"市民化"信心得到强化。新生代农民工文化素质普遍较高,并且促进新生代农民工"自信心、接受新生事物的能力以及个人效能感"等现代性素质的形成。徐州师范大学法政学院社会调查中心自2005年10月至2006年5月,在江苏省徐州市区,开展了一次针对新生代农民工与老一代农民工的身份认同差异的调查,结果显示,在新生代农民工群体中,64.7%认为自己是普通打工者,13.5%认为自己是拥有部分非农业收入的农民,认为自己是农民工的只有3.8%,而在老一代农民工群体中,有56.1%的认为自己是普通打工者,但有22.9%的认为自己是农民工,可见,新生代农民工群体中,更多的人认为自己是城市普通打工者,而不是农民工。这种身份

① 周晓虹:《流动与城市体验对中国农民现代性的影响——北京"浙江村"与温州一个农村社区的考察》[J],载《社会学研究》1998年第5期。
② 刘崇俊、王超、郭治谦:《民工的现代性:和谐社会之重要元素》[J],载《甘肃理论学刊》2007年第1期。
③ 李广贤:《人的全面发展与农民工现代性的提高》[J],载《经济与社会发展》2005年第1期。
④ 钟玉明:《新生代农民工呈现"三高一低"新特点》[EB/OL]:(htt://hr.asiaec.com/news/454908.html)2005年7月12日。

认同上的进步本身就是一种更强的自信心的表现⑤，是群体现代性彰显出的重要内容之一。

其二，乡土依恋情结逐渐淡化，城市归属感不断增强。新生代农民工群体中，绝大部分是从"校门"到"社会门"，没有务农经历，还有一部分是随着父辈进城，本身就出生在城市，他们与乡村的联系已经仅仅维系于传统的家庭亲情，对农村土地、传统乡村文化没有留念，对城市现代生活充满着强烈向往，这种"向往"是一种"向上"流动的渴求，本身就预示着一种现代性内涵；同时，新生代农民工乡土依恋情结的淡化，来自于他们城镇流动中对城市现代生活的体验和深切的感受，新生代农民工的城镇成长、生活、务工以及流动经历，有助于他们的个人现代性的培养，正如周晓虹教授分析的：流动以及因流动而获得的社会阅历能够帮助农民脱离土地的束缚，开阔他们的眼界，增加他们对新生事物的接受性，尤其是对异己事物的宽容性，降低他们的行为保守性和心理封闭性，并增加他们的自我依赖感和自我效能感。《中国新生代农民工发展状况及代际对比研究报告》调查结果显示，新生代农民工更倾向于在城市生活，有71.4%的女性、50.5%的男性选择"在打工的城市买房定居"，新生代农民工为城市社会进步、经济发展贡献了自己的智慧和汗水，在长期的城市建设中，培养了对城市的感情，在长期的城市生活中，逐渐适应了城市的生活方式和生存环境，特别是部分"打工精英"的示范效应，更强化了新生代农民工融入城市的意愿和对城市的归属感，培育了一种开放的现代性心境。

其三，转移动因突显发展理性，物质要求和价值追求逐步提升。所谓"发展理性"，是指在新生代农民工的城镇转移行为中，要求"地域转移、职业转换和身份转变"三者的同步实现。地域转移是指农民工的空间变化，职业转换是指农民工谋生手段的变化，随着农民工进城行为，这两者都得到了实现，只有身份转变不能得到实现，身份转变就是由"村民"变"市民"的要求，这一直是制约农民工城镇融入的核心障碍因素，也是农民工城镇转移中最难实现的诉求。新生代农民工转移行为"发展理性"动因，要求这三者同步实现，自身就包含着强烈的现代性因子，是对农民工城镇转移行为动因传统"生存理性、经济理性、社会理性"的现代升华，同时，实现"发展理性"的要求，更体现新生代农民工现代性素质培育自我强化意识。

其四，社会支持网络不断丰富，城市社区融入进程加快。农民工进入城

---

① 魏晨：《新生代农民工的身份认同问题研究》[J]，载《经济与社会发展》2006年12月。

镇务工就业的社会支持网络是指:对于农民工离开传统农村、选择城镇非农产业就业这一新的生产方式和生活方式,城市社会为农民工这一行为选择所提供的支撑体系。新生代农民工的城市社会支持网络日渐完善、成熟、健全和理性:党中央国务院关于"农民工是我国产业工人的重要组成部分"的理论界定和地位肯定,从指导思想上为新生代农民工城市社会支持网络的构建提供了有力的保障;进入新世纪,新一届政府全面建设小康社会、建设社会主义新农村、关注民生、构建和谐、维护社会公平正义的执政理念,为新生代农民工城市社会支持网络的构建提供了基本保证;新的《劳动法》《劳动合同法》出台,为新生代农民工城市社会支持网络的构建提供了法律支撑和法规要求;各城市地方政府对农民工由"堵"到"疏"、由"控制"到"引导"、由"管理"到"服务"、由"利用"到"依靠"的转变,为新生代农民工城市社会支持网络的构建创造了新的发展空间;农民工素质的提升、维权意识的增强、"用脚投票"的理性选择行为,推进了城市政府加强新生代农民工社会支持网络建设的进程。新生代农民工城市社会支持网络的发展与进步,有力地促进了他们的城市融入,同传统乡村生活相比,城市无疑是现代的标志和象征,因此,城市生活体验、与城市现代生活的零距离接触,本身也培育着新生代农民工的现代性。

其五,城市社会认同日渐形成,社会经济地位获得承认。首先体现在国家和政府对农民工在我国经济社会发展成就中巨大贡献的认同,其次体现在城市市民对农民工在城市经济社会发展和日常生活中作用的不可替代性的认同,再次体现在新生代农民工自身的自我价值的认同。与农村相比较,城市是现代元素的集聚地,农民工从农村来到城市,与城市社会、市民的相互认同活动本身就是现代性的培育和获得过程,在这一交往过程中,农民工增强了"时间感",更加"重视工作技术技能",更加"期待子女接受教育和获得现代职业",期望子女能立足并扎根于城市社会,"适应环境和接受新信息的能力"得到增强。

新生代农民工群体特征中蕴涵着日渐增强的现代性元素,特别是"自信心""时间感""重视技术技能""渴望融入城市社会,成为城市市民"等现代性观念更加突出,新生代农民工逐渐意识到在城市生活中,"不敢面对竞争,将永远无法摆脱贫困命运""竞争主要靠知识、技术和能力""知识和智力资本远比体力型劳动力价格昂贵"①。这些都是新生代农民工身上日渐丰富的现代性

---

① 何瑞鑫、傅慧芳:《新生代农民工的价值观变迁》[J],载《中国青年研究》2006年第4期。

的具体显现。

二、制约新生代农民工现代性形成 与全面发展的因素分析

当前,我国新生代农民工的总体状况是良性的,可以概括为:生存环境正逐步改善,工资待遇正逐步提高,社会不公现象不断减少,市民化进程不断加快。根据中国社科院发布的《2007 年人口与劳动绿皮书》显示,根据全国农村固定观察点系统调查,2003 年至 2006 年间,中国农民工人均月工资持续增长,增速逐年加快。与 2003 年相比,2004 年农民工人均月工资增长 2.8%,2005 年增长 6.5%,2006 年增长 11.5%,并且月工资 600 元以上的农民工比重上升,2003 年至 2006 年,月工资在 600 元以上的农民工占全部农民工的比重由 43.2%提高到 63.6%,提高了 20.4 个百分点,2006 年工资 800 元至 1000 元的农民工占全部农民工的比重上升最快,累计提高 6.0 个百分点,达到 17.2%,2006 年,月工资在 1000 元以上的农民工比重已经达到 25.9%[①]。毋庸置疑,农民工城市务工、生活境遇的不断改善为农民工现代性的培育创造了有利的条件,但制约农民工现代性培育的因素依然存在,农民工长期以来一直面临"三低""三难"问题:低报酬、低福利、低保障;平等就业难、权利维护难、发展提升难。"三低""三难"状况仍然困扰着新生代农民工群体,制约着新生代农民工的全面发展和现代素质的培育。

(一)经济方面的因素。制约新生代农民工现代性培育和全面发展的因素很多,人的现代性作为文化及思想观念层面的内容,经济收入与生存条件是它的基础和保障,这些基本的条件不能保证,现代性的培育、实现与全面发展只能是空中楼阁、纸上谈兵。一直以来,农民工的收入报酬超低、拖欠工资现象严重、劳动时间过长、劳动环境恶劣、非正规就业造成的权利缺乏保障、与城市正规就业产业工人"同工不同酬、同工不同劳、同工不同权"的二元劳动力市场歧视等,成为农民工问题中最大的问题。对于新生代农民工群体,在这些方面有所改进,但远没有彻底改观。目前,这些问题已经成了制约这一群体现代性培育和全面发展的基本因素。

(二)政治方面的因素。农民工游离于城市与乡村两大区域之外,成为"双

[①] 中国社会科学院编著:《2007 年人口与劳动绿皮书》[EB/OL]:(www.xinhuanet.com)2007 年 6 月 15 日。

重""边缘人"现象，越来越严重。特别是新生代农民工群体，由于其较强烈的脱离农村、进入城市社会的意愿，更使他们既不愿回到农村又难以融入城市，成为"悬空的一代""漂泊的一代""失落了家乡的一代""无根的一代"。这样的生存状态造成新生代农民工群体的正当权利诉求无法妥当实现、民主参与渠道严重缺乏、社会责任意识不能合理表达。这些问题和不足，随着农民工"用脚投票"获得经济待遇不断改善的同时，逐渐成为制约新生代农民工现代性培育和全面发展的核心因素。

（三）社会方面的因素。农民工没有与城市产业工人公平分享我国城市经济社会发展成果，其低报酬、低权利、低保障、低福利状态严重制约着他们的全面发展和现代性培育。造成这种"四低"状态的因素很多，但长期以来不合理的城乡二元社会经济制度带来的制度性歧视是根本原因。目前仍存在一定程度歧视性的制度主要有：户籍制度、劳动就业制度、社会保障制度、教育培训制度。

（四）文化方面的因素。在我国现代化建设进程中，现代化大工业生产和城市文明是农民工现代性培育和全面发展的重要途径，对于文化素质整体较高、接受新生事物能力较强的新生代农民工群体，城市生活体验是其现代性培育的重要渠道。但是，在我国城市社会生活中，农民工群体与城市市民群体之间存在着严重的"心理隔阂"，形成农民工城市生活的另一种"内卷化"状态和"心理孤岛"现象。农民工在城市居住"有居所没有家园"，在城市工作"有职业没有事业"，与城市市民共同生活"有交往没有交流"，农民工在城市处于一种"镶嵌式"状态。特别是长期以来的城市社区建设和管理、城市义务教育体系、城市职工在职进修与工作技能培训体系，没有把广大农民工群体纳入服务对象，使这一群体缺乏与城市市民的沟通交流平台和素质提升渠道，这些恰恰是新生代农民工群体最为渴望的要求和全面发展以及现代性素质培育的重要途径。

三、新生代农民工现代性培育与全面发展的路径选择

（一）创新农民工相关政策、法规，为新生代农民工现代性培育和全面发展提供制度支撑。政策和体制是影响农民工流动行为的重要因素，解决农民工问题的根本出路在于制度创新。农民工阶层自我国1978年实行农村改革而产生，并随着我国改革开放的进程而发展壮大，逐渐形成为我国社会的一

个新型社会群体。我国农民工制度则随着农民工现象、农民工群体、农民工问题的发展而不断创新,大体经历了控制流动、允许流动、控制盲目流动、规范流动和公平流动五个阶段[①]。政策与体制创新的核心指导思想也随着我国经济社会的发展水平的提高而不断提升,经历了由"堵"到"疏"、由"控制"到"引导"、由"管理"到"服务"、由"利用"到"依靠"的变化。由于制度的惯性作用以及制度创新的路径依赖特点,目前,我国的农民工制度仍需大力完善和进一步健全,建立既有助于国家经济社会发展大局、也有利于农民工个人前途命运的农民工制度,有利于农民工群体特别是新生代农民工群体现代性培育和全面发展。承认社会利益高度分化的现实,承认不同社会群体追求自己利益的合法性并保护其权利,就不同群体表达自己的利益,以及为追求自己利益施加压力做出制度性安排是社会发展的必然[②]。当前,建立以农民工权利保障为基础的制度安排,为农民工各项权利诉求建立合理、通畅的表达渠道和实现机制,是我国农民工制度创新的核心指导思想,也是农民工现代性培育和全面发展的必然要求。农民工群体的权利诉求,包括生存权利、经济权利、社会权利,也包括发展权利,在农民工发展权利中,现代性的培育和全面发展又是核心内容。

(二)创建公平合理的农民工报酬、就业、培训、社会保障机制,为新生代农民工现代性培育和全面发展提供物质保证和基本渠道。农民工问题,由农民工群体产生之初的寻求生存问题,到随后的经济收入问题、社会权利保障问题,发展到了当前的新生代农民工的发展问题。毋庸置疑,新生代农民工的发展出路基本是两条:融入城市、成为我国现代城市市民,或返回农村、成为我国社会主义新农村的建设者,基本结论都应该是农民工群体经过现代工业生产方式的培养、城市文明生活方式的熏陶,无论是成为新型产业工人还是新型农民(主要应该是农业产业工人),都应该具备基本的现代社会国民素质,成为我国新时期工人阶级的杰出代表。基于这一我国经济社会发展的基本要求和对新生代农民工社会作用的基本定位,必须公平对待农民工、构建合理的农民工工资报酬制度、规范有序的就业制度、平等的人力资本投入制度和开放的社会保障制度,让农民工合理分享我国现代经济社会发展成果,为新生代农民工的现代性培育与全面发展及把新生代农民工培养成为现代

[①] 宋洪远、黄华波、刘光明:《关于农村劳动力流动政策问题的研究》[J],载《管理世界》2002年第5期。
[②] 谢建社:《新产业工人阶层——社会转型中的"农民工"》[M],北京:社会科学文献出版社2005年4月第1版。

社会人提供物质保证和基本渠道。

（三）健全城乡政府公共服务职能，建设服务型政府，为新生代农民工现代性培育和全面发展提供有效服务。我国当前仍然处于转型经济时期，政府在经济社会发展中的宏观作用仍十分强大和重要，特别是对于社会弱势群体，政府的护持和帮助更是十分必要。当前，农民工群体的社会作用和社会地位已经得到了广泛的承认和提升，但他们仍然是当前我国社会中的弱势群体。对于这一弱势群体的保护和护持，是"民生"政府的重要职责。在当前新生代农民工现代性的培育和全面发展中，政府应着力加强如下几个方面的建设：第一，综合改善农民工的生产、生活环境；第二，全面创造有利于农民工发展的必要条件；第三，整体提升社会经济发展理念，建立公平公正的国民收入分配机制，真正体现"发展为了人民、发展依靠人民、一切发展成果由全体人民共同分享"的价值观念。

（原载《理论月刊》2008 年第 4 期）

结构化理论视阈下
农民工社会角色转型问题研究

农民工是"中国在特殊的历史时期出现的一个特殊的社会群体"[①]。既是我国经济体制变革、社会结构转型发展的产物,更是我国传统二元经济社会"城乡分治、一国两策"制度设计挤压的结果。长期以来,我国农民工在社会角色认同与变迁中一直处于"失调"状态,在成功实现了地域角色与职业角色转变的同时,没有同步实现自己身份角色和制度角色的转变,农民工的社会角色转型出现分裂:在城市就业与生活,但却不能成为城市居民,长期处于"经济接纳、社会排斥"的"边缘"地位;离开了农村,但仍保有农村耕地等基本生产资料,换业、离乡却难以脱土、断根,没有改变自己的先赋性农民身份。正是农民工社会角色定位的失调与分裂,制约着农民工的社会角色转型,又进一步制约着我国工业化与城市化的协调发展。当前,农民工的代际更替已基本完成,新生代农民工成为我国农民工群体的主体,与传统农民工群体相比,新生代农民工对自己的社会角色更加敏感,也更加倚重,新生代农民工社会角色的顺利转型将深刻影响着我国的现代化路径选择。

一、农民工社会角色转型问题的提出

社会角色是指与人们的某种社会地位、身份相一致的一套权利、义务的规范与行为模式,是人们对具有特定身份的人的行为期望,它构成社会群体或组织的基础,表现为人们在社会中以某一种社会身份、从事一定的社会活动,同时承担一定的社会责任、并享有相应的社会权利。农民工的社会角色问题是在我国改革开放的大背景下出现的一个新问题,由于我国体制改革与机制创新滞后于社会现实发展的需要,农民工由农村来到城市、由务农到务工、由第一产业从业者到二、三产业工人或兼业者,其所拥有的社会身份、所从事的

---

① 陆学艺:《农民工问题要从根上治理》,载《特区理论与实践》2003 年第 7 期。

社会活动、所承担的社会责任和所享有的社会权利都发生了变化,但又都转变得不彻底、不完全,于是便出现了目前我国社会建设进程中农民工社会角色转型的问题,并且,这个问题随着新生代农民工群体日益成为我国农民工的主体而越加强烈。

(一)农民工社会角色转型滞后于社会现实需要

著名经济学家成思危教授认为,当前,我国农民工群体正面临着三种社会角色的转变:从个体劳动者转变为雇佣劳动者,从农业劳动者转变为工业与服务业劳动者,从乡下人转变为城里人[①]。笔者认为,现实中我国农民工的城乡空间转换中,并没有同步实现这三种角色的同时转变或转变不彻底。首先,农民工在实现城乡空间转换的同时,由于社会保障等基本制度供给的严重滞后,没有放弃对农村耕地的"集体所有权"和"承包经营权",从而没有实现向产业工人和市民的身份转变,没有成为真正的"雇佣劳动者",甚至部分农民工农闲时外出打工,农忙时节返回乡务农,拥有农民和工人双重身份。其次,农民工在城市打工这一就业形态在当前还只是传统"务农"的一种补充,也是农民增加收入的一个主要渠道。这一现实定位,注定我国农民工将在相当长的时间里都面临着虽长时间在城市二、三产业务工,但"工业与服务业劳动者"的身份却难以"持续"拥有和稳定拥有。相关调查和研究表明,改革开放后第一批进城务工的农民工(传统农民工)绝大部分目前已经返回原流出地;2008年底世界金融危机冲击下2000多万农民工失去工作后[②],返回家乡,进一步说明农民工还没有成为真正的"工业与服务业劳动者"。第三,因为我国长期存在的传统城乡二元经济社会体制的刚性制约和惯性作用,农民工在城市生活、劳动,没有享受到与城市居民同样的社会管理服务、公共资源供给等基本的市民待遇,他们中的绝大部分在失去城市工作或年龄渐老失去劳动能力以后,仍不得不选择返回农村,难以真正成为"城里人"。

(二)农民工社会角色转型是一个异常艰难的过程

农民工的社会角色转型是一个异常艰难的过程。第一,农民工的社会角色转型首先是农民工的社会地位和社会身份的转型,也就是随着农民工在城镇务工经商,其身份也应相应由原务农的"农民"身份转型为"工人"或"商人"。事实表明,当前我国农民工现实身份和地位仍然是"农民",存在着严重

---

① 成思危:《农民工问题应放在更大背景下来考虑》,载《人民论坛》2007年第7期(B)。
② 陈锡文:《根据测算约两千万失业农民工返乡》[EB/OL]:(http://www.sina.com.cn)2009年2月2日。

的"角色错位"现象①。第二,"农民工"群体所应具有的一系列权利严重"缺位",农民工最基本的就业权、报酬议价权、劳动权、居住权、培训权、社会保障权、子女义务教育权等既缺乏制度保证,也没有得到市民应有的理解和接受,农民工群体长期存在着"相对剥夺感"②,为争取自身应得的各项权利,自其产生伊始即在"漂泊"中"抗争"③,甚至是采取一些极为极端的"抗争"形式。第三,农民工为我国城市经济社会的发展进步做出了重大贡献,但城市社会对农民工"经济接纳、社会排斥"。市民社会一方面深感农民工在城市生活中的不可缺少,同时又更深刻地感悟着农民工带来的利益分享压力和对现有"既得利益"的巨大冲击,对农民工既存在着"群体性偏见",也存在着"制度性歧视",由此甚至出现个别的、对农民工"污名化"的现象。第四,农民工处于我国城市社会的最底层,他们从事着城市人不愿做的"最苦、最累、最脏、最危险"的工作,劳动时间长,工资报酬低,并常常被拖欠,他们还远没有形成自己的组织,仍处于自发和自为状态,表现得最为突出的是当他们权益受到侵害时,往往难以通过"正规渠道"以"正当方式"得到妥当解决。农民工远离农村社会组织,又得不到城市社会的保护,处于"边缘"状态和"弱势"地位。农民工的社会角色转型问题任重道远,农村劳动力向城镇和非农产业转移,是世界各国工业化、城镇化发展的普遍规律,也是农业现代化发展的必然要求,我国农村人口和劳动力数量巨大,根据现有的人口及劳动力计算,我国现有农村劳动力 4.9 亿,在现有农业生产水平下,18 亿亩耕地最大劳动力需求数为 1.5 亿～1.8 亿常年劳动力,剩余劳动力在 3 亿左右,减去现已经转移到非农产业的 2 亿～2.2 亿,农村仍剩余劳动力 1 亿～1.2 亿④,还没有计算新增劳动力和农业技术发展对劳动力的替代这两个因素。当然部分农村劳动力是以剩余劳动时间的形式存在的。可以肯定,一个不争的事实是,我国农村存在数量巨大的剩余劳动力群体。在我国工业化和城镇化发展进程中,必然有越来越多的农村劳动力转移出来,并实现社会角色的转型,供职于工商服务业,定居于城市社区,成为城市市民。

(三)新生代农民工对社会角色转型问题的强化

当前,新生代农民工已经成为我国农民工的主体,新生代农民工为农民工社会角色的成功转型带来契机,也给农民工社会角色转型提出了更加强烈

① 陈星博:《结构挤压与角色错位——社会转型期我国青年农民工群体中"问题化"倾向研究》,载《改革》2003 年第 4 期。
② 李强:《社会学的"剥夺"理论与我国农民工问题》,载《学术界》2004 年第 4 期。
③ 符平:《漂泊与抗争:青年农民工的生存境遇》,载《调研世界》2006 年第 9 期。
④ 韩俊、佳传义、范皑皑:《农村劳动力短缺与剩余并存》,载《职业技术教育》2007 年第 15 期。

的要求。传统农民工"背井离乡"外出打工的目的主要是"挣钱",农业生产是基础,打工挣钱是补充,他们的角色定位基本是清晰的"农民"或"农村人",他们也基本认同这一社会角色,城市打工只是增加收入的一种方式。新生代农民工出生于 20 世纪七八十年代,在改革开放的发展进程中成长,1990 年代中后期进入城镇打工。他们从校门到校门,没有农业劳动和农村生活经历,城市现代社会生活方式、现代文明气息强烈地吸引着他们,对农村已经没有了上一代农民工所具有的"归宿感"。同时,一部分新生代农民工本身就是出生在城市,在城市生活、学习、成长,已经完全把自己认同为"城里人",对传统农村的联系仅仅局限于仍在农村生活的亲人的"亲情"情结,他们在对自己的社会角色认同上,很难认定自己的"农民身份"。由于我国长期以来城乡二元经济体制的刚性制约与传统社会管理模式的惯性作用,农民工不具有"市民身份",在社会角色认同与转型问题上处于矛盾与困惑之中。城市化是工业化的结果,是现代化的基础,在现代化发展进程中,推进工业化与城市化协调发展是世界经济社会发展的基本规律。在我国工业化、城市化与现代化发展进程中,促进农民工及其承载人口的市民化和城市社区公民化,是一个必然选择,也是一条城市化发展的低成本捷径。在农民工及其承载人口的市民化、公民化过程中,必然存在着农民工社会角色转型问题。

二、农民工社会角色转型问题的基本内容

农民工,顾名思义:农民工人,即以农民的身份从事工人的职业,既是我国经济改革发展的产物,也是我国社会特定时代的体制设定。2004 年中共中央国务院一号文件明确指出:进城就业的农民工已经成为我国产业工人的重要组成部分。这意味着农民工对我国城乡社会经济发展所做出的重大贡献逐渐得到了全社会的广泛认同,农民工群体的社会地位得到提升,长期以来困扰农民工群体的社会角色转型问题将逐步得到解决。农民工的社会角色转型应包括农民工地域角色的转型、职业角色的转型、身份角色的转型和制度角色的转型。

(一)农民工地域角色中断问题

农民工由农村来到城市,实现了城乡之间的地域空间转换,但这种本来应该一步到位的转换却出现了分裂:先由农民转变为农民工,再由农民工转变为产业工人。正是由于转变过程出现分裂,产生了农民工地域空间角色转型变换中的角色中断问题。

角色中断是指一个人前后所承担的两种角色之间发生了矛盾的现象。在一般情况下,人们在承担一种角色时常常为承担后来的角色做某些物质上与精神上的准备,因而不会发生角色中断。产生角色中断是由于人们在承担前一种角色时并没有为后一阶段所要承担的角色做好准备,或前一种角色所具有的一套行为规范与后来的新角色所要求的行为直接冲突。在我国农村劳动力城镇转移就业过程中,农民工这一社会角色的设定本身,便注定其必然产生社会角色转型过程中的角色中断问题。

首先,农民工这一社会角色的以工资为主的劳动收入没有为其社会角色的转型准备充足的物质基础,农民工的务工收入仅仅为生存性工资。根据马克思主义工资理论,工资是劳动力价值或价格的转化形式,劳动力价值是由劳动者消耗的生活资料(劳动者自身生存所需要、劳动者养育后代所需要、劳动者享受和发展所需要)的价值决定的。农民工作为主要依靠劳动获得工资性收入的劳动群体,其工资收入应由必需的三部分生活资料的价值决定:其一是农民工自身的再生产所必需的生活资料价值,其二是农民工赡养老人、养育后代所必需的生活资料价值,其三是农民工享受和发展所必需的生活资料价值。长期以来,我国农民工的工资报酬结构中,第二、三两项构成明显被轻视,造成农民工工资制度的不完善和报酬结构的不合理,工资水平普遍处于超低水平,远远低于同工种的城市工人。

其次,农民工这一社会角色也没有为其转型为产业工人准备充分的精神基础,农民工群体长期存在着"被剥夺感",具体表现在两个方面:其一,在农民工身上,绝对剥夺现象频繁发生,农民工作为劳动者的最基本的需求和最为基本的权益得不到满足和保障。其二,在农民工身上,相对剥夺现象也随处可见,并且是全方位的,最为明显的是户籍差异,由于农民工和市民处于两个完全不同的户籍管理体系中,所以农民工与市民在就业、工资、住房、医疗、教育、社会保障等方面都处于两个不同的体系中,本应均等的国民待遇处于完全不同的两个水平状态,农民工处于城市社会中的弱势地位。再次,农民工的城市进入处于一种"嵌入"状态,农民工群体在城市存在着严重的"内卷化"现象,绝大部分农民工虽然长期在城市工作、生活,但交往对象仍局限于以"血缘""地缘"和"亲缘"关系为主的同乡之间,并不认同自己所在的城市,处于一个进不了城又回不了乡的尴尬境地,流而不迁,普遍具有"城市过客"心态。

(二)农民工职业角色不清问题

角色不清是指社会大众或角色扮演者对于某一角色的行为标准不清楚,

不知道这一角色应该做什么、不应该做什么和怎样去做。一般而言,社会的急剧变迁,常常是造成社会角色不清的主要原因。农民工由务农到务工,在城市以"农民的身份"从事着"工人"的职业,这一职业工作定位的含混,使得农民工的社会角色转型过程中产生角色不清现象。首先,农民工已经不是农民。在当前我国社会经济发展过程中,农民工是指以农民的身份在城镇从事二、三产业的劳动者群体,他们在城镇劳动、生活、工作,而不是在农村,他们从事二、三产业劳动,而不是第一产业,所以,无论从职业角度、地域概念还是社会属性,农民工都已经不是农民了。其次,农民工也不是完全意义上的产业工人,根据马克思主义经典作家关于产业工人理论的主要观点,产业工人是指在现代工厂、矿山、交通运输等企业从事集体生产劳动,以工资收入为生活来源的工人,他们与社会化大生产相联系,是先进生产力的代表,他们没有生产资料,是雇佣劳动者。显然,我国农民工群体在农村仍然拥有土地等基本生产资料,并不是完全意义上的雇佣劳动者,他们在需要时仍然可以自我雇佣;同时,对绝大部分农民工而言,工资性收入并不是其全部生活来源,只是其收入的主要组成部分,甚至是务农收入的补充;部分农民工还只是在农闲时节才外出打工,以补充家庭收入,处于"工农"兼业状态。

(三)农民工身份角色冲突问题

所谓角色冲突,是指在社会成员的社会角色扮演中,角色之间或角色内部发生了矛盾、对立和抵触,妨碍了角色扮演的顺利进行。农民工的角色冲突主要表现为角色内的冲突,农民工由农民到工人,社会身份的变化滞后于地域变迁和职业变换,三种角色变迁的内在逻辑矛盾致使农民工群体"角色紧张",导致农民工社会角色转型过程的角色冲突问题。

发展经济学在关注和研究发展中国家城乡人口转移现象时提出了两个著名的命题:"农村人口城市化"(urbanization of rural population)和"农村剩余劳动力非农化"(deagriculturalization of surplus agricultural laborers),分别考察在发展中国家工业化、城市化和现代化发展进程中的农村人口和农村劳动力变迁问题。在绝大多数市场经济国家里,这两个进程是同步进行的,所以他们都没有农民工问题。但我国改革开放以来的农民工现象,却使这两个进程出现了分离和断裂,农民工的身份转变与职业转换、地域转移既不同步,更不统一,农民工的身份转变严重滞后于职业转换和地域转移。市场导向的改革取向首先带来的是农民工的地域转移,农民工冲破长期以来的城乡"藩篱",来到城市寻找工作。其次是职业的转换,农民工脱离农业,在城市主要从事于建筑业、制造业、餐饮服务业等二、三产业,但他们仍然是农民,带来农民工群体的"角色紧张"。农民工的身份角色冲突包括:其一农民工的角色属性产生矛盾,其二农民工的角色定位出现对立,其三农民工的角色归宿产生抵触。

(四)农民工制度角色失败问题

角色失败是指由于多种原因致使角色扮演者无法进行成功的表演,最后,不得不半途终止表演,或者虽然还没有退出角色,但已经困难重重,每前进一步都将遇到更多的矛盾,付出更大的代价。在我国改革开放之初,农民工本来只是一个权宜之计,但逐渐演变为一种制度性安排[1],由此便产生一系列农民工问题,并致使农民工在社会角色的转型过程中产生制度角色失败问题。农民工的制度角色失败主要表现在三个方面:其一,由于现行农村僵化的土地流转市场制度,致使农民工拥有的主要生产资料(土地)无法有效转化为农民工社会角色转型的必要资本支撑。其二,由于现行城乡分割的劳动力市场制度,致使绝大部分农民工在城市处于"非正规就业"状态,农民工的各项基本权益得不到有效保障,农民工社会角色转型缺乏必要的积累作为生活与生存保障。其三,由于现行城乡封闭的社会保障制度,致使农民工不可能享有与城市均等的公共服务,农民工在城市务工就业、生产生活不稳定、临时性强且收入超低,农民工社会角色转型过程难以具有持续性。在通常情况下,社会角色失败会导致两种结果:一种是角色的承担者不得不半途退出角色,另一种是虽然还处于某种角色位置上,但其表现已经被实践证明是失败的。农民工的角色失败产生的后果中,第一种情形是主要的,占绝大部分。农民工把青春、智慧、才干都献给了城市建设,但到了年龄渐老失去必要的劳动能力时,绝大部分都选择回到流出地,回到农村,转回农民角色。

三、农民工社会角色转型问题分析:
一个"结构化理论"视角

为了解决 19 世纪以来西方社会学中长期存在的 "社会结构制约性与个人行动自主性"之间"二元对立"的困境,英国社会学家安东尼·吉登斯总结和

---

[1] 陆学艺:《农民工问题要从根上治理》,载《特区理论与实践》2003 年第 7 期。

吸取前人学术成果,对社会学界各个理论流派的观点进行系统梳理和深入分析,于 1970 年代中期提出著名的"结构化理论"。"结构化理论"以"结构二重性"和"实践"为核心概念,以研究社会结构制约性与个人行为自主性的互构关系为主线,具体分析人类社会实践活动中个人行动框架与社会结构框架之间的二重化关系,从而为解决长期困扰人们的理论困境(主体与客体、能动与结构、个人与社会的关系问题)提出自己独到的理论阐释。吉登斯的"结构化理论"对解释当前我国农民工社会角色转型问题具有较强的解释力。

(一)农民工的社会角色认同是一个农民工主体理性选择的过程

"结构化理论"认为,在社会实践活动中,个人的行动框架是一个"反思性行为流",是一个循环往复、不断累积的过程。人的有意图的行动首先具有一种能定性,具体包含了意识与动机的激发过程、行动的理性化过程和行动的反思性监控与调节三个部分。改革开放以来,我国农民工在城镇转移过程中,作为行动主体,城镇转移行为也是一个"有意图的行动",不仅具有明确的动因,而且总是能够不断地将自己的行动加以合理化,总是不断地对自己的行动进行反思性监控与调节,并且,这一转移行为还表现为一个循环往复、不断累积的过程。

第一,对行动的反思性监控与调节,即行动者总是试图不断地认识自己的种种活动和自己得以在其中活动的社会与物质环境,并期望知道别人对自己的这些活动是如何反应的,因此,他们总是不断地改变和调节着自己的行动,即"行动者不仅始终监视着自己的活动流,还期望他人也如此监控着自身。他们还习以为常地监控着自己所处情境的社会特性与物理特性"[1]。我国"农民工"角色认同是一个农民工主体在社会现实条件下对自身行为"反思性调节"的结果。农民工冲破传统体制藩篱,克服重重障碍,由农村到城市、由务农到务工,是一个"向上"的流动,是对城乡收入差距、区域经济发展水平差距、现代化程度差距的反应,是"不断认识自己的种种活动和自己得以在其中活动的社会与物质环境"的产物。农民工"认同"自己以"农民工"的社会身份在城市生活、工作,是对传统城乡分割的二元体制的"反思性调节"的结果,"农民工"这个角色定位本身存在角色不清问题,但农民工认同并选择了这一模式,最合理的解释就是农民工群体对我国"渐进式改革"模式这一结构性因素制约性的认同,并做出"合理化"选择。

---

① 安东尼·吉登斯著,李康、李猛译,《社会的构成》[M],北京:三联书店出版社 1998 年版,第 65 页。

第二,行动的合理化过程或行动的理性化过程,即行动者不间断地保持对自己活动的各种环境条件的理论性领悟,并能对自己也对他人做出合理化的解释。"农民工"角色认同是一个农民工主体面对我国城乡二元结构时的"合理化选择",人地矛盾是我国农村长期以来最大的发展障碍和制约因素,农业比较效益低,农村存在着大量的剩余劳动力,"内卷化""过密化"现象严重,所以,当市场取向的改革政策启动伊始,农村剩余劳动力便义无反顾地选择了"转移就业"这个新的就业形式,改革开放30余年的发展实践更加生动地证明了,我国农村剩余劳动力转移就业模式的成功性和现实正确性,农民工不仅通过转移就业实现了自身收入渠道的拓展和收入水平的大幅提高,更为国民经济的繁荣、城市社会的发展做出了巨大贡献。"农民工"——最直接的理解就是以农民的身份从事工人的职业,虽然这样的角色设定本身包含着角色冲突问题,但这种角色内在的冲突得到了"合理化"过程的消解。

第三,人们有意图的行动首先应具有一个意识与动机的激发过程,即具有促使行动得以发生的动因。行动的动因并不直接与行动的连续性相连,潜在于行动,是对行动的"规划"。同时,人们有意图的行动还可能带来一种意外的结果,而这种意外的结果又作为一种未被行动者认识到的条件成为下一次行动的前提,由此使得人们在社会活动中的行为是一个循环往复、不断累积的过程。"农民工"角色认同是一个农民工"有意图行动的非意愿结果",首先农民工的出现是劳动力市场化配置机制逐步建立的具体体现,是农村劳动力的劳动支配权和经营自主权回归劳动者主体的表现,但又是一个不彻底的过程,出现角色中断和分离现象,是一个"非意愿结果"。其次,这种"非意愿结果"又构成农村劳动力继续流动的前提、条件和"环境",在此基础上,农民工不断出现分化——一部分农民工已经以各种方式和形式融入城市,成为事实上的城市居民,一部分农民工已经返回农村,成为名副其实的"农民",一部分农民工仍然以农民工的形式在城市、城乡之间流动就业。农民工群体的变迁正是这样一个循环往复、不断累积的过程。

(二)农民工的社会角色变迁是一个宏观结构性因素不断整合的过程

吉登斯"结构化理论"的重要贡献之一是方法论上的创新,在方法论上引导人们从新的视角来审视个人与社会、能动与结构之间的关系。吉登斯认为,个体主义(或行动主义)和整体主义(或结构主义)分别强调个体(或能动)和整体(或结构)的本源性,二者存在一个共同局限,就是把能动(agency)和结构

(structure)看成是割裂的双方。在吉登斯在"结构化理论"中,将能动和结构看成是互构性的,有如同一枚"硬币"的两面,并通过人们的实践活动而得到互构。为此,吉登斯在"结构化理论"中对"结构"概念进行了重新界定,所谓结构指的是社会系统再生产过程中反复涉及的 "规则"(rules) 和 "资源"(resources)。他在其代表著作之一的《社会的构成》一书中论述道:"可以用某种更一般的技术性方式使用结构这个概念,把它理解成规则和资源,反复体现在社会系统的再生产过程中,成为结构化理论的基础"[①]。显然,吉登斯"结构化理论"中的这一"结构"概念包含了三个方面的含义:其一,结构是一系列规则,这里的规则既包括正式的法律规则,也包括潜含在人们思想意识中的"共有知识"(mutual knowledge)。其二,结构是各种类型的资源,既包括体现为物质性资源的"配置性资源"(allocative resources),也包括体现为隐含在各种社会关系网络中的非物质性资源的"权威性资源"(authoritative resources)。其三,结构是一套制度化的关系模式,它跨越悠远的时间范围和广袤的空间范围,被人们反复采用并再生产出来[②],具有强烈的"实践意识"和"动态发展意识"。改革开放以来,我国农民工的社会角色变迁就是一个宏观结构性因素不断整合的过程,既包含各种结构性因素对农民工群体行动的塑造,也包括农民工主体行为对社会结构的再生产活动。这里我们把我国农民工社会角色的变迁过程分解为如下逻辑链条进行分析:农民—农民工—市民—公民。

第一,由农民到农民工是劳动力资源市场配置的反映。劳动力的市场配置是一个"规则"性结构因素,对行为主体的行动具有使动性与制约性双重作用。一方面,农民工群体正是透过劳动力市场配置机制提供的规则信息来了解自身所处情境的行为可能性取向,掌握这一规则信息为自己提供的意义,并做出了"离土不离乡"或"离土又离乡"或"离土更离根"的行为选择;另一方面,劳动力市场配置机制对农民工行为选择还具有导向性作用,为农民工的城镇转移就业行为界定了在这个规则脉络内怎样的行动才是正确的或适当的。在"适当"的层面理解农民工城镇转移行为,是一个理论的"理性化选择"。

第二,由农民工到市民是城乡统筹发展的结果。城乡统筹发展是一个"资源"性结构因素,这种独特的资源既包含配置型资源,也包括权威性资源,综合起来,首先,"城乡统筹发展"作为一个政策指导思想,为农民工到市民的转型变迁提供一系列"政策性"权威资源。如城乡统筹发展指导下的城市户籍管

---

① 安东尼·吉登斯著,李康、李猛译,《社会的构成》[M],北京:三联书店出版社1998年版,第290页。
② 郭忠华:《主客体关系的对立与融通——诠释吉登斯的"结构化理论"》[J],载《东方论坛》2008年第2期。

理制度就为农民工的进入城镇提供了新的更加便宜的渠道。其次,"城乡统筹发展"的具体内容为农民工到市民的转型变迁提供物质性配置资源。如城乡统筹发展政策指导下的城市最低工资制度,就为农民工的务工收入增加了物质性收入。城市社会与农民工群体对这些资源的整合必然有助于农民工到市民的转型发展。

第三,由市民到公民是现代社会的必然要求。现代社会是一个公民社会,公民社会对全体公民而言首先是权利的均等要求,农民工无论以什么身份、在城市从事哪一产业的生产活动,其公民权都应当也必须得到保障。从我国的现实出发,农民工由市民到公民,首先应保障的是劳动就业权与报酬收入权,其次是城市社会管理与公共服务享有权,再次是政治参与权。权利的分享博弈本身也是一个"结构性"因素的整合过程,农民工在这些博弈中,不断获取博弈收益,分享整合的成果,逐步实现社会角色的转型变迁。

(三)农民工的社会角色转型是一个主体与结构的二重化过程

"结构化理论"的核心主张是,主体和客体之间并不是一种非此即彼的关系,社会结构赋予行动所必需的规则和资源的同时,自身又必须通过行动才能得到再生产,行动个体在受动与受制于结构性因素的同时,也在创造结构,结构是行动的结果,只有通过行动者的行动,结构才能真正得到体现和延续。行动与结构并不是一种非此即彼、相互排斥的关系,相反,是一种彼此融合、互为条件的关系,两者如同一枚"硬币"的两面,并通过人们的实践活动而得到互构。吉登斯把这种关系称作是"结构二重性"(duality of structure)。为此,吉登斯在其结构化理论中建立了"结构二重性"和"实践"两个核心概念。所谓"结构二重性"是指:作为规则的结构,不是"外在"于个体行动的东西,而是内在于人们的行动中的虚拟(virtual)的存在物,结构不仅仅是对行动施行约束的条件,而且也是行动得以启动的媒介,还是行动的结果。行动和结构不再是二元对立的双方,而是二重互构的双方。结构和行动的这种互构性,一方面使得行动得以结构化,另一方面也使得结构得以通过行动而连续不断地得到再生产(或改变),并跨越时空距离而扩展。行动离不开结构,行动又不断再生产结构。显然,"结构二重性"包括两个方面:其一是架通了社会规则制约性与个人行为自主性,使二者不再是一种非此即彼的"对立"关系,而是一种彼此"互构"的关系。其二是揭示了架通社会规则制约性与个人行为自主性这一"对立双方"的方式,是通过生产与再生产,即通过"实践"来实现社会结构制约性与个人行为自主性之间的互构。在吉登斯的"结构化理论"中，"实践"是其结构化理论"运行"的逻辑中介。吉登斯认为，人类世界并不是预先给定的客体世界，而是建立在无数的人类活动实践基础上的，"紧密渗入时空中的社会实践恰恰是同时建构主体和社会客体的根基"①，只有弄清楚连接主体与客体的逻辑中介——实践，我们才能明白结构是如何被具有自主性、能动性的人类再生产出来，又反过来影响人类的再生产的②。吉登斯通过"实践"概念的建构，其一是确立了人类实践活动对阐释社会现象尤其是行动与结构、主体与客体、个人与社会关系的优先地位和本体论立场，其二是将结构、制度和社会系统的生成与实践活动看成一个内在关联、重合同一的过程，其三是使基于实践基础上的使动性和制约性成为理解结构化理论和结构二重性学说的关键③。

我国农民工的社会角色转型就是一个典型的主体与结构的二重化过程，首先，在农民工城镇务工就业与城市生活中，农民工作为行动主体，现行经济社会体制、机制、习俗、规则以及法律、政策等作为结构性因素，对其具有制约作用，并且是农民工务工就业、城市生活活动得以顺利展开的媒介，在此过程中，结构具有明显的使动性和制约性。同时，这些与农民工群体有关的结构性因素又是农民工群体行动的结果，只有通过农民工的具体就业、生产、生活行动，这些相关的结构才能得到延续，其作用才能得到体现，这两者显然是一种"一枚硬币的两面"的关系，相互联系又彼此依赖。其次，在吉登斯的"结构化理论"中，要想将"微观的个人行动框架"与"宏观的社会结构框架"这两者有机地结合起来，实践是一个必要的也是最重要的中介④。通过农民工在城乡之间的转移流动、务工就业实践活动，将与此相关的结构性社会情境与农民工个体行动结合并整合起来，实现"二重性结构化"。

〔原载《学术月刊》2010年第6期，
并被(人大复印资料)《农业经济研究》2011年第9期全文转载〕

---

① 安东尼·吉登斯著，李康、李猛译，《社会的构成》[M]，北京：三联书店出版社1998年版，第41—42页。
② 董才生、王远：《论吉登斯结构化理论的内在逻辑》，载《长白学刊》2008年第3期。
③ 周志山、许大平：《基于实践活动的使动性与制约性——吉登斯结构二重性学说述议》载《浙江师范大学学报》(社会科学版)2002年第5期。
④ 董才生、王远：《论吉登斯结构化理论的内在逻辑》，载《长白学刊》2008年第3期。

第三部分
农民工权益保护问题研究

我国农民工经济权益缺失的
制度性因素探析

　　农民工在我国改革开放、经济社会发展特别是城市发展与繁荣中做出了巨大的贡献,劳动力流动对国内生产总值增长率的贡献份额在 16%～20%之间[1],但却没有享受到改革与发展的成果。我国广大农民工的各种权利不能得到保障,社会地位不能得到承认,已经成为我国经济社会发展以及现代化建设中的突出问题。农村剩余劳动力的城镇转移既是农村经济社会发展的必然要求,也是工业化、城市化和现代化建设的必然选择,更是实施全面建设小康社会战略必须面对的问题。保障转移到城镇的农村剩余劳动力即农民工的经济权益是实现农村剩余劳动力转移的根本要求。一个国家的现代化过程就是工业化和城市化过程,也就是农村人口向城市流动和集中的过程。农村人口向城镇流动和集中最有效、最基本的载体是农村剩余劳动力的城镇转移,而农村剩余劳动力转移成功的关键是进城务工就业农民(即农民工)的经济权益能得到保障。目前,我国农民工的经济权益屡受侵犯的现象相当严重。造成农民工经济权益缺失除了管理上的不完善、农民工维权能力较弱等原因外,根本原因是制度供给的不足。

一、当前我国农民工经济权益缺失的主要表现

　　农民工经济权益缺失主要是指我国广大进城务工农民在就业、工资、教育、住房以及社会保障等不能享受到与城镇职工同等的市民待遇,受到歧视和不公正对待;而且,这种歧视和不公正对待并不是因为农民工个体能力的不足,而是由于农民工的权利不足和机会缺乏造成的。当前我国社会中庞大的农民工队伍无论是从数量上还是从他们对我国经济社会的发展贡献上看,都已经成为我国的一个新兴工人阶级。据 2000 年第五次全国人口普查资料,

---

① 刘斌、张兆刚、霍功编著:《中国三农问题报告》[M],北京:中国发展出版社 2004 年 1 月出版。

我国农村劳动力中离开户籍所在地半年以上的人口为 1.2 亿，其中进入城镇在二、三产业单位打工的农民工约为 8000 万人，农业部、劳动与社会保障部等有关部门则估计，2002 年离土又离乡的农民工约 9460 万，他们就业于城镇，但却没有城镇户口[①]，没有享受到与城镇职工同等的经济待遇以及社会权利和政治权利。这种状况长期发展及演变的结果，是广大农民工成为我国当代社会结构中游离于城乡二元结构之外的第三元结构。当前我国社会中广大农民工经济权益缺失主要表现在农民工的工资待遇低，特别是农民工与城镇职工同工、同岗不同酬现象尤为严重；农民工工作劳动强度大，企业任意加班加点；农民工工作环境差，缺乏最基本的安全保障；农民工的社会保障几乎是空白，使农民工没有能力应对生存发展中的各种突发事件。

（一）工资待遇低，劳动强度大，广大农民工的劳动报酬远远低于其劳动所创造的价值，且长期不变，严重抑制着农民工的持续发展。《人民日报》2004 年9 月 19 日《劳动密集型企业比较缺工》一文中报道：我国东南沿海地区在主要从事"三来一补"的劳动密集型企业中，农民工每天劳动时间至少 10～12 小时，而每月工资却仅有 600～700 元。另据《中国青年报》2004 年 7 月 12 日的报道，广东省总工会 2004 年 7 月 6 日公布的一项调查表明，外来工月收入近半不足 800 元，成为广东大量技术工人流失的重要原因。调查还发现，那里月收入在 1200 元以下的占 78.7%，月工资收入在 1600 元以下的高达 89.4%。同时，国务院发展研究中心的报道也指出，在我国农民工较为聚集的珠江三角区，农民工工资增长幅度 12 年来只有 68 元[②]。农民工的工资水平本身就低且其增长幅度远低于经济发展速度，加上物价水平的上涨，农民工生活成本加大，已经使得广大农民工的进一步生存和发展受阻，可以肯定，如果不能有效地保障农民工的工资权益和各项应有待遇，必将会影响到我国国民经济的健康和持续发展。这一现象不仅出现在我国东南沿海农民工比较聚集的地区，在全国其他各地也较为普遍。近期全国不少地方相继出现的所谓"民工荒"就是农民工工资待遇过低的最好证明。在农民工工资普遍很低的同时，全国各城镇均存在着农民工与城镇职工同工、同岗不同酬的现象，2000 年，国有企业职工平均工资比农民工平均工资高 32%，如果再加上国有企业的职工享有的住房、医疗、养老等福利，2000 年国有企业的职工收入平均比农民工高 127%，达 7381 元[③]。

---

① 张英洪：《新旧体制交织下的农民工》[J]，载《上海城市管理学院学报》2004 年第 1 期。
② 《劳动密集型企业比较缺工》[N]，载《人民日报》2004 年 9 月 19 日。
③ 王元璋、盛喜真：《农民工待遇市民化探析》，载《人口与经济》2004 年第 2 期。

（二）**农民工本已少得十分可怜的工资常常被任意克扣和恶意拖欠,不仅造成恶劣的劳动用工环境,更破坏了我国社会主义市场经济的健康发展。**农民工的工资待遇低,而且常常被拖欠,这是当前十分引人注目和令人忧心的社会现象,2003 年底由劳动和社会保障部会同建设部等部门共同发起的全国性"清欠风暴"行动就是一个说明。据《中国青年报》2004 年 9 月 8 日《四大原因造成部分地区民工短缺》一文中报道:2003 年底深圳市在企业工资发放情况大检查中,发现欠薪企业 653 家,占被查企业总数的 40%多,涉及员工 10 万多人次, 欠薪总额达 1 亿多元。据劳动和社会保障部权威人士透露,2002 年 1—10 月份,各地累计拖欠农民工工资近 300 亿元[①]。另据《人民日报》2004 年 9 月 19 日报道,截至 2004 年 8 月 6 日,全国拖欠农民工工资总额为 323.49 亿元,已解决拖欠农民工工资 282.79 亿元,其中解决 2003 年当年拖欠款 160.29 亿元。拖欠农民工工资数额大、范围广、比例高。并且,被拖欠工资的广大农民工,由于其自身组织性不足的先天性缺陷,使得他们在与企业单位等社会强势集团的博弈中处于弱势地位,没有能力保障自己的权利和伸张自己的正义。

（三）**专门针对农民工的各种名目的收费繁多,增大了农民工的务工成本和农村富余劳动力的转移成本。**一些城市为了限制外来劳动力进城打工,制定了诸如强化户籍管理、关闭或抑制劳动力市场、行业性就业歧视等政策措施,使得农民工为了获得一个城市就业岗位,需直接或间接交付多种费用,包括外出打工许可证办证费、管理服务费、外来人员就业证办证费、施工管理费、暂住证办证费等等。如在北京市,一个外来民工每年办一次暂住证要交 180 元,后来又搞一个就业证,每年办一次要交 180 元钱,还有一个流出地发的外出打工许可证,每个证要交 100 元钱,还有婚育证、健康证等。北京市对每个农民工一年的收费一共是 485 元。又比如深圳市,有人统计,办一个暂住证要盖 11 个公章:签订流动人口合同要盖 2 个章,查验流动人口生育证明盖 2 个章,就业证盖 2 个章,深圳特区劳务工指标登记本盖 2 个章,暂住户口登记盖 1 个章,深圳市暂住人口登记表盖 2 个章。少一个都不行,盖一个就有一个的收费,深圳市 2001 年共办理暂住证 343 万个,收费金额约为 10 亿元[②]。还有一个我国各城市普遍存在的针对农民工子女义务教育收取的数额不等

---

① 程骐、尹宁波:《农民工就业歧视的政治经济学分析》,载《农村经济》2004 年第 2 期。
② 韩俊:《当前中国"三农"问题与政策走向》[A],载邹东涛主编:《经济中国之发展问题》[M],北京:中国经济出版社 2004 年 9 月出版。

但都不低的借读费、赞助费等。名目繁多的各种专门针对农民工的收费,不仅增大了进城农民工的务工成本,更增大了我国大量农村剩余劳动力的转移成本,进而增大了我国社会发展的交易成本,阻滞着我国社会的转型发展。

(四)工作环境差,劳动安全堪忧,社会保障缺乏。据《中国青年报》2004年6月20日报道:2003年全国死于工伤人员高达13.6万人,其中大部分是农民工,特别是在矿山开采、建筑施工、危险化学品3个农民工集中的行业,农民工死亡人数占总死亡人数的80%以上。在江苏省开展的为期一个月的农民工劳动保障权益保护专项执法检查中,江苏全省共检查用人单位11802户,涉及农民工75.97万人,查处侵犯农民工劳动保障权益的案件2530件,共责令支付农民工工资及补偿、赔偿金2370.64万元,拖欠农民工工资涉及4.68万人,责令补交社会保险费999.69万元,清退童工103人,取缔非法职业中介机构118户,实施行政处罚199件,罚款金额166.03万元①。另据国家安全生产监督局官员透露,中国每年因工致残人员有70万,其中进城务工人员占绝大多数。全国8成三乡镇企业存在不同程度的职业病危害,职工发病率高达近1.6成。广东省抽检了8000多户乡镇企业及个体工商户,发现职业病危害因素的超过7000户,占8.6以上。调研还发现,农民工各项社会保险参保率极低,用人单位很少能按国家规定,为农民工交纳保险。安徽省合肥市反映,该市近60万农民工,参加各类保险的均不足百分之一②,等等。广大农民工在城镇就业几乎没有任何社会保障,他们既没有劳动保险,也没有医疗保险,更无权享受城市最低生活保障,甚至有部分农民工连最基本的用工合同都没有签订。同时,他们更无权享受城市政府为了帮助城市低收入阶层解决住房问题而提供的各种"安居工程"住房优惠。在对待农民工经济权益上的长期不公,会形成新的社会不公,进而影响我国社会的稳定。

提高农民工的工资待遇、清理克扣和拖欠的农民工工资,取消各种专门针对农民工的收费,降低农民工的务工成本,为农民工提供最基本的城市生活保障,作为农民工经济权益的最基本和最核心的组成部分,对于农民工的生存与可持续发展,具有极其重要的作用,必须获得全社会的认可和尊重,给予农民工与其劳动价值相对等的劳动报酬。在我国经济体制转型以及社会主义市场经济体制构建进程中,作为国家代表的政府必须在维护市场经济秩序

---

① 邵文杰:《保障农民工权益呼唤制度化》[N],载《光明日报》2004年7月22日A4版。

② 马浩亮:《调查显示民工境域堪忧,专家称应让其享受市民待遇》[EB/OL]:中国农村研究网(http://www.ccrs.org.cn)2004年10月12日。

和保证社会公正、保障农民工市场经济主体地位的同时，与时俱进地建立与农民工市场主体地位对等的权利机制。

二、造成农民工经济权益缺失的制度性因素

(一)城乡二元户籍制度是造成农民工经济权益缺失的根本原因。存在于我国社会的城乡二元户籍制度是目前我国农民工经济权益以及其他各种权益(包括个人人身权益、社会权益和政治权益等)缺失的根本性制度因素。正是由于城乡二元户籍制度的存在，造成我国劳动力市场上的对农民工的就业歧视、工资歧视、社会福利歧视以及我国城乡劳动力市场的分割，从而造成我国广大农民工经济权益的缺失。建国初期，为了实行重工业优先发展战略，制定颁布了第一个旨在限制城乡劳动力自由流动的法令——《中华人民共和国户口登记条例》，随后的几十年，我国城乡间劳动力的自由流动几乎为零；直到改革开放初期，由于农村家庭联产承包经营责任制的实行，极大地解放了农村劳动力，农村农业劳动生产率大幅提高，农村富余劳动力日益显现并且增多，同时，我国乡镇企业异军突起，产生了对劳动力的大量需求，于是，城乡间开始出现劳动力的自由流动，并且日趋活跃，数量不断增大。加上国家工业化、城市化和现代化发展战略的需要，农村劳动力的城乡间流动主要是农村剩余劳动力的转移日益迫切。目前，全国4.8亿农村劳动力中，1.6亿在当地从事乡镇企业和其他非农产业，3.2亿为农业劳动力；但据测算，种植业实际需要1.5亿劳动力，加上2000万专门从事林牧渔业生产的劳动力，农业实际需要劳动力约为1.7亿，于是，我国农村实际有1.5亿富余劳动力，而且每年还要新增劳动力600多万人。迫于社会发展压力及发展战略调整的需要，国家对严重阻碍城乡劳动力自由流动的户口政策于1980年后做过几次调整，从发展趋势上看是逐步放开的，但总体调整幅度不大，难以满足社会经济发展的需要。调整力度较大的一次是2001年，国务院批转的公安部《关于推进小城镇户籍管理制度改革的意见》，在该《意见》中，规定在县级市市区，县人民政府驻地镇及其建制镇，只要有"合法固定的住所，稳定的职业或生活来源的人员与其共同生活的亲属，均可根据本人意愿办理城镇常住户口"。可是只限于中小城镇，对于大中城市，户口并没有放开，而这种限制恰恰是问题的关键所在。目前，我国城乡二元户籍制度造成农民工经济权益的缺失，主要存在于广大在大中城市和开放比较早的沿海小城镇就业的农民工之中。表现在如下

几个方面。第一,城乡二元户籍制度造成对农民工的就业歧视,从而造成农民工的经济权益缺失。对农民工的就业歧视,使农民工在同等条件下,与城镇职工在行业选择、部门选择、岗位选择上往往受到不公正对待,农民工往往只能在"次属劳动力市场"就业,失去许多本应当也完全有能力具有的获利机会,造成农民工的经济权益缺失。而且这种不公正对待,并不单纯是一种企业行为,而是一种制度规制的结果,更加根深蒂固。第二,城乡二元户籍制度造成对农民工的工资歧视,从而造成农民工的经济权益缺失。对农民工的工资歧视,首先是农民工的工资本身普遍较低,其劳动报酬与其劳动所创造价值远远不能对等;其次是农民工与城镇职工同工、同岗不同酬现象特别严重,损害了农民工的经济权益。第三,城乡二元户籍制度造成城乡劳动力市场分割,从而造成农民工经济权益的缺失,这是从市场经济制度建设的深层来看的。由于城乡二元户籍制度的存在而造成的劳动力市场的分割,形成目前我国农村劳动力的城乡流动,主要是靠血缘关系、亲缘关系和地缘关系推动,这种流动模式必然存在雇主与雇员之间的信息不对称、权利不对等现象,往往雇员也就是农民工处于弱势地位,不能保障其经济权益的完整实现。

(二)劳务用工及工资制度的不健全是造成农民工经济利益流失、劳动报酬过于低于其劳动所创造的价值的主要因素。我国农民工劳动报酬过于低于其劳动所创造的价值的现象是极为普遍的。农民工工资制度的不健全,广大农民工一方面在城市从事着"苦、脏、粗、重、险"的工作,弥补城市用工空缺,另一方面又只能得到远远低于其劳动所创造的价值的劳动报酬,甚至是连最低的生活保障都难以维持;农民工与城市职工同工、同岗不同酬;这些现象不仅损害着农民工的经济权益,更伤害了农民工的感情和基本的社会权利。农民工劳务用工制度不完善,许多农民工与用人单位之间没有签订正式用工合同,大多是口头协议,一旦遇到劳务纠纷,法律介入困难,农民工的合法劳动权益被侵害。如农民工本已少得可怜的工资还常常被拖欠,一些不负责任的企业单位常常采取交纳一定数额的保证金、扣压证件、不全额发放工资等非法手段,侵占农民工的合法收入,部分农民工到了年底"回家无钱,留下无望"。

(三)农村劳动力培训制度的不完善弱化了农民工经济权益的获得能力。农民工文化知识水平及劳动技能水平较低是农民工经济权益实现的制约瓶颈。在我国的绝大部分涉及农民工的劳务纠纷中,农民工处于弱势谈判地位和谈判能力的主要原因除了国家相关法律制度的不完善外,主要是由于农民工较低的文化知识水平、淡薄的维权意识和缺乏自组织性,其中较低的文化知识水平是根本原因。据相关资料,在我国目前的农村劳动力中,小学及其以下文化程度占 38.2%、初中文化程度占 49.3%、高中及中专文化程度占 11.9%、大专及以上文化程度占 0.6%,受过专业技能培训的仅占 9.1%。另有资料表明,在 1986—2000 年的 15 年间,全国小学阶段的失学人数累计达到 3791.5 万人,全国小学毕业后未能升学的人数高达 5000 万人以上。在 1987—2000 年间,初中阶段失学人数达到 3067.6 万人。他们是《义务教育法》颁布之后完全或没有完全享受"九年义务教育"的群体,他们绝大多数系农村少年儿童,农村人口主要由只受过初中和小学教育的群体组成[1]。农民工文化知识水平及劳动技能水平较低是目前我国社会现实中的一个不争的事实。但在面对我国农村劳动力知识技能这种令人忧虑的现状时,政府、企业以及社会在劳动力技能培训方面又存在着严重的短视现象,往往把升学主要是升大学视为教育投入的唯一目的,忽视劳动力的技能培训工作,把庞大的农村劳动力队伍过早地推向社会。大量的农村劳动力以及广大农民工既没有一技之长,也缺少保护自己的法律知识,甚至缺少基本的城市生活常识。正是农民工的这种文化知识水平和劳动技能水平造成其较低的人力资本存量,弱化了农民工经济权益的获得能力,强化了他们在劳动力市场上以及其与企业单位等强势集团博弈中的弱势地位。

三、保障农民工经济权益实现的制度创新与政策建议

(一)改革现行户籍管理制度,为农民工经济权益保障提供基础性制度供给。 实行按居住地登记的新型户籍管理制度,是我国户籍管理制度改革的最终选择,也是打破城乡二元结构,实行城乡统一、城乡统筹协调发展的核心。但是, 这种最理想化的改革目标的实现却应该是一个逐渐推进的动态过程,不可能一蹴而就。因为任何一种体制改革,说到底都必然涉及利益关系的改变,总会有一些人的利益要受损;没有人利益受损,就不可能有人受益;或者说,现在不受损,将来就不会受益[2]。改革的过程本身就是一个利益关系的调整过程,就是一个收入再分配的过程。就我国目前的国情而言,户籍管理制度

---

① 韩俊:《当前中国"三农"问题与政策走向》[A],载邹东涛主编:《经济中国之发展问题》[M],北京:中国经济出版社 2004 年 9 月出版。

② 樊纲:《转轨经济的理论分析》[A],载邹东涛主编《经济中国之新制度经济学与中国》[M],北京:中国经济出版社 2004 年 1 月出版。

的改革必须走渐进推进的改革之路,可以采取先试点取得改革的经验,再整体推进的思路。目前我国有些大中城市在户籍管理制度上所做的改革就是一个有益的尝试。如郑州市 2000 年规定,只要在郑州市具有拥有住房(有产权)、有固定职业或有直系亲属(配偶、子女、父母)条件之一的,即可办理郑州市户口。如此宽松的条件,也仅有 17 万人将户口迁入郑州市,只占原有人口总量的 10%左右①。可见,在农村剩余劳动力转移日益由生存理性向经济理性转变,农民工经济人内涵日益成熟的今天,我们的一些人对放开城市户口管制会产生"城市病"的担忧是没有必要的。又如广州市 2004 年 3 月 31 日宣布,对常住人口调控管理制度进行改革,以准入户条件取代以往按计划指标审批入户、调整"农转非"审批政策、调整市内户口迁移政策、放宽恢复户口的条件等。改革的具体措施各具特色,但总体方向是一致的,就是逐步放开传统的城市户口计划指标控制模式,削离附着在户口上的一些利益设置。只有建立了按居住地登记的户籍管理制度,还户口以本来面目,才有可能建立城乡统一的劳动力市场,才能促成我国农村富余劳动力的自由流动,农民工经济权益的保障才会有一个根本性的制度依托。

(二)完善《劳动法》等相关法律制度,建立统一的劳务用工及工资制度,为农民工经济权益保障提供法律支撑。 农民工的工资保障是农民工经济权益的核心部分,落实农民工的产业工人身份和权利,使农民工足额按时领取工资成为一种社会常态。要建立包括工资预警机制、足额发放机制和监督机制在内的长效机制,真正保障农民工能像其他产业工人一样按时、足额领取劳动所得,确保这一群体的薪酬权不受任何侵犯②。第一,根据各地经济发展水平及物价水平和生活水平的高低,建立切合实际的农民工最低工资保证线,保证农民工的基本经济权益。第二,建立农民工劳务用工合同检查监督制度和机构,加大监督力度,为农民工的工资保障提供具有法律效应的合同文件。第三,在各地(包括城市和农村)司法、劳动、工会、妇联等机构成立专门的农民工权益保障中心,加大对农民工劳动权益的监察、保护力度,为农民工提供法律援助,用法律手段保护农民工的合法权益不受侵害,解决农民工的劳动强度、劳动安全保障问题和不公平用工合同等劳动纠纷③。第四,建立保护农民工权益的非政府组织(NGO),非政府组织的最大特点在于从事公益事业的

---

① 王元璋、盛喜真:《农民工待遇市民化探析》,载《人口与经济》2004 年第 2 期。
② 邵文杰:《保障农民工权益呼唤制度化》[N],载《光明日报》2004 年 7 月 22 日 A4 版。
③ 王元璋、盛喜真:《农民工待遇市民化探析》,载《人口与经济》2004 年第 2 期。

非营利性。在发达国家,热心于社会公益事业的非政府组织十分发达,它们在很大程度上弥补了政府的不足,在改善社会弱势阶层处境、消解来自弱势阶层的不满和维护社会稳定方面发挥着不可替代的特殊作用①。

(三)建立健全城乡统一的社会保障制度,为农民工的经济权益保障提供基本支撑。农民工既是我国改革发展的产物,又打上旧体制的烙印,他们远离农村社区,不能享受到来自农村的社会福利,他们又游离于现代城市群体之外,不能享受到城市社区的社会保障,一旦遇到突发事件,他们的危机处理能力和承受能力是相当脆弱的,甚至会形成社会的不稳定因素。以城乡统一的社会保障体系建设为最终目标的社会保障制度改革,建立包括社会保险、社会救助、社会福利和慈善事业相衔接的现代社会保障体系势在必行。当前,改革的基本路径取向是:第一,建立城镇农民工失业风险基金和养老保险基金,使农民工失业有救济,年老无劳力后有保障。第二,建立城镇农民工最低生活保障金,保证农民工的基本生存权利。第三,建立城镇农民工医疗保险金,把农民工的医疗保险纳入社会化管理,使农民工病有所医。第四,建立农民工住房保障制度,参照目前针对城市低保对象的相关政策,建造一批"安居工程"房、"微利"房和低租金公寓等。

(四)创新农民工劳动技能培训机制,把农民工的技能培训落到实处。目前,全国各地都有各具特色的农民工技能培训机构,也开展了一些有益的培训工作,但总体针对性不强、成效不足,面对我国劳动力转移的巨大压力是不相适应的。创新和变革的基本思路是:第一,改革现行高等教育投资行为,大力发展中、高等职业技术教育。特别是要转变高等职业技术教育模式,把职业教育真正办成劳动技能培训机构,而不是变相的学历教育。第二,改革现行企业用工模式,克服企业用工短视行为,加大企业在劳动力技能培训上的投入力度,建立相应的用工培训制度,保证投资人的利益,形成农民工人力资本投资人与受益人的双赢局面。第三,加大农村基层政府在农村劳动力技能培训工作上的力度,把农村劳动力技能培训工作纳入农村基层政府的社会管理和公共服务职能之中,制定规划,确定目标和考核任务。第四,加大城市教育设施投入力度,制止针对农民工子女的教育歧视行为,保证农民工子女的教育平等权利。

保障农民工的经济权益,促进我国农村富余劳动力的顺利、有序转移是

---

① 张英洪:《新旧体制交织下的农民工》[J],载《上海城市管理学院学报》2004年第1期。

我国现代化建设事业的必然要求。一方面，目前我国城市化发展进程已滞后于我国工业化和现代化建设进程，1949 年我国城市化水平已达 10.6%，但 30 年后的 1978 年却还只有 17.9%，而几乎在同期，世界城市化平均水平从 29% 迅速上升到 41.3%，先进工业化国家从 52.5% 上升到 70% 以上，发展中国家也由 16.7% 上升到 30.5%。城市化进程与工业化进程的不同步，二元经济结构的桎梏，严重制约着我国社会的转型和现代社会的构建，必须加速城市化建设步伐。根据北京国际城市发展研究院院长连玉明在《中国城市"十一五"核心问题研究报告》中的预测，我国到 2020 年，中国的城市化率将达到 58%～60%，在这一期间，中国的城市人口将达到 8 亿～9 亿。他认为，除了小城镇可以消化 2 亿到 3 亿人口外，大概还有 6 亿的人口要在城市去消化。这 6 亿城市人口需要有 200 个能容纳 300 万人口以上的大城市，或者是 300 个能容纳 200 万人以上的大城市。另一方面，我国目前已经进入人均国民生产总值从 1000 美元向 3000 美元跨越的关键时期，我们既面临"黄金发展期"，又面临"矛盾凸显期"，农民工作为游离于城乡二元结构外的第三元阶层，在我国社会经济发展中具有举足轻重的作用，必须妥善解决好他们的发展问题。所以，深化我国有关农民工的各项社会改革和政策改革，特别是清理与户籍管理制度相连接的各种附带功能，取消城市户口背后的各种利益；清理现行各种针对农民工的就业、工资、教育、社会保障等方面的歧视，保障农民工的以经济权益为基本内核的各种权益，让农民工充分享有与城镇职工同等的国民待遇，显得尤为迫切和必要。

（原载《甘肃农业》2006 年第 6 期）

农村劳动力流动中的民生问题：
历史演进与现实思考

农村劳动力进入城市打工，成为农民工，是城市弱势群体。他们绝大多数是普通体力劳动者，工作在"最重、最苦、最累、最脏、最危险"的劳动岗位，从事一般城市劳动者不愿从事的体力劳动，工资收入水平低、工作环境条件差、劳动权益得不到保证、福利待遇和社会保障严重缺乏。根据《中国农民工问题研究总报告》："据湖南、四川和河南三省抽样调查，农民工月实际劳动时间超过城镇职工的 50%，但月平均收入不到城镇职工的 60%，实际劳动小时工资只相当于城镇职工的四分之一。沿海有的地区农民工工资过去 10 年年均提高不到 10 元钱，扣除物价上涨因素，实际上是负增长。""农民工工伤保险的参保率仅为 12.9%，农民工面临巨大劳动安全风险，许多农民工发生工伤事故得不到及时的治疗和经济赔偿，拖着伤残的身体回到原籍，成为农村新的贫困户。""农民工医疗保险的参保率仅为 10%左右，养老保险的参保率仅为 15%左右，并且由于基本养老保险不能跨地区转移，一些地方已参保的农民工也纷纷退保。例如，东莞市 2004 年农民工退保 40 万人次，平均参保时间仅 7 个月"[①]。农民工把青春献给了城市建设和经济发展，把治病、伤残、养老包袱留给了自己并背回了农村。农民工在收入、工伤、医疗、养老、居住、子女教育等这些基本的民生保障方面面临的重重困难，成为当前我国农民工群体面临的基本问题，也是我国经济社会持续发展中必须高度重视的重大问题。

一、农民工问题的由来及其演进脉络

农民工问题自农民工现象的出现伊始即产生，并伴随农民工群体规模和就业规律的演进而变化。我国是典型的农业大国，13 亿人口 7 亿多在农村，农

---

① 中国农民工问题研究总报告起草组编著：《中国农民工问题研究总报告》[J]，载《改革》2006 年第 5 期。

村劳动力约 4.8 亿,其中农林牧渔业 1.7 亿,改革开放以来已有约 1.6 亿~2 亿转向了非农产业和城镇,目前尚有 1.5 亿农村富余劳动力需要转移①。从国际经济发展的历史经验看,一个国家从传统的农业、农村社会向现代化工业、城市社会转化的过程中,必然伴随劳动力由第一产业向二、三产业转移,人口向城市聚集。在成熟的市场经济体制中,随着国家工业化进程的推进,城乡人口迁移是一个自由流动过程,劳动力的产业转移也是一个市场根据供求状况自发配置的活动,在这种制度模式中是不会产生农民工现象的。我国由于基本国情、计划经济时期形成的结构性和体制性等多重因素制约,城乡间人口迁移和产业间劳动力转移不是一个自由流动和自发配置过程。改革开放以前,大量农业剩余劳动力滞留于农村,隐性失业、"内卷化"、"过密化"现象突出,农业劳动生产效益极低(为零甚至为负)。1970 年代末,我国推行市场导向改革,农村剩余劳动力城镇转移的结构性和制度性约束得到松动,农村大量剩余劳动力纷纷进入市场经济较发达的各大中小城市以及经济发展水平较高的沿海城镇地区,形成"民工潮"景象。1980 年农村劳动力从事非农产业的比重仅占 3%,到 1985 年便一跃达到 18%,乡镇企业吸纳的劳动力由 1984 年的 5208 万人,增加到 1988 年的 9545 万人,平均每年增加 1084 万人,年均递增 16.4%。全国乡镇企业职工总数接近全民所有制单位职工人数(9984 万人)。1992 年城市外来农民工 4600 万,1994 年增加到 6000 万,此后,城镇流动农民工数量每年以 800 万到 1000 万的速度增加②。由于受计划经济时代严格的城乡人口流动限制性政策的刚性制约和惯性影响,农村劳动力的转移进城活动被分割,城镇务工就业行为呈断裂状态,农民工在实现了地域转移、职业转换的同时,没有同步实现身份的转变,仍然以农民的身份从事工人的职业,形成我国独特的农民工现象。农民工在二、三产业就业,却不能享受产业工人待遇,在城市生活,却不能成为城市市民,产生了错综复杂的农民工问题。

赵树凯教授认为,改革开放以来我国农民工城乡流动大致可以划分为三个阶段:第一个阶段是改革开放始到 1990 年代前半期,具体的时间划定为 1978 年到 1993 年,主要是农业内部和农村内部流动,农民"洗脚上岸、穿鞋进厂",所谓"离土不离乡、进厂不进城"。第二个阶段是 1990 年代后半期到 21

---

① 刘传江:《中国城市化发展:一个新制度经济学的分析框架》[J],载《市场人口分析》2002 年第 3 期。
② 姚上海:《从"民工潮"到"民工荒"——农民工劳动力要素价格扭曲现象剖析》[J],载《中南民族大学学报》(哲学社会科学版)2005 年第 5 期。

世纪之初,具体是从 1994 年到 2002 年,我国社会开始出现农民跨区域、异地务工就业现象,农民"南下北上",大规模迁移,给当时的社会经济生活带来巨大震动和许多新情况,出现了闻名一时的"民工潮"现象,令城市社会和政府治理不能适应,社会公共服务供需不相适应的矛盾异常突出。第三个阶段是 2003 年至今,这一时期的农民工城乡流动现象极为丰富和复杂,也更加生动,不仅出现了在"民工潮"以后、有悖于我国劳动力基本国情的"民工荒"现象,同时,农民工群体开始出现内部分化,并且农民工群体的"代际更替"现象也日益凸显,新生代农民工逐渐成为农民工群体的主体[1]。赵树凯教授的划分是客观的,与农民工现象相伴随的农民工问题,随着农民工现象的演进而变化,我国农民工问题的发展变化,也与之响应大体可以分为三个时期:第一时期是基本生存问题时期,主要对应于农民工流动的第一个阶段(1978—1993 年),农民工主要在农业和农村内部流动,主要形式是"离土不离乡、进厂不进城",农民工问题主要表现为为了生存而对传统计划经济体制和二元社会结构的冲击和突破,农民打工的主要行为目的就是"挣钱养家糊口"。第二个时期是经济社会权利问题时期,主要对应于农民工流动的第二个阶段(1994—2002 年),农民工跨区域流动并以流向大中城市和经济先发地区为主要形式,即所谓"离土又离乡、进厂又进城",农民工在城市务工就业,为我国工业化、城市化和现代化建设做出了巨大贡献,但并没有对等享受到我国经济社会建设成就和改革发展成果。相反,农民工的工资待遇低、劳动强度大、工作环境差、技能培训少、社会保障欠缺、子女教育受歧视、权利维护机制不健全等问题日渐突出,并不断强化,农民工在城市务工的基本经济社会权利得不到应有的保障。这一时期的农民工问题错综复杂,对我国传统城乡二元体制、政府行政管理模式、社会运行机制形成巨大冲击,产生深远影响。第三个时期是发展障碍问题时期,主要对应于农民工流动的第三个阶段(2003 年至今),农民工因为"权利问题"而开始"用脚投票",出现"民工荒"现象,检验着我国的城市社会管理能力和企业社会责任。同时,进入 21 世纪以后,农民工群体分化趋势日渐明显,新生代农民工逐渐成为我国农民工群体的主体,新生代农民工的"回乡创业机制""城市融入机制""市民化机制"的健全与逐步完善问题日益凸显出来,农民工来到城市务工的目的,除"打工挣钱"外,更多的是为了"改变命运","希望成为城市市民"成为新生代农民工城镇转移务工的主要目的。

---

[1] 赵树凯:《农民流动 30 年》[J],载《农村工作通讯》2008 年第 12 期。

二、农民工民生问题的主要表现形式

农民工"是在我国由计划经济体制向社会主义市场经济体制转变过程中产生的,本来只是权宜之计,以后逐渐演变成一种制度性的安排"[1]。因为这种滞后的制度设计,引发了一系列农民工问题。民生问题是农民工问题中最基本的问题,涉及农民工衣、食、住、学、医等基本生存需求,概括为三大类别:生存需求类民生问题、社会经济权益类民生问题和发展障碍类民生问题。

（一）劳动就业歧视、劳动报酬轻视和劳动保护漠视构成农民工生存需求类民生问题。人类最基本的需要是生存需要,人类最根本的发展目的是不断提高其作为类存在的生存能力和生存水平。农民工作为我国改革开放进程中出现的一个新的社会群体或社会阶层,已经成为我国社会结构中的重要一元。长期以来,庞大的农民工群体的生存需求类民生问题一直是农民工面临的首要问题。

1. **劳动就业歧视。**农民工在城镇就业遭受诸多不合理限制,不能享有与城市职工平等的就业权,主要是"非正规就业",表现为两种形式:一种是农民工务工的单位是正规部门,但农民工的工作是"临时性的",俗称"临时工",与同一单位的"正式工"在收入、权利、福利、保障等方面差异明显;另一种是农民工所就职的单位本身就是非正规部门,农民工的权益和各种应有的待遇更难以得到保障。"非正规就业是中国农民工的就业主渠道,由于没有城市户口,农民工不能够进入到城市的正式就业体系中来,与城市正式职工处于两种完全不同的就业和工资体系"[2]。这种"一个城市、两种就业制度"的模式是当前普遍存在的一种对农民工的就业歧视,也是种种农民工问题产生的根源之一。

2. **劳动报酬轻视。**根据马克思主义工资理论,工资是劳动力价值或价格的转化形式,劳动力价值是由劳动者消耗的生活资料(劳动者自身生存所需要、劳动者养育后代所需要、劳动者享受和发展所需要)的价值决定的[3]。农民工作为主要依靠劳动获得工资性收入的劳动群体,其工资收入应由必需的三部分生活资料的价值决定:其一是农民工自身的再生产所必需的生活资料价值,其二是农民工赡养老人、养育后代所必需的生活资料价值,其三是农民工享受和

① 陆学艺:《农民工问题要从根本上治理》[J],载《特区理论与实践》2003年第7期。
② 李强、唐壮:《城市农民工与城市中的非正规就业》[J],载《社会学研究》2002年第6期。
③ 康静萍:《构建马克思主义的现代劳动经济学》[J],载《当代经济研究》2007年第4期。

发展所必需的生活资料价值。长期以来,我国农民工的工资报酬结构中,第二、三两项构成明显被轻视,造成农民工工资制度的不完善和报酬结构的不合理,工资水平普遍低于城市工人。据相关调查,我国农民工和城市工人的收入差距十分明显,全国农民工平均月工资为 921 元, 只相当于城市工人平均月工资 1346 元的 68.4%,而且 80%的农民工月工资在千元以下,甚至 27%的农民工月工资在 500 元以下,农民工的收入远远低于城市工人[①]。如果加上农民工与城市工人在社会保障和社会福利上的不平等,农民工与城市工人的报酬、收入水平将差距更大。农民工的工资报酬不仅与城市工人的工资报酬差距很大,绝对工资收入水平也相当低,正因为 2 亿多农民工的低工资,导致在我国国民财富分配中,劳动收入与利润收入及投资收益相比,所占份额明显偏低[②]。

3. 劳动保护漠视。对农民工劳动保护权益的漠视是相当严重的,首先农民工在城镇就业签订正式劳动合同的比例相当低, 即使签订了正式劳动合同,也常常不严格按劳动合同执行,随意拖欠农民工工资,显示“资本”对“劳动”的漠视。其次农民工劳动安全卫生条件相当差,农民工的就业一般集中在劳动密集型产业和劳动环境差、危险性高的劳动岗位,尤其是在城市人不愿干的建筑施工、井下采掘、有毒有害、餐饮服务、环境卫生等行业工作。在这些工种行业中,许多企业为了节省投资,又大量使用缺乏防护措施的旧机器,噪音、粉尘、有毒气体严重超标,不配备必需的安全防护设施和劳保用品,对农民工不进行必要的劳动安全培训,致使农民工发生职业病和工伤事故的比例高。据国家安全生产监督管理局统计,全国每年因工伤致残人员近 70 万,其中农民工占大多数,农民工从业人数较高的煤炭生产企业,每年因事故死亡 6000 多人[③],显示“利润”对“生命”的漠视。再次,政府公共服务和社会管理不到位、甚至错位,致使国家有关法律、法规执行不力,甚至一些地方、一些部门,为了片面追求经济指标和财政收入,不顾劳动者权益,偏袒资本利益,显示“政绩需要”对“发展主体”的漠视。

(二)劳动报酬权益不足、社会保障权益不足、公共服务供给不足构成农民工社会经济权利类民生问题。我国人均拥有农业资源贫乏、农业劳动效益较低、农业劳动收入不足,在国家工业化、城市化和现代化发展进程中,农村

---

① 李培林、李炜:《我国农民工的经济地位、社会态度和社会政策的分析与对策》[J],载《中国经贸导刊》2007 年第 16 期。

② 中国农民工问题研究总报告起草组编著:《中国农民工问题研究总报告》[J],载《改革》2006 年第 5 期。

③ 中国农民工问题研究总报告起草组编著:《中国农民工问题研究总报告》[J],载《改革》2006 年第 5 期。

劳动力城镇转移是必然的,这也是经济发展的一般规律。目前经济收入仍然是农村劳动力城镇转移就业行为的首要目的,农民工经济社会权益保障是农民工民生问题的核心问题。

1. 劳动报酬权益不足。农民工的劳务收入水平普遍偏低,难以满足其转化成为城市市民的基本生存需要。我国农民工正经历着三种身份的同时转变:从个体劳动者变成雇佣劳动者、从农业劳动者变成工业或服务业劳动者、从农村人变成城市人[1]。要顺利实现农民工这三种身份的转变,保障农民工的收入水平是首要条件。农民工大多数是社会兼业劳动者,农闲时外出打工,农忙时返乡务农,农民工收入也分成三个主要部分:务农收入(包括从事种植业和家庭经营性收入)、打工收入、资产性收入。我国农民工的资产性收入占比极低,务农收入十分有限,打工收入是主要收入来源。我国农民工的打工收入水平虽然不断提高,但绝对收入水平仍然很低,特别是与城镇职工的收入差距不断扩大的趋势没有得到有效遏制。2004 年我国农民工年均收入 8000 元左右,城镇工人年均收入 15000 元左右,相差近一半[2],农民工的低收入难以维持城镇的基本消费需要,制约着农民工身份的根本转变。

2. 社会保障权益不足。市场经济社会里人们收入的两极分化难以避免,重要的是差距的大小和缩减差距的方式。所以,社会保障便成为现代社会弱势群体或低收入群体不可缺少的基本保证。农民工在城市务工,绝大多数从事城市"最重、最苦、最累、最脏、最危险"的工作,处于城市社会底层,工伤保险、医疗保险、最低工资保障以及工资支付制度等社会经济权益保障制度,对农民工而言尤为重要。我国现行的农民工社会保障内容和保障水平无法提供其在城市生存、生活的基本保障需求,保障运行机制也极不适应农民工的流动性特点,对农民工而言,不能起到社会保障的应有作用。

3. 公共服务供给不足。改革开放以来,农民工为我国城市二、三产业发展提供了源源不断的低成本劳动力,满足了我国加快工业化进程的劳动力资源需要和工业化初期的资本原始积累,成为支撑我国工业化发展的重要力量,为我国城市经济发展和社会建设做出了特殊贡献。据有关部门统计,目前我国建筑业的 90%、煤采掘业的 80%、纺织业的 60%、城市一般服务业的 50%从业人员均为进城务工人员[3],农民工已经成了我国产业工人的重要组成部分。

---

① 成思危:《农民工问题应放在更大背景下来考虑》[J],载《人民论坛》2007 年第 204 期。
② 袁晓菊、谢玉婷:《解读"民工荒"——基于劳动力供求关系的分析》[J],载《现代商贸工业》2007 年第 4 期。
③ 袁晓菊、谢玉婷:《解读"民工荒"——基于劳动力供求关系的分析》[J],载《现代商贸工业》2007 年第 4 期。

但农民工应享有的社会公共服务却严重缺乏,绝大部分城市没有把农民工纳入地方国民收入分配体系之中,国民收入分配没有体现农民工群体的存在,特别是政府在农民工的子女教育、住房、医疗、养老等社会公共服务的供给上严重缺乏。

(三)户籍管理制度改革滞后、农地制度改革不彻底和城市社会管理制度建设不完善造成的发展障碍类民生问题。农民工是我国城市经济社会发展最可宝贵的劳动力资源之一。如何分流农民工群体,让有能力且愿意留在城市的农民工顺利融入城市,转变成为城市二、三产业从业者主体,使他们在成功实现了职业转换的同时,实现地域转移和身份转变,真正成为城市市民,是当前我国农民工群体面临的最根本的民生问题。

1. 农民工户籍管理制度改革的滞后,阻碍了农民工身份的转变。户籍制度本身是一个公民身份识别管理系统,但长期以来我国公民的"户口"上却附加上了许多非户籍识别意义的其他功能,变成一种区别不同社会保障和社会福利政策的标志,甚至是公民因此而享有不同的工资待遇和政治待遇,形成我国典型的"一国两策"①社会管理格局。农民工因为他们先天被划定为"农村居民户口",而无论在城镇工作 5 年、10 年、20 年,甚至更长时间,依然不能成为城市市民和城市工人,不能享有与城市市民同等的社会经济权利。当然,随着我国改革开放战略的不断深化,一些地方政府顺应社会主义市场经济发展需要,在居民户口管理政策上,采取了一些改革措施,但总体幅度不大,改革的力度也极为欠缺,更没有从根本上改变户口管理思路——剥离附着在户口上的"非身份识别功能",为农民工真正转变成为我国产业工人的重要组成部分奠定基础。

2. 农村土地管理制度改革的不彻底,使农民工难以"脱根",实现职业的彻底转化。农村土地集体所有、家庭承包经营是符合我国基本国情和社会主义制度的农村基本经济制度,也是保障农民基本经济利益的根本制度,我国 30 年来的改革实践充分证明,在我国农村实行的这一基本经济制度是成功的。但农村土地功能不平衡、过于强调农村土地的保障功能,资产功能和生产功能彰显不足的问题始终没有得到根本解决。具体表现在农村土地流动市场建设极不完善,国家缺乏"依法、自愿、有偿"转让的具体执行法规,不能有效的保障农民的土地权益,特别在土地各种名目的征用过程中,侵占农民

---

① 陆学艺:《农民工问题要从根本上治理》[J],载《特区理论与实践》2003 年第 7 期。

土地收益权利的现象非常严重，已经成为新时期农民利益被侵害的主要问题。同时，地方政府的财政收入最大化追求，使其在农民土地管理中难以做到"超然物外"，成为一名"公正的裁判员"，保护农民的土地权益不受侵害。土地权益是农民的基本经济权益，也应当是农民工转移进入城镇必需的资产性来源之一。如何彰显农村土地的资产性功能，使之成为农民工的有效财产，并且是可实现资产形态转变的财产，应当成为农村土地管理制度深化改革的核心问题之一。

3. 城市社会管理制度建设滞后，不能适应城市经济发展对产业工人的需求，不利于农民工地域转移的完全实现。长期以来我国产业依靠劳动力的廉价创造的成本竞争优势和产品价格优势，已经越来越难以应对世界经济的发展与竞争，"资本和劳动双约束"日渐凸显。城市社会管理滞后，农民工不能真正融入城市社会，难以改变其"城市过客"现状和定位，成为完全的城市产业工人。农民工的现代技能培训滞后，我国工业化和现代化发展失去强有力的人力资本支撑。在现代社会中，人的发展能力的培育是一个重要的民生内容，在我国现行城市社会管理体制中，这恰恰是一个薄弱环节，对农民工群体而言，更是异常缺乏。

三、推进农民工民生利益保障机制建设的政策思路

农民工民生问题的产生原因是多方面的，既有我国传统二元社会难以避免的结构性矛盾使然，也有政府财力支撑能力有限的制约；既有城乡不平衡发展的惯性作用，也有地区差别的客观推动；同时也是农民工自身素质约束的结果，但就目前我国农民工民生问题的产生，主要是体制机制对社会主义市场经济的不适应以及二元经济社会结构的刚性制约。所以，农民工民生利益保障机制建设的首要前提是国家农民工政策的创新。

（一）改善国民收入分配结构，提高劳动报酬在初次分配中的比例，促进农民工在城镇的充分就业，这是农民工民生利益保障的基本前提。农民工民生问题首先是农民工的劳动报酬水平和工资收入保障问题，这也是制约农民工民生保障的根本性问题。农民工绝大多数工作在城市普通劳动岗位，工资性收入是其全部收入。始发于 2003 年、2004 年以来日渐突出的"民工荒"现象，原因是多方面的，但其中一个重要原因是农民工因工资待遇不足而引发的就业不充分问题，据有关专家估计，目前我国在城镇就业不足的"农民工"

高达 2700 多万人[1]，随着我国新生代农民工逐渐成为农民工主体时代的到来，农民工收入水平对就业的制约作用已经越来越明显，新生代农民工对工资收入水平的期望和要求已经大大高于他们的上一代。当前我国农民工供给中的"刘易斯转折点"已经初现端倪[2]，劳动力由无限供给到短缺只是时间区间的长短问题，在"刘易斯转折区间"，提高劳动者的工资收入水平，不仅可以促进城市农民工的充分就业，提高农民工的劳动参与率，同时还可以进一步吸引农村劳动力城镇转移，延缓"劳动力供给短缺点"的到来，为我国工业化发展提供充足的时间保证。

（二）**深化经济发展理念，转变经济发展方式，把产业政策取向由资本偏向逐渐转变为劳动力偏向，切实保护劳动者的权益，为农民工民生利益保障提供政策支撑。** 长期以来，我国农民工就业不平等、劳动报酬不公平、基本社会经济权益得不到保障（"同工不同酬、同工不同权、同工不同时"[3]）等民生问题，大都源自我国产业发展中的资本偏向性政策。在经济发展中，稀缺性是资源价格水平的重要决定因素，在我国改革开放初期，资本作为稀缺性资源，其价格必然高于劳动力价格，这也是经济发展的一般性特征。但随着经济发展水平的提高，要实现经济社会的持续发展，就必须调整产业发展战略，更加关注劳动者的工资收入水平，提高劳动者的劳动参与率，把经济增长转变到依靠所有生产要素生产率全面提高、从而协调推动经济发展的轨道上来。我国是一个人口数量大、人力资源相对丰富的国家，与发达国家和许多发展中国家相比，我国劳动力成本在相当长的时间里仍然具有明显的竞争优势。根据有关资料，目前具有明显比较优势的 1700 多种中国制造业产品中，主要是非熟练劳动密集型产品[4]。显然，劳动力低成本优势仍然是我国产业发展的依托条件之一。所以，改善农民工的民生待遇，让更多的经济发展成果惠及普通劳动者，特别是农民工群体，提升劳动力的供给潜力，保持我国产业、产品在国际竞争中的传统优势，依然是我国经济政策和发展战略的必然选择。

（三）**推进制度创新，改善农民工的就业环境，推进我国城乡一体化劳动力市场的形成，这是我国农民工民生利益完全实现的根本出路。** 劳动力市场一体化是解决农民工发展出路问题的根本性措施，农村劳动力是我国社会经

---

① 周天勇：《中国未来就业严峻形势会缓解吗》[J]，载《当代经济》2007 年第 7 期。
② 蔡昉：《中国经济面临的转折及其对发展和改革的挑战》[J]，载《中国社会科学》2007 年第 3 期。
③ 陆学艺：《农民工问题要从根本上治理》[J]，载《特区理论与实践》2003 年第 7 期。
④ 蔡昉：《发掘劳动力供给的制度潜力》[EB/OL]：(http://www.news365.com.cn)2007 年 8 月 12 日。

济发展的宝贵资源,根据我国农民工群体的发展趋势,加强社会管理制度创新,消除农村劳动力城镇转移的制度性障碍,建立城乡统一的劳动力市场,是我国经济社会协调与可持续发展的必要条件。目前我国农民工群体分化趋势明显,大体分流为三大类别:第一类是定居型农民工,已经成功融入城市,在城市已经拥有固定的工作岗位或稳定的劳资关系、稳定合法的居所、稳定的收入来源,具备了城市生活能力;第二类是传统型农民工,他们农闲时进城打工、农忙时返乡务农,他们的归宿地仍然是农村;第三类是在城市之间"漂泊流动"型农民工,他们没有固定的工作岗位、没有具体的生活目标、没有稳定的收入来源,对未来充满着迷茫的眼光,"难以留在城市、又不愿意回到农村,更不愿意象上一代农民工那样生活",这一群体主要以出生于 1980 年代的新生代农民工为主①。不同类别的农民工群体在城乡劳动力市场一体化建设中具有不同的制度需求,需要相应不同的制度供给。对于第一类农民工群体,户籍制度的改革最为重要,这类农民工已经具备了在城市生存、发展以及城市融入能力,应尽快解除他们的"农民"身份,提供身份转变的制度支持。对于第二类农民工群体,农地制度创新需求最为迫切,资产化农地使用权,推进农地流转制度创新,建立农地规模经营机制,解放农村剩余劳动力,吸引农业经营能手回乡创业。对于第三类农民工群体,教育培训制度的供给最为紧要,这一类农民工以新生代农民工为主体,新生代农民工是国家未来的产业大军,对他们加强文化素质、技术技能以及法律知识和城市文明培育是长远大计。他们成长于改革开放时代,容易接受城市文明和适应现代产业要求,没有沉重的家庭包袱,基本文化素质也普遍较高,在城乡劳动力市场一体化建设中,提升素质,培育现代城市生活能力和现代产业发展所要求的技能是关键。

(原载《湖北社会科学》2009 年第 6 期)

---

① 郑功成、黄黎若莲:《中国农民工问题:理论判断与政策思路》[J],载《中国人民大学学报》2006 年第 6 期。

构建和谐社会必须善待农民工

和谐社会建设理念的提出,是我国经济社会发展进程中,继科学发展观之后对发展理念的又一次深化。在我国当今社会,农民工作为社会构成中一个新的、庞大的人口群体,必须得到高度重视和公平对待。正如经济学家郑也夫从深度城市化发展的角度所说的:"城市中和谐关系的建立,是当前人们非常关心的问题。人们在看待和谐关系上的视角是不同的。我只能讲我认为最重要的问题,就是本城人与移民即农民工的关系。这就是城市和谐关系上面临的最大挑战、最大困难"①。

一、农民工是我国社会转型和经济转轨进程中 一系列结构性、制度性因素共同作用的结果

我国是典型的农业大国,农村人口占总人口的 64% 左右,第一产业劳动力占总劳动力的 85%,但所创造的 GDP 却仅占 15%,劳动力产业分布不合理、农村劳动力就业不充分是当前我国经济社会发展中面临的严重问题之一。据国家统计局农调总队调查,目前,我国农村劳动力约 4.8 亿,农林牧渔业实际需要的劳动力只有 1.7 亿,约有 1.6 亿～2 亿农村劳动力转向非农产业和城镇就业,尚有 1.5 亿农村富余劳动力需要转移。农村劳动力就业不充分,影响农业产业结构调整,影响农民增收,影响农村社会经济发展,是"三农"问题的核心。解决这一问题的根本出路在于推进城市化建设,加快农村剩余劳动力非农转移和城镇流动。但我国经济社会发展进程中,城市化建设严重滞后于工业化进程。根据联合国提供的资料表明,1999 年全世界生活在城市的人口达 27.86 亿人,占全球人口的比重为 46.6%,至 2030 年该比重将达到 60.3%,其中发达国家 1999 年城市人口比重为 75.8%,2030 年将达到 84%;发展中国家城市人口比重 1999 年为 39.4%,2000 年超过 40%,2015 年将突破 50%,2025 年将接近三分之二②。我国

---

① 郑也夫:《城市发展的三个维度》[J],载《新华文摘》2005 年第 18 期。
② 刘传江:《中国城市化发展:一个新制度经济学的分析框架》,载《市场与人口分析》2002 年 5 月 第 3 期。

根据 2000 年第五次人口普查,大陆人口总数已达 12.658 亿,城市人口却仅占到 36.09%[①],城市化水平也极为低下,1999 年底,我国的城市化水平为 30.9%,不仅低于同期发达国家 75% 的平均水平,而且低于同期 44% 的世界平均水平,甚至低于同期发展中国家 37% 的平均水平[②]。人口及劳动力的产业分布、城乡分布极不合理,城市化水平太低,已经制约着我国的社会经济发展,必须加速农村人口的城镇转移。根据北京国际城市发展研究院院长连玉明在《中国城市"十一五"核心问题研究报告》中的预测,到 2020 年,我国的城市化率将达到 58%~60%,在这一期间,我国的城市人口将达到 8 亿~9 亿。他认为,除了小城镇可以消化 2 亿到 3 亿人口外,大概还有 6 亿的人口要在城市去消化[③]。从国际经济发展的历史及经验看,一个国家从传统的农业、农村社会向现代化工业、城市社会转化的过程中,必然出现劳动力由第一产业向二、三产业转移,农村人口大量向城市聚集。在完善的市场经济体制下,随着国家工业化进程的推进,城乡人口流动是一个自由流动过程,劳动力的产业间转移也是由市场基于劳动力这一生产要素的供求关系而自发配置,所以,在这种制度模式中是不会产生农民工现象的。但我国出于基本国情以及结构性和体制性等多重因素的影响,人口的流动以及劳动力的转移从来都不是自由的,改革开放以前,大量农村剩余劳动力滞留于农村地区,农业隐性失业现象严重。所以,当我国在 1980 年代实施改革开放政策以后,一旦制约劳动力城镇转移的结构性和制度性因素得到松动,农村大量剩余劳动力便有如脱缰的野马和决堤的江水,蜂拥进入市场经济较发达的、特别是我国东部地区的各大中小城市以及经济发展水平较高的城镇地区。1980 年农村劳动力从事非农产业的比重仅占 3%,到 1985 年便一跃达到 18%,乡镇企业吸纳的劳动力由 1984 年的 5208 万人,增加到 1988 年的 9545 万人,平均每年增加 1084 万人,年均递增 16.4%。全国乡镇企业职工总数接近全民所有制单位职工人数(9984 万人)[④]。1992 年在城外来农民工 4600 万,1994 年增加到 6000 万,此后,城镇流动农民工数量每年以 800 万到 1000 万的速度增加[⑤]。由于受城乡隔离的二元户籍管理制度、城乡二元劳动力就业制度以及城乡分离的二元社会保障制度等因素

---

① 李强:《农民工与中国社会分层》[M],北京:社会科学文献出版社 2004 年 12 月第 1 版。

② 刘斌、张兆刚、霍功编著:《中国三农问题报告》[M],北京:中国发展出版社 2004 年 1 月第 1 版。

③ 姚上海:《从"民工潮"到"民工荒"——农民工劳动力要素价格扭曲现象剖析》[J],载《中南民族大学学报》(哲学社会科学版)2005 年第 5 期。

④ 姚上海:《从"民工潮"到"民工荒"——农民工劳动力要素价格扭曲现象剖析》[J],载《中南民族大学学报》(哲学社会科学版)2005 年第 5 期。

⑤ 《我国五大城市农民工生存状态调查》[EB/OL],摘自中国网(China.com.cn)2005 年 4 月 13 日。

的制约和影响,广大农村劳动力进城务工就业,哪怕 5 年、10 年、15 年,甚至 20 年,他们仍然是农民身份,于是便产生了我国独特的农民工现象,出现了错综复杂的农民工问题。

二、善待农民工是建构和谐社会的必然要求

社会公平是社会和谐的核心和主旨,构建和谐社会首先必须解决社会公平问题,当前,在我国社会转型和经济转轨进程中,社会公平问题特别是公平对待农民工群体问题,尤显突出。

从静态角度看,社会公平是就人们在社会中的各种地位而言的,人们在社会中的地位既有经济地位,也有政治地位、文化地位,还有人格地位。所以,社会公平从静态角度看,就可以分经济地位上的平等、政治地位上的平等、文化地位上的平等和人格地位上的平等;从动态角度看,社会公平又可以分为机会公平、程序公平和结果公平。机会公平是指提供给所有社会成员平等的竞争机会,也称之为"起跑线的公平"或"出发点的公平";程序公平是指竞争的规则公平,即参加社会活动或社会竞争的各群体、群体成员能在同一规则下被平等对待;结果公平是指社会活动结果的平等性,即不管个体活动的差异有多大,所有成员在最终结果上均能获得相等的政治、经济地位或相等的社会资源。显然,在当前社会现实中,不平等对待农民工经济地位、政治地位、文化地位和人格地位的现象是相当严重的,农民工群体无论是在机会的提供上,还是在程序的对待上,或者是结果的分配上都受到不平等对待。其一,与城市居民相比,农民工城镇就业面临着更高的就业门槛,即使找到工作,更多的是在非正规部门就业或者是在正规部门的非正规就业;农民工工资报酬长期普遍偏低、工资屡被拖欠,"同工不同酬、同工不同权、同工不同时"的现象相当严重;这是机会上的不平等,也是程序上的不平等,同时,也必然包含着结果上的不平等,使广大农民工的经济权益受到侵害。其二,农民工权益得不到有效保护、合法正当权益没有完善的诉求渠道、农民工没有自己的正规组织、针对农民工的非政府救助组织欠缺。如谢泽宪("珠江三角洲工伤研究项目小组"的主持人)在广州、深圳、佛山、中山、东莞、惠州 6 个城市所做的一项调查显示,农民工在遭遇工伤这种特殊困难关头,对于"如果您得到了关心,他们是谁?"的提问,伤者的回答是:朋友、老乡占了 78.4%,家人、亲戚占 73.9%,同事占 58.1%,而老板只占 23.9%。作为相关部门更是显得冷漠了许多:社保局只占 2.1%,劳动局

占 2.4%,工会占 1.9%,妇联占 1.4%①。农民工群体被排斥在城市正规社会组织之外,这是政治地位上的不平等。其三,农民工远离家乡,来到陌生的城市,令他们倍感不适应的还有文化生活的单调和欠缺,他们长期处于"经济吸纳,社会排斥"的艰难处境。北京安定医院资深大夫陈斌说,除遗传因素外,民工易患三种精神障碍,城市化过程中的"文化休克"型精神障碍(艰难的生存状态、陌生的城市、缺乏正常的社交活动)便是其中较为典型的一种②。城市文化对农民工的排斥和农民工自身的"边缘化强化",充分显示农民工文化地位上的不平等,也是农民工难以融入城市,实现由"农民"到"工人"、由"村民"到"市民"彻底转变的关键性因素;这是文化上的不平等现象。其四,当前,一个比较突出的现象是,农民工有被"污名化"的倾向。社会上一些人往往把一些城市不健康现象、城市社会治安不理想状况等与农民工联系在一起,构成对农民工群体人格的伤害,使农民工群体受到人格歧视。上述种种不平等对待农民工群体的现象,显然与我国当前构建和谐社会的发展目标不相符。一个和谐的社会,必定是一个公平的社会,只有社会公平,各方面的社会关系才能融洽协调。当前,庞大的农民工群体已经成为我国社会结构中的一元,他们建设城乡、创造财富、提供税收,为城乡经济社会的发展做出了巨大的贡献,有学者估计,在改革开放以来,劳动力流动对年平均 9.2%的国内生产总值增长的贡献为 16.3%,劳动力转移对 1982—1997 年中国经济增长的贡献为 20.23%③。善待农民工,让他们公平分享社会经济发展成果,充分感受社会经济发展的巨大成就,是构建和谐社会、公平社会的必要之义。

三、善待农民工群体必须着力解决的主要问题和政策建议

"农村富余劳动力向非农产业和城镇转移,是工业化和现代化的必然趋势"(十六大报告)。在这一转移和流动进程中,出现农民工现象、产生农民工问题本身就是没有公平对待农民工群体的体现。乘当前党中央提出构建和谐社会、对我国社会经济发展问题的认识进一步深化之势,再一次提出善待农民工问题,确属必要,也应当赋予新的、更深层含义。其首先必须着力解决的主要问题和可行建议,主要有如下三个方面。

(一)转变观念,改善管理,加强引导,推进政府公共服务职能建设,为农民

① 《我国五大城市农民工生存状态调查》[EB/OL]:摘自中国网(China.com,cn)2005 年 4 月 13 日。
② 《我国五大城市农民工生存状态调查》[EB/OL]:摘自中国网(China.com,cn)2005 年 4 月 13 日。
③ 李培林主编:《农民工:中国进城农民工的经济社会分析》[M],北京:社会科学文献出版社 2003 年 4 月第 1 版。

工城镇就业创造优良的政策环境。善待农民工的首要问题是保护农民工的权益。保护农民工就是保护劳动力资源,当前,我国2亿多的农民工群体及城乡流动人口,已经形成为我国社会的"第三元结构"①,城市政府在如何对待农民工群体的态度和政策取向上必须实现根本转变。其一,转变行政理念,真正认识到农民工对城市经济发展、社会生活等方方面面的深刻影响和重要作用,树立科学发展观,从国家社会经济发展的全局利益和长远利益出发,关注农民工的生存环境、就业状况和权益保护,改原来政府对农民工的"堵截、管理、收费"为"疏导、服务、救助"。把农民工群体覆盖在城市公共政策视野之下,计算于城市政府公共服务的预算之中,为农民工群体提供与城市居民同等的社会管理和公共服务。其二,改善管理理念,在现有《劳动法》《合同法》等法律基础上,制定专门针对农民工群体的《农民工权益保护法》,作为当前的过度,为农民工维权和城市政府依法行政提供依据。其三,加强农民工群体的教育培训,开发农民工人力资本,引导农民工在改善生存条件、增加收入的同时,主动、自觉参与城市化、现代化进程,不断实现纵向上的向上流动和横向上融入城市生活的社会空间流动。

(二)促进制度创新、培育社会资本,推进农民工市民化进程。善待农民工的根本问题是推进农民工的市民化进程,把农民工彻底转变成市民。由于我国特殊的制度环境,在我国农村劳动力城镇转移和城乡流动中,由"农民"到"市民"的过程被分割成"农民"到"农民工"、再由"农民工"到"市民"这两个过程,于是出现了纷繁复杂的农民工问题。所以,促进制度创新(制度是一个群体获取社会资源、赖以生存的外在环境),加强阻碍农民工城镇转移和城乡流动的一系列制度的不断"柔化",并通过新的制度供给,培育农民工群体社会资本,是当前善待农民工的主要问题之一。当前,应着力创新的制度有:城乡统一的劳动力就业市场制度、城乡统一的户籍管理制度、农村土地流转和资本化制度、农村劳动力就业培训制度以及城乡统一的社会保障制度。培育农民工社会资本,主要是要解决农民工群体的组织归属问题。长期以来,农民工群体的各项权益之所以屡被侵犯,除保护农民工权益的制度欠缺外,主要是农民工群体没有完善的权益保护组织和充分的利益诉求渠道。由于广大农民工远离农村社区,农村各种社会组织不能有效保护他们的各种利益,城市各种社会组织又没有覆盖他们,所以形成了农民工群体组织依存的"真空"。正是由于组织的缺乏,使得农民工群体在城市社会中,虽为城市建设做出了巨大贡献、为城市经济社会发展创造了财富,却不能参与城市的资源分配;当自

---

① 甘满堂:《城市农民工与社会转型期中国社会的三元结构》[J],载《福州大学学报》(哲学社会科学版)2001年第4期。

身正当权益受到侵害时,也没有专门的机构与合法的组织提供有效的保护。

(三)健全农民工社会保障体系,为实现农民工发展理性提供新的平台和保证。善待农民工的务实之举是建立并逐步完善农民工社会保障制度。农民工问题不仅仅事关农民工群体,更关系到整个中国社会经济发展战略的顺利实施。解决农民工问题的根本出路在于改革城乡二元经济社会管理体制,逐步消除城乡二元社会经济结构,实现农民工的身份转换、职业转变和地域转移,把农民工彻底转变为市民(农民工发展理性内涵)。在这一转变和实现进程中,当前,基础性、务实性工作是构建农民工群体合理的社会保障体系。目前,结合我国城乡实际,应着力建立如下三条农民工社会保障线:其一,建立农民工最低工资保障制度。农民工难以融入城市,抱有"过客"心态的关键因素是农民工工资过低,难以承受与其工资水平不相对称的城市生活水准。农民工参与城市建设、创造社会经济财富、提供城市税收,但却没有享受城市经济社会发展成果,这是新形势下的社会不公,也与当前构建和谐社会的发展理念极不相符,城市政府和民众,应从国民经济发展的大局和全局出发,善待农民工群体,改革分配制度,在落实第一次分配重效率的基础上,建立和完善第二次分配,并探索建立第三次分配机制,保障社会公平。其二,建立农民工工伤、医疗和重大事故保险,这是农民工群体当前最事关切身利益、也最为迫切需要的保障。据有关调查显示,有 36.4%的农民工生过病,甚至多次生病,他们生病以后,有 59.3%的人没有花钱看病,而是仗着年轻、体质好,硬挺过来的。另有 40.7%的人不得不花钱看病,但看病支出绝大部分是自费,用人单位为他们支付的不足实际看病费的十二分之一。同时,农民工的工作条件非常恶劣,工伤事故伤害的往往是农民工,但却得不到合理的赔偿。深圳市工伤得不到赔偿的 85%是农民工。其三,建立"公共劳动"形式的社会救助保障制度。失业或暂时找不到工作,在农民工群体中是比较普遍的。一项调查显示,33.5%的农民工在城市里都有过失业的经历, 也就是说大于三分之一的农民工都有过失业的经历;失业 1～2 个月的人数为 47.7%,近 30%的外来农民工曾经遇到过长达半年以上的失业①。公共劳动"形式的社会救助,针对我国目前的城市就业情况是必要的,是目前我国现行社会救助制度的有效补充。它面对的不是完全意义上的社会弱势群体,而是相对的社会强势群体,是有一定劳动能力的暂时找不到工作的人群,他们最需要的不是简单的生活生存费用,而是劳动和按劳付酬。同时,这样的制度设计也可以减轻城市政府的财政负担。

(原载《学习月刊》2005 年第 12 期)

---

① 李强:《农民工与中国社会分层》[M],北京:社会科学文献出版社 2004 年 12 月第 1 版。

第四部分
农民工问题实证研究

民族地区农民工返乡回流情况
与创业扶持政策研究

——以湖北省恩施土家族苗族自治州巴东县为例

　　湖北省恩施土家族苗族自治州巴东县位于恩施土家族苗族自治州东北部,总面积3219平方公里,人口48.54万,土家族和苗族占总人口43%,是典型的少数民族地区;境内,武陵山脉、巫山山脉、大巴山脉余脉盘踞县境,长江、清江分割县地,也是典型山区农村地区。巴东县是一个劳务输出大县,全县12个乡(镇),491个行政村,农业人口42.83万,农村劳动力21.83万,农村富余劳动力11万①。改革开放以来,巴东县与各民族地区农村一样,出现了轰轰烈烈、规模不断增大的农村劳动力外出打工现象,根据巴东县劳动就业局统计资料,巴东县常年外出打工的农民工高达8.9万人,占该县农村劳动力总数的40.7%左右,占全县富裕劳动力的80%,"打工经济"在巴东县的农村经济结构中可谓"三分天下有其一",外出务工已经成为巴东县农村农民致富的一个重要途径。

　　2008年以来,受世界金融危机的影响和冲击,我国沿海及经济发达地区外向型、劳动密集型加工企业在外部需求减弱和自身周期性调整的双重压力下,因订单不足、生产不饱和、出口受阻等原因,出现半停产、停产、关闭、破产等情况,导致农民工就业受到了前所未有的冲击,一部分农民工因此非正常失去城镇工作,被迫返回家乡,形成了新的农民工回流情况。据有关权威统计数据显示,2008年底,全国大约有2000万农民工因为世界金融危机带来的经济不景气失去工作或者没有找到工作而被迫回流②。受此影响民族地区也出现了农民工被动回流的现象,与全国的情况相比,甚至更为严重。为此,我们选取民族地区巴东县作为代表,通过在该县劳动就业管理部门、各乡(镇)村收集有关农民工就业及返乡回流与创业资料,深入农户、创业企业走访,下发

① 田敏、覃国慈:《农民工参与民族地区新农村建设的问题与对策》[J],载《中南民族大学学报》(人文社会科学版)2008年第2期。
② 陈锡文:《根据测算约2千万失业农民工返乡》[EB/OL],(http://www.sina.com.cn)2009年2月2日。

调查问卷等形式，对该县农民工因 2008 年国际金融危机冲击而被迫回流的状况进行深入调查，调查内容包括回流农民工总数、回流主要来源地区、回流的主要原因、回流农民工的年龄结构、文化教育程度、回流前的打工企业种类、打工行业类别等，以期获得第一手资料。在此基础上进一步深入调查和研究返乡农民工返乡创业扶持政策，特别是通过对巴东县返乡创业典型个案进行调查，深入分析农民工回流对巴东县农村经济社会发展带来的各种影响。并就如何充分利用返乡回流农民工带来的新机遇，创新农民工返乡创业扶持政策，为返乡农民工创业发展提供完善有效的公共服务等方面提供政策建议。我们认为地方政府要为农民工返乡创业提供有利的政策环境，要有效保护回流农民工的各项权益，要大力扶持回流农民工利用在城镇打工过程中学习到的知识、技术和管理经验，积累的资金、信息和能力进行创业。调查中，我们欣喜地发现，巴东县返乡的农民工在当地政府的鼓励和支持下，或投资传统农业，或依托家乡资源优势创办企业，或发展工商服务业，已经成为巴东县经济社会发展的生力军，成为推动巴东县城镇化、工业化发展的重要途径，成为巴东县城乡统筹发展的有效载体。

巴东县是一个典型的少数民族县，也是一个典型的农村人口占较大比例的农业县，对巴东县开展农民工返乡回流状况调查和农民工返乡创业扶持政策研究，对我国其他少数民族地区也有较大的借鉴意义和指导作用。因世界金融危机冲击而出现的农民工回流问题会随着世界各国共同"救市"和我国政府积极推行的扩大内需等有效政策而逐渐好转，但要彻底走出低谷还需相当时日。世界金融危机冲击而产生的农民工失业问题只是表面现象，随之而逐渐出现的、影响我国农村社会经济发展的一系列深层次问题会更加严峻，如农村土地纠纷问题、农民增收问题、农村稳定问题、国家惠农政策落实问题等等，如果措施不当，有可能演变成我国城乡发展中的社会问题。所以，对农民工因世界金融危机影响和冲击而出现的被迫回流问题进行深入调查，并对农民工返乡创业扶持政策开展深入调查和研究，既有局部意义（对民族地区农村而言），也带有普遍意义（对全国农村而言）；既是一个经济问题，也是一个社会问题。正是基于这样的背景，我们成立了以学院党委书记、院长为负责人，部分青年博士教师和部分相关专业的硕士研究生为成员的课题调研组，利用暑假之机，前往湖北省恩施土家族苗族自治州巴东县开展"返乡农民工创业情况"专题调查。经过为期两周的深入调查和走访，到相关部门仔细查阅各项资料，我们圆满地完成了调查工作，得到了大量详细的相关数据，取得了预想的成效,形成了本调查报告。

一、巴东县返乡农民工现状、特点及主要原因

2008 年底以来,国际金融危机对我国部分企业造成较大冲击,部分企业面临严峻的形势,不得不压减产量,采取减少加班、降低员工薪酬、甚至裁减员工等应急措施来应对危机,从而导致农民工纷纷返回家乡,形成一股全国性的农民工返乡潮。民族地区巴东县外出打工农民工的就业也受到了较大的冲击和影响,自 2008 年 8 月以来出现了部分农民工被迫返乡情况,并于 2009 年 2 月达到回流高峰,据相关部门统计,高峰期巴东县返乡农民工达 24780 人,占该县外出打工农民工总数的 27.8%。这样短时间、骤然爆发的大量农民工返乡,返乡对巴东县农民收入的稳定增长和农村社会稳定、经济发展等产生了明显的影响,形成较大的冲击。

(一)巴东县返乡农民工总体情况

表1 巴东县返乡回流农民工总体情况

类别	总量	项目	比例
农村劳动力人数	246100	农村劳动力 / 县劳动力总数	51.2%
外出农民工	89250	外出农民工 / 农村劳动力	36.2%
返乡农民工	24780	返乡农民工 / 外出农民工	27.8%
返乡创业农民工	717	返乡创业农民工 / 返乡农民工	2.9%

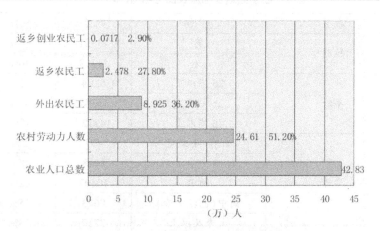

图1 巴东县返乡回流农民工总体情况

巴东县有农业人口 42.83 万,农村劳动力 24.61 万,常年在外务工人员高达 89250 人,占全县农村劳动力总数的 36.2%。自 2008 年国际金融危机以来,巴东县于 2008 年 8 月开始出现农民工被迫返乡回流现象,根据县劳动就业局在全县抽取的 5 个乡镇 10 个重点村和 482 个普遍村相结合的农民工返乡回流情况动态跟踪调查资料显示,受本次世界金融危机影响和冲击,巴东县于 2009 年 2 月出现农民工返乡回流高峰点,农民工返乡人数达到 24780 人,占该县外出务工人数总数的 27.8%(见表 1、图 1)。

巴东县的外出农民工返乡回流情况是比较严重的,截至 2009 年 6 月底,被迫返乡农民工 24780 多人,占该县外出农民工总数的 27.8%,也就是说,在该县有近三分之一的农民工因各种原因被迫返乡。与往年相比,不仅农民工返乡总数激增,并且返乡时间提前,同时,大都是因为失去工作被迫返乡。这些异常情况,显然与爆发于 2008 年的国际金融危机对农民工就业带来的冲击密切相关。同时,在调查中,我们还了解到,当前,又有部分春节后外出务工的农民工可能因为找不到工作而再次返乡回流。巴东县农民工就业形势依然非常严峻。

(二)巴东县返乡农民工特点

根据我们对巴东县返乡回流农民工的抽样问卷调查,以及巴东县劳动就业部门的统计资料,我们得到了在本次金融危机影响下巴东县被迫返乡农民工特征构成情况,如性别结构、年龄结构、学历结构以及人力资本(或劳动技能)结构等。我们由此列出下表,并具体分析每一个指标所显示的意义(见表 2)。

表 2　巴东县返乡回流农民工结构(N=24780)

项　目	类　别	数　量	比　例
性别	男	13381	54%
	女	11399	46%
年龄	25 岁以下	5204	21%
	25～45 岁	15364	62%
	45 岁以上	4212	17%
学历	文盲、半文盲	495	2%
	小学	1983	8%
	初中	10407	42%
	高中(包括中专)	8673	35%
	大专及以上	3717	13%

续表

项 目	类 别	数量	比例
累计外出务工时间	2 年以下	5647	22.80%
	2~5 年	12420	50.10%
	5 年及以上	6717	27.10%
人力资本构成	没有技能	11067	44.70%
	拥有 1 门技能	9862	39.80%
	具有 2 门及以上技能	3851	15.50%
带回资金	2 万元及以下	13201	53.30%
	2 万~5 万元	5632	22.70%
	5 万~10 万元	3242	13.10%
	10 万元及以上	2709	10.90%

本次受金融危机冲击而被迫返乡的巴东县农民工具有如下几个典型特点：

1. 从返乡农民工性别角度看（见图 2）。在本次受到冲击而被迫返乡的农民工中，男女性别大体平衡，男性约高于女性，这表明在本次金融危机中，男女农民工的就业都受到了较大冲击。这与我国农民工主要从事制造业、餐饮商贸等服务业、服装、鞋帽、玩具、电子产品加工制造业有关。在这些行业，对农民工的性别没有特别要求，甚至在个别行业，女性农民工更受欢迎，特别是青年女性农民工更有一定的就业优势。

巴东县返乡回流农民工的性别结构

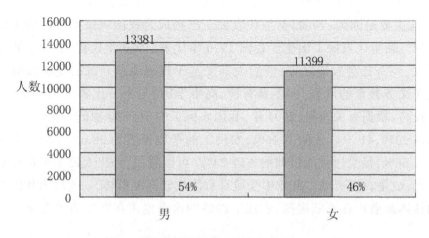

图 2　巴东县返乡农民工性别结构（N=24780）

2. 从返乡农民工年龄角度看（见图3）。在返乡农民工中，年龄大多在25~45岁之间，主要是青壮年农民工，占返乡农民工的62%。实际上，我国农村外出打工农民工群体也是以青壮年农民为主，所以在这次金融危机中受到的冲击也就最大。特别是在这次国际金融危机中，以"两头在外"模式为主的沿海制造加工企业受到的冲击最大，而在这类企业中，主要的就业者是农民工，并且主要是青年农民工。

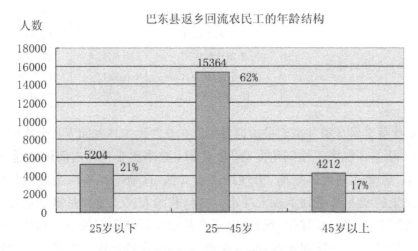

图3 巴东县返乡农民工年龄结构（N=24780）

3. 从返乡农民工学历层次看（见图4）。在本次受金融危机影响而返乡的农民工中，主要是具有初、高中学历农民工，两者相加占返乡农民工总数的77%，这主要是因为：当前，新生代农民工已经成为我国农民工群体的主要组成部分。新生代农民工出生于我国1970年代末、1980年代初，成长于我国改革开放、经济社会发展之中，他们大都受益于我国改革开放的发展成就和普及九年义务教育的成果，大多具有初、高中学历，与上一代农民工相比，学历普遍较高。根据有关资料，2004年，我国农民工中16~30岁的占61%，31~40岁的占23%，41岁以上的占16%；农民工的平均年龄为28.6岁；初中文化程度的占66%，接受过技能培训的占近24%。可以看出，外出农民工平均年龄比较年青，也是农村劳动力群体中受教育程度比较高的群体[1]。这说明我国农民工的整体素质正在不断提高，农民工群体的追求也正在发生质的变化。在我

---

① 中国农民工问题研究总报告起草组编著：《中国农民工问题研究总报告》[J]，载《改革》2006年第5期。

们这次的入户调查访谈中,我们还了解到,巴东县的新生代农民工非常注重充分利用自己的打工经历,学习职业劳动技能(农民工在打工过程中学习到的劳动技能主要有养殖、烹饪、制衣、电工、驾驶、电器维修、土木建筑技术等)。部分农民工还通过自己的打工工作,积累了一定的企业管理知识和商业经营经验,人力资本得到了普遍提高。在巴东县,特别是实现了创业的农民工,他们在自己的打工中不断学习,积累了丰富的实践经验,为自己后来的创业打下了坚实的基础。

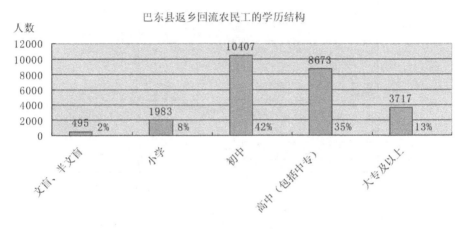

图4 巴东县返乡农民工学历结构(N=24780)

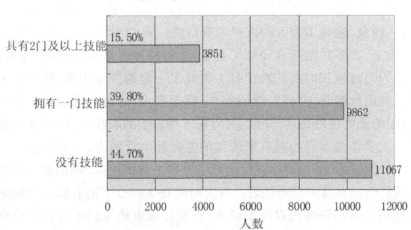

图5 巴东县返乡农民工人力资本构成(N=24780)

4. 从返乡农民工所具有的人力资本角度看(见图5)。在这次金融危机冲击下,返乡农民工中,没有任何劳动技能的农民工受到的冲击最大,返乡比例最高, 占返乡农民工总数的44.9%, 而具有2门以上劳动技能的农民工受到的影响最小,返乡比例最低,仅为返乡农民工总数的15.5%,这说明农民工的人力资本存量也即劳动技能水平与就业能力成正相关性。

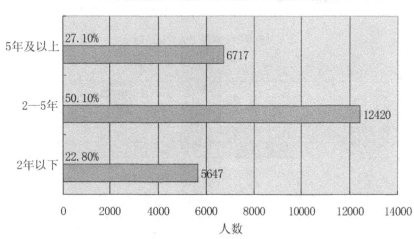

巴东县返乡回流农民工累计外出务工时间

图6 巴东县返乡农民工累计外出务工时间(N=24780)

5. 从返乡农民工外出打工时间角度看(见图6)。在返乡农民工群体中,比例最大的是外出打工时间在2～5年的农民工。对此,我们课题调查组专门针对这一现象,进行了深入的入户调查访谈。我们了解到,打工时间在2～5年的农民工,大多在制造业和加工企业,受到的冲击最大,失业情况最严重,同时,他们通过较长时间的外出打工也有了一定的资金积累,他们在失去工作以后,利用此就业"空档",返回家乡,探望家人,这部分农民工春节后再次外出打工的比例也最高。而打工时间在5年以上的农民工,他们通过长时间的打工,大多在城市已经具有了较强的生存和生活能力,具有较稳定的工作和收入、较固定的住所,可以说已经成了事实上的城里人,他们受到的冲击也有,但他们已经具备了应对能力。打工时间在2年以下的农民工受到的冲击大,但他们大多是新生代农民工群体,没有传统农民工们所背负的家庭包袱和收入压力,加上他们对农村生活的远离,对农村文化的疏远,他们就是失去了工作,也依然选择"漂泊"在城市。从这一点上看,对城市就业压力最大的是新生代农民工,随着新生代农民工逐渐成为农民工群体的主体,我国城市就业压力会不断增加,农村作为传统就业"减压阀""蓄水池"和"缓冲地带"的功能正越来越小,城乡统筹就业机制的建立和不断完善显得越来越紧迫。

(三)巴东县返乡农民工回流的主要原因

劳动力就业随着产业的波动而波动,这是一个基本的经济学规律。从一般意义上分析,促成农民工返乡回流的原因有五个方面:(1)国家近年来不断推出的支农惠农政策,提高了农民种粮的经济效益,增强了农民工返乡种粮的积极性。(2)沿海产业在成本比较原则下不断向中西部转移带动了农民工返乡就业与创业。(3)中西部地区各级政府的创业优惠政策吸引农民工返乡创业。(4)沿海劳动密集型企业受金融危机冲击,劳动力需求大幅下降。(5)农民工自身原因,如文化素质过低、生活不便或思亲心理等原因。

在本次金融危机中,巴东县外出打工农民工返乡原因既有一般意义上的这五种情况,但主要是因国际金融危机对我国沿海劳动密集型产业的冲击而带来的就业机会的大幅减少(见表3)。

表3 巴东县返乡农民工返乡原因调查表(N=24780)

原因类别		人数	比例
打工收入明显比金融危机发生前减少		23212	93.70%
打工公司或企业(单位)因订单减少而裁员或停产		12356	49.90%
在外生活成本提高、继续在外打工不划算		9824	39.60%
打工公司或企业(单位)因经营困难而破产倒闭		3674	14.80%
打工环境明显不适应(合计)		326	1.30%
国家支农惠农政策提高了务农收入		2942	11.90%
沿海产业转移带动了在家乡就业		240	0.90%
地方政府优惠政策引导返乡创业		567	2.90%
其中	住宿不方便	146	0.60%
	孩子上学不方便	7852	31.70%
	当地人歧视农民工	241	0.90%
	工资不能足额及时发放	6511	26.30%
	医疗养老失业保险等政策不配套	9642	39%
	在当地受老板欺负	215	0.90%

注:可以多选

从上述调查表以及我们的个案访谈情况中,可以看出在此次国际金融危机冲击下,巴东县农民工的被迫返乡原因,主要有如下几种突出情形:

1. 因金融危机影响致使农民工打工工资收入明显减少是造成农民工返乡回流的最主要原因。在全县24780名返乡农民工中,认为有这方面因素的农民工数达23212人,占返乡农民工总数的93.7%;同时与此相近的原因也是造成农民工返乡的主要因素,如因"打工公司或企业(单位)因订单减少而裁员或停产"而被迫返乡的农民工有12356人,占返乡农民工总数的49.9%;因"在外生活成本提高、继续在外打工不划算"而返乡的农民工9824人,占该县返乡农民工总数的39.6%;这些情况说明,"经济收入"仍然是广大民族地区农村劳动力外出打工的主要目的。

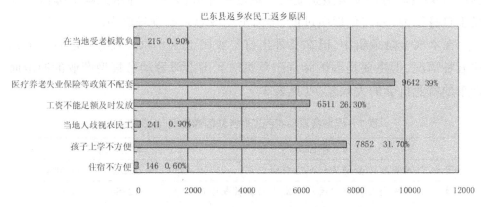

图7 巴东县返乡农民工返乡原因(个人感受)(N=24780)

2. 打工地经济社会政策不完善,不能为农民工提供充分的社会管理和公共服务,也是农民工返乡的主要原因。农民工在金融危机影响和社会政策供给不足、保障不够的双重压力下不得不选择暂时回到自己的家乡,等待下一个时机,再外出寻找就业机会。在我们的调查中,返乡农民工中遭遇过"工资不能足额及时发放"的有6511人,占巴东县返乡农民工总数的26.3%,因打工地"医疗养老失业保险政策不配套"而返乡的有9642人,占巴东县返乡农民工总数的39%,因"孩子上学不方便"而返乡的有7852人,占巴东县返乡农民工总数的31.7%,这三种情况加起来有24005人,占巴东县此次返乡农民工总数24780人的97%(见图7),这一情况虽然来自于我们开展的针对此次金融危机下农民工返乡情况的调查,但也有很大的普遍性意义,充分说明我国城乡二元经济社会管理体制对我国广大农民工的不公正待遇,和由此而带给农民工群体的就业困难和巨大的农村劳动力城乡转移成本。

3. 国家产业政策调整因素的影响。调查显示,因"国家支农惠农政策提高了务农收入""沿海产业转移带动了在家乡就业""地方政府优惠政策引导返乡创业"因素的引导,农民工返乡的总数三者总共仅有 3749 人,仅占巴东县此次农民工返乡总数的 15.7%。这一调查结果说明,我国广大民族地区的经济依然处于不发达状态,二、三产业发展明显落后,对民族地区农村劳动力就业的带动功能明显不足。

4. 农民工本人在打工地的生活、生存环境对农民工的就业影响不是太明显。在此次调查中,因"打工环境明显不适应""住宿不方便""当地人歧视农民工""在当地受老板欺负"等原因而被迫返乡的农民工总数仅为 1028 人,占该县本次农民工返乡总数的 3.7%(见图 7)。在面对金融危机这样大的冲击和影响时,常见的一些影响因素反而退居其次了。

在全面调查巴东县返乡农民工回流原因时,我们课题组还对巴东县返乡农民工回流前的企业类别和地区分布情况进行了详细调查,主要呈现这样两个特点:(1)返乡农民工回流前的务工企业主要是个体私营企业,占 88%;(2)返乡农民工回流前的务工地域主要是东部地区,占 61.3%(见表 4)。

表4 巴东县返乡农民工回流前打工所在企业、地域(N=24780)

项目	行业类别			地域分布			
	国有企业	三资企业	个体私营企业	县外省内	省外		
					东部	中部	西部
数量	1226	1772	21782	702	15201	7820	1057
所占比例	4.80%	7.20%	88%	2.90%	61.30%	31.60%	4.30%

这一调查结果说明,民族地区农民工与全国各地区农民工一样,在打工地的选择上,也主要是选择经济发展水平和开放程度较高、各种类型企业特别是民营、私营、"三资"企业较发达的东部沿海地区。这些企业一般"两头在外",属"来料加工"型制造、加工企业,缺乏自主品牌的支撑,对外依存度高,产品附加值低,主要依托我国丰富的劳动力资源带来的低工资成本比较优势。这次国际金融危机中,给农民工就业带来较大的冲击。就业是民生之本,就业又高度依赖于产业结构和经济发展水平,我国政府应继续加大产业升级与调整支持力度,推动具有自主知识产权的产品创新,带动和引导我国产业

升级,构建合理的区域产业结构,特别是加速发展具有丰富劳动力资源的农村地区(也包括民族地区农村)的各种优势产业,推动农民工的就地转移和本乡就业。

(四)巴东县返乡农民工再次流动情况

表5 巴东县返乡农民工分布情况(N=24780)

	重新外出务工	停留该县(6854 人)			
		传统农业	工商服务业	创业	等待
数量	17926	1610	2777	717	1750
比例	72.30%	6.50%	11.20%	2.90%	7.10%

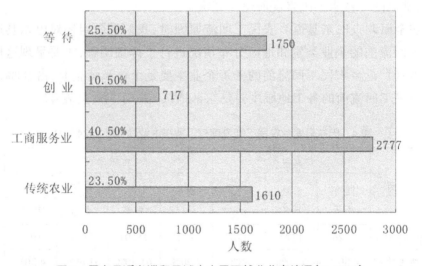

图8 巴东县返乡滞留县域内农民工就业分布情况(N=6854)

农民工返乡回流到农村后的去向,一般来说,可以大体分为回到传统农业再次从事农业生产劳动、回到当地工商服务业实现就地就业、在家乡自主创业、等待再次外出打工等几种主要类型。巴东县返乡的农民工在春节后,大都陆续实现了各种形式的再就业(见表5),其中再次外出打工者人数最多,达17926 人,占该县因 2008 年国际金融危机冲击而返乡回流农民工总数 24780人的 72.3%,可以看出,外出打工依然是农民工再就业的主要形式。有 6854 人农民工滞留于本县境内,其中在本县实现各种形式就业与创业的有 5104 人,这 5104 人中回到传统农业、从事农业生产活动的仅 1610 人,仅占返乡农民工总数的 6.5%、占返乡滞留于该县境内农民工总数的 23.5%(见图 8)。显然，当前农民工的绝大部分已经难以落根农村,转移进入城镇是大势所趋和必然选择, 这对当前我国的城市化战略和现代化道路的选择都是一个重要启示。在停留于县境内的 6854 人中,仍处于等待观望状态、没有实现就业或创业的有 1750 人,占滞留该县境内农民工总数的 25.5%(见图 8),不可忽视的是这个人群虽然数量不大,但对于一个二、三产业欠发达的少数民族自治县的就业工作仍然是一个严峻考验。

二、巴东县农民工返乡回流给巴东县域经济社会发展 带来的新问题与新机遇

改革开放以来， 我国农民充分利用改革开放政策带来的有利时机,在经济发展实践中创造了卓有成效的劳动力城镇转移就业道路。1990 年代以后,不发达地区(包括我国民族地区)的农村劳动力向城镇特别是经济率先发展起来的东南沿海地区跨区域转移,进城务工成为农民增加收入的主要途径之一。进入新世纪,农民又创造性的探索出返乡创业这一有效形式,部分外出打工农民工,利用在外打工生涯中学习到的知识和技能,积累的资金和市场经验,掌握的管理能力,返回家乡、利用家乡的资源优势创办各种企业,再一次有力地推动了我国农村社会经济的大发展。本次因国际金融危机的影响和冲击,农民工出现非正常返乡现象,既为我国广大农村经济社会发展带来了新问题， 也为我国广大农村地区新农村建设带来了新机遇,各级政府应妥当应对,化危机为契机,以维护农村社会稳定、推动农村经济发展。

在我们课题组调研工作中,我们就在本次国际金融危机冲击下返乡农民工给巴东县域经济社会发展带来的新问题和新机遇进行了深入调查。

(一)给县经济社会发展带来的新问题

骤然爆发的金融危机促使部分农民工被迫返乡,必然给我国农村经济社会发展带来一系列新的问题。我们通过在巴东县开展的相关调查,发现主要有如下几个方面的情况:

1. 农民收入减少,致使部分农村家庭生活面临困难。这是本次金融危机冲击下造成农民工返乡失业后产生的最大问题,也是当前返乡农民工面临的

核心问题。农民打工收入对农民增收的贡献一般都在41.2%(2006年水平)[①]，农民的工资性收入已经成为农民总收入的主要组成部分。受金融危机影响，农民工失去城镇工作，没有了务工收入，部分返乡实现了就地就业的农民工，其收入水平也大为下降。在本次金融危机冲击下，农民工收入大受影响。农民工的收入水平本来就较低，一般仅能维持一家的生计，一旦失去打工工作，便迅速降到生存线以下，很可能使部分农村家庭基本生活变得难以为继，重新降为赤贫。

2. 农村土地承包以及流转纠纷增多。农村税费改革以后，农村土地承包纠纷经过二轮延包得到过一次化解，已基本稳定。但受此次金融危机影响，部分返乡农民工可能转入农业生产，经营传统第一产业，巴东县在此次金融危机中，有占6.5%的1610名返乡农民工从事传统农业。返乡农民工回到传统农业，必然引起农村土地承包权新的调整要求，具体表现为如下几种情形：(1)因为农民工外出而签订了较长时间流转合同(或代耕合同)的农村土地，回乡农民工想收回而引起合同纠纷。(2)流转后流入农户对土地有基础性投入的，重新收回土地承包经营权，而引起补偿纠纷。(3)相对来说如果农村土地是口头转让的纠纷小一些，收回承包经营权也相对容易些。

3. 农村剩余劳动力转移就业与当地就业难度加大。本次国际金融危机已近一年时间，目前，据有关权威机构和专家看来，短期内仍难以结束，世界经济仍处于低谷阶段。这无疑会对我国农民工就业造成巨大冲击。同时，农民工远离本乡本土，奔赴他乡务工就业，绝大部分就是因为广大农村地区就业机会的缺乏和收入水平的低下，此次因金融危机而带来的大量农民工返乡回流，无疑给当地农村本已十分脆弱的就业体系带来更大的冲击。无论是农民工就地转移就业还是异地转移，都形成巨大的压力。在巴东县的调查中，我们了解到春节后仍有占该县返乡农民工总数7.1%的1750名农民工处于观望和等待的"失业"状态(见表5)。

4. 给党和国家惠农政策的落实带来新情况。2006年在全国取消农业税以来，国家先后对农业实施了多种补贴，以惠农和支农。但由于农民工长期在外，很少回家，有的甚至多少年从来不回家，惠农支农政策的具体落实措施因此而各有不同，有的是补给了农村土地承包户，有的是补给了农村土地经营户等等，这次受国际金融危机的影响，农民工大量返乡，对农村土地的需求出

---

① 中国农民工问题研究总报告起草组编著：《中国农民工问题研究总报告》[J]，载《改革》2006年第5期。

现了新的变化,对依托在土地上的各种补贴也提出了新的需求,特别是对以前的补贴落实结果还会产生回溯、厘清的新要求。

5. 给农村义务教育带来新的压力。对于目前经济发展水平还相对落后的巴东县这样的少数民族地区,教育资源本来就十分紧张,优质教育资源更加紧缺,受本次国际金融危机的影响和冲击,随着农民工一起返乡的还有农民工的子女,其中部分子女正处于受教育年龄阶段,返回农村后对农村义务教育必然会带来新的压力。教学质量和教学条件较好的学校,本来就已经"超负荷"运转,不愿招收插班生;愿意接受的学校,条件又不理想,与农民工子女在城市的学校在条件上有一定差距,返乡农民工子女也不愿意去就读,返乡农民工子女的就学成为新的困难。

6. 农村社会治安问题和不稳定因素增多。农民工初始回乡又没有新的工作,常常聚在一起,农村文化生活落后,容易滋生赌博、迷信、甚至产生偷盗、抢劫等违法犯罪行为,对农村的社会治安和社会稳定形成冲击。

(二)为新农村建设带来的新机遇

凡事有两面,大量农民工返乡,在给巴东县农村社会经济发展带来新的问题的同时,也给巴东县域经济的发展带来新的机遇。

1. 有利于加大农业投入,发展县域特色产业。巴东县具有自己独特的资源特点和优势,但长期不为外界了解,加上交通运输成本和规模的制约,一直难以把资源优势转变为产业优势。农民工的返乡可以有效地弥补这些缺陷,成为家乡资源优势与外界市场的连接纽带和桥梁。在我们进行的农民工返乡创业典型个案调查中,绝大部分是投资于农业资源优势产业开发的。杨敏创办的湖北双敏畜牧发展有限责任公司,张洪权创办的花斑鸭、长毛兔养殖公司,苏方俊创办的茶叶生产经营公司,邓清源创办的野之源食品开发有限公司等等,都是有效地利用了当地的资源优势。返乡农民工带回了资金、技术、经验、理念,选择对农业的投入,尤其是对巴东县具有资源优势的特色农业产业的投入,有效地带动了当地资源开发,大力促进了巴东县现代农业的发展,具有强大的示范效应。

2. 有利于进一步完善农村土地承包责任制,促进农村土地流转,推动农村土地适度规模经营。在农民工外出打工的同时,巴东县农村出现土地"撂荒"和"粗放耕种"现象,农地利用效率普遍不高。本次农民工返乡,充分依托巴东县的资源优势,创办农业开发企业,一方面极大地提高了巴东县农村土地的利用效率,农村土地生产性资源的特征得到体现,资源的资产价值也得到了一定程度的提升。另一方面农民工的返乡创业有效地解决了农村缺乏创业开拓者和领头人的问题,这两者的结合不仅有利于农村土地承包责任制的完善,并且进一步促进了农村土地的流转,推动了农村土地的适度规模经营。

3. 有利于县域内各类企业招用人才和工人。农民工以农村青壮年劳动力为主,农民工外出打工增加了农民的收入,但也在一定程度上造成了农村优质劳动力资源的流失,特别是对于县域企业而言,招聘较高素质的劳动力变得非常困难。本次金融危机中部分农民工返乡,为巴东县域内企业招聘职工创造了一个好的机遇,县域内企业饱受困扰的缺工问题得到了较大缓解,弥补了县域内企业用工人数不足的问题。

4. 有利于农村开展"一事一议",建设村级公益事业。"一事一议"是我国农村基层民主管理的重要形式,农民工的返乡为提高农村"一事一议"效率、建设村级公益事业提供了良机。农民工中很大一部分人是农村中的精英人物,他们在外打工过程中见了世面,开阔了眼界,长了见识,也有了一定的资金积累,他们的返乡不仅可以为家乡的各项公益事业建设提出许多有益的建议,还可以为家乡的公益事业建设提供一定的资金支持。

5. 提供了培训农民的良好机遇。经过外出打工磨练和洗礼的返乡农民工对于职业技能培训的重要性有了新认识,在农民工返乡与再次外出打工的空档,开展农民工职业技能培训正当其时。2008年底,巴东县劳动就业局抓住这个时机开展了丰富、适用、易学的特别职业技能培训活动,培训内容包括电脑技术、电焊技术、美容美发、商品营销等,还深入农村开展农业适用技术培训,如养殖、种植等各项技术,深受广大农民工朋友欢迎,农民工积极参加,截至2009年6月,共有620名农民工学员接受完培训并走上新的就业岗位。

6. 有利于更好地落实党和国家的各项惠农政策。以前,因为外出打工长期没有回家而致使党和国家的各项惠农政策没有落实到位,甚至错位的,这次可以充分利用农民工返乡之机,进行彻底清理,并落实到位,把党和国家对农业、农村和农民的好政策送到农民工朋友手里。

7. 有利于农村基层培养和发展党员和村组后备干部。在这次返乡农民工群体中,青壮年农民工为主(25~45岁者占62%,见调查表2或图3),引导这些返乡农民工特别是他们中的优秀青年农民工,向党组织靠拢,加强对他们的培养,培养一批农村乡村基层后备干部。同时,大力鼓励他们当中有能力也愿意为农民朋友服务的能人担负起农村基层的领导干部,带领广大农民致富。

三、巴东县农民工返乡创业对巴东县域 经济社会发展的作用与意义

改革开放以来,我国亿万农村劳动力离土离乡、进城务工就业、跨区域有序流动,对增加我国农民收入、改变我国广大农村地区面貌、加快工业化和城镇化进程、推动城市社会经济发展,做出了特殊的重要贡献。在农民工进城务工就业的同时,一部分农民工经过一段时间外出打工,又返回家乡,利用在外打工过程中学习到的知识和技术,获得的资金和信息,在本村、本乡(镇)创办企业,发展工商服务业,这种现象称之为农民工返乡创业。2008 年,国务院农民工返乡创业问题研究课题组对全国除北京、上海、西藏以外的 28 个省的农民工返乡创业情况进行了深入调查,并形成了权威性调查报告《农民工返乡创业现状的调查与政策建议》(《人民日报》2009 年 2 月 5 日)。报告认为,农民工返乡创业有利于借助在发达地区或城市积累的资金和人力资本,用于不发达地区促进乡镇企业、中小企业、民营经济发展,成为我国不发达地区县域经济社会发展的一支生力军;有利于一部分进城农民工分流和向非农产业与城镇的彻底转移,促进我国中西部地区的工业化和城镇化发展,成为推动我国中西部地区城镇化、工业化的重要途径;有利于较高素质的人力资源到欠发达地区和农村,推动现代农业发展和我国社会主义新农村建设,成为我国以城带乡、以工促农发展战略的有效载体[①]。巴东县外出打工农民工群体中也出现了返乡创业情况,并涌现了一部分创业典型。在调研中,我们收集了 20 多个农民工返乡创业的典型事迹,我们通过对农民工返乡创办企业的带动作用的实地考察,总结归纳出如下几个基本结论。

(一)以返乡创业带动农民工就地转移就业,拓宽了民族地区农村剩余劳动力的就业渠道和增收途径。

首先,返乡农民工通过创业有效地解决了自己的就业与发展出路问题。在我们的调查中,绝大部分返乡创业农民工都通过自己的创业给自己以及家庭带来了经济收益的大幅提高和社会地位的大幅提升。如巴东县沿渡河镇罗溪村 9 组村民张洪权,自小家境贫寒,1995 年技校毕业后外出打工,艰苦

[①] 农民工返乡创业问题研究课题组编著:《农民工返乡创业现状的调查与政策建议》[N],载《人民日报》2009 年 2 月 5 日。

的打工生涯磨练了他的意志,开阔了视野,学到了知识,也增长了才干,2007年初夏返乡创业,根据家乡的经济特色,发展养殖四川花斑鸭,当年即实现经济收入 80000 余元(见附录 2 巴东县创业精英简介之典型二)。

其次,返乡创业农民工通过创业拓展了返乡农民工的就业渠道,增加了农民收入。一般来说,返乡创业农民工创办的企业可以分为两种类型,一类是创办小型企业,收入不高,大多是为了就业而创业,但这些创业者的收入都高于外出打工的收入;一类是创办较大型企业,通过创业实现了发展,这类创业者不仅改善了自己的经济条件,过上了比较富裕的生活,还为周围的农民创造了就业机会,带动了周围农民的致富,提高了自己的社会地位。如巴东县管渡口镇农民杨敏,1986 年高中毕业开始打工,2003 年返乡创业,创办湖北双敏畜牧发展有限责任公司,以生猪养殖、饲料加工、病疫诊断为主要经营内容,注册资金 500 万,2004 年即获得较好经济效益,销售仔猪 1850 头,商品猪 300 头,种猪 50 头,饲料 100 吨,年销售额达 300 万元,对外人工授精配种 300 多头,2004 年实现总收入 500 多万元;2006 年,公司成功申报"无公害畜产品"项目;2007 年,公司仅生猪销售收入即达到 500 多万元,公司被恩施州评为州农业产业化龙头企业,杨敏 2004—2006 年连续三年被评为"巴东县劳动模范""巴东县首届十大杰出青年"等,公司常年聘用员工 70 多人,大都是当地的农民,充分带动了本乡本村劳动力的就业。(见附录 2 巴东县创业精英简介之典型一)。

第三,农民工返乡创办企业,带动了农村劳动力的就业,特别是为农村"40·50"劳动力的就地就业创造了机会。农民工外出打工到 40～50 岁时,绝大部分人都要返回家乡,不再外出打工,他们的就业就会面临很大的困难,根据巴东县的调查,目前,巴东全县 717 名返乡创业成功的农民工所创办的企业,主要从事养殖、种植、酒店、木材加工、涂料、副食品、服装、包装、家具生产与营销等行业,都是劳动密集型企业,对劳动力就业有着非常强的支持作用,特别是对于返乡农民工的就地就近就业支持明显。一方面,这些企业为这类农民工群体的就业带来机会;另一方面,这部分返乡农民工又是农村中具有较高素质和劳动技能的劳动力,他们的结合是一种"双赢",也是民族地区进一步发展的依托,据巴东县相关部门不完全统计,巴东县实施返乡农民工创业带动就业计划以来,带动就业达 2000 余人。巴东县鸿泰实业有限责任公司的创办人田恒勇通过创业成功带动 110 人就业,安置"零就业家庭"人员、下岗失业"40·50"特困人员 66 人,2008 年被推举为"恩施州就业促进会"副会长,2009 年被湖北省人民政府劳动就业领导小组评为"全省就业先进工作者"。

（二）农民工返乡创业即是引智也是增资,把优势资源引向农村,推动民族地区发展,有助于进一步缩小城乡差距与区域差距。

农民工返乡创业并不是发端于这次国际金融危机的影响,而是由广大农民工创造的、能够极大地推动我国农村地区特别是欠发达地区经济社会发展的一种有效的发展方式。实践证明农民工返乡创业是优势资源由城市向农村、由经济发达地区向欠发达地区的流动,这一流动把城市与乡村、发达地区与不发达地区的发展联系起来,形成沿海发达地区带动不发达地区农村发展的格局,是改变不发达地区乡镇企业薄弱局面的突破口,是促进不发达地区民营经济、县域经济发展的推动力[1]。民族地区大多远离中心城市,交通、通信不发达,信息闭塞,经济发展能力不足,人们的思想观念落后,推动民族地区发展,不仅缺少资金、信息、技术,更缺少有竞争意识、能把握市场、整合要素资源、开拓进取的创业人才;又由于发展硬环境的制约,招商引资也很难引来境外资金长期投入,民族地区乡镇企业、工商服务业等二、三产业长期得不到持续发展,经济发展缺乏引擎。农民工返乡创业为突破这种局面带来契机,返乡创业农民工成为我国民族地区经济社会发展最重要的资源优势和动力源泉。截至 2009 年 6 月,巴东县全县共有 717 名返乡农民工创业成功,共创办企业 36 家、个体工商户 681 家,其中投资规模在 10 万元以上的有 125 家,投资规模在 50 万元以上的有 15 家,主要从事养殖、种植、木材加工、酒店、涂料、副食品、服装、包装、家具生产与营销等行业,带动该县就业达 2000 余人(见附录 1 巴东县返乡农民工创业及就业工作情况汇报)。农民工外出就业,造就了一批新型产业工人和技术管理人员,返乡创业使他们中的一部分人又回到自己熟悉的农村,成为农村发展和建设的骨干力量。目前,我国产业结构正在发生变动,沿海先发地区的劳动密集型企业出现梯度转移,正在向更具劳动力成本优势的中西部地区(包括民族地区)转移,我国广大民族地区应该抓住这个千载难逢的历史机遇,创造良好的发展环境,大力培育返乡农民工这个发展主体,吸引越来越多的农民工返乡创业,激活本地经济,推动发展。

---

[1] 农民工返乡创业问题研究课题组编著:《农民工返乡创业现状的调查与政策建议》[N],载《人民日报》2009 年 2 月 5 日。

（三）农民工返乡创业与民族地区农业发展方式转变相结合，加快了民族地区农业产业化与现代化发展步伐。

巴东县返乡创业农民工 717 人中，投资于传统农业、创办农业企业的有 268 人，占返乡创业农民工总数的 37.4%（见图 9）。

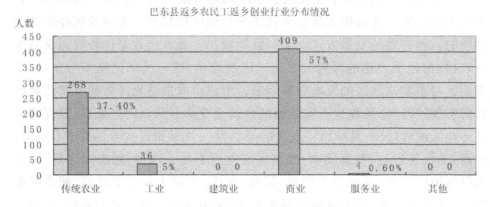

图 9　农民工返乡创业企业行业分布（N=717）

农民工大多对农业生产熟悉，也了解家乡资源状况，经过外出打工锻炼，学习到了市场观察与判断能力，这样就容易把市场需求同家乡的资源特色结合起来，创办农业企业。在我们的调查中，很大一部分返乡创业农民工创办的企业都是农业企业，并且逐渐发展壮大成为巴东县农业产业化龙头企业。如返乡农民工苏方俊创办湖北巴东金果坪茶叶有限责任公司，就是充分利用巴东县丰富的茶叶资源和产品特色，把市场需求和地方经济特色有机结合起来，改革传统农业生产方式和经营模式，转变传统农业发展方式，实行精品化、精细化、品牌化、产业化经营战略。金果坪茶叶有限责任公司现有员工 500 余人，拥有金果坪、铧烨两个分公司和 8 个茶叶加工厂，公司"金果"商标被评为湖北省著名商标，企业通过 ISO90011：2000 国际质量体系认证、HACCP 食品安全管理体系认证和 QS 认证，拥有出口自主经营权，企业生产的"金国雪芽"荣获中国茶博会金奖，"金果"牌系列茶获得"湖北省十大有机茶""湖北省消费者满意产品"以及中国武陵山民族文化节商品展销会"消费者最喜爱商品""中国农业博览会湖北省地方名牌产品""中国首届国际茶博会金奖""中国文化名茶金奖"等荣誉称号，享誉海内外；企业生产的"金果毛尖王"被中国工业合作协会评定为"全国名优产品"，成为人民大会堂会议"指定用茶"。金果坪茶叶有限责任公司已经发展成为巴东县农业产业化龙头企业,苏方俊本人也成为"外出致富创业人"(湖北省劳动和社会保障厅授予)(见附录2巴东县创业精英简介之典型三)。

农业在经济欠发达的民族地区巴东县仍然占有较大的比重,农业收入仍然占当地农民人均收入的三分之一以上,返乡农民工创办农业企业,发展农产品的规模养殖、种植、加工、流通服务,转变传统产品农业生产理念,发展商品农业,拉长了农业产业链,提高了农业生产经济效益,推动了民族地区巴东县农业的商品化、规模化、特色化和结构调整,加快了民族地区巴东县农业现代化发展步伐。

(四)农民工返乡创业与小城镇建设相结合,成为民族地区城镇化发展的重要途径。

农民工由于与农村家乡村镇的天然联系,返乡创办的企业大多集中在自己所在的乡镇。我们对巴东县返乡创业农民工创办企业地域分布的调查说明,返乡创业农民工在自己所在乡镇创办企业的有616人,占该县返乡创业农民工总数717人的比例高达86%(见图10)。

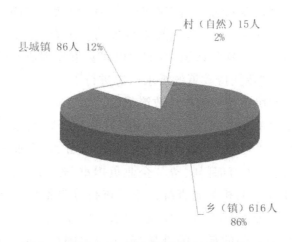

村(自然)15人 2%

县城镇 86人 12%

乡(镇)616人 86%

图10 回流农民工创办企业地域分布(N=717)

巴东县返乡创业农民工在乡(镇)创办企业,把创业与城镇化结合起来,促进了经济欠发达的民族地区以小城镇为主的城镇化发展,适合民族地区的经济发展水平,这些企业带动资本、劳动力等经济要素向小城镇聚集,图10中的调查结论显示,86%的返乡创业农民工所创办的企业都设在乡镇。返乡创业农民工在乡镇创办企业,提高了民族地区巴东县的小城镇发展质量,为巴东县城镇化的加快发展打下了基础:(1)返乡创业农民工创办的企业为巴东县小城镇发展提供了必要的产业支撑,(2)推动了巴东县小城镇的基础设施和配套产业建设,(3)扩大了小城镇人口与经济规模。

四、巴东县返乡农民工创业中面临的主要困难

农民工返乡创业既是出于自身利益追求的市场经济行为,也是具有较高社会效益的社会行为。这对于乡镇企业、民营经济薄弱的民族地区社会经济发展的意义与作用更加突出。民族地区农民工在参与发达地区工业化、城镇化建设过程中,经受了市场经济的洗礼和工业化建设的培育,其中的一些优秀打工者,积累了一定的资金和人力资本(包括市场经营经验、企业管理能力、生产劳动技能、城市文化观念等),他们返乡创业,把资金和在发达地区学习到的市场观念、技术能力、管理理念带回家乡,必将成为推动民族地区经济社会发展的"草根"力量。当前,随着我国沿海劳动密集型产业向中西部地区(包括民族地区)转移步伐的加快,民族地区农民工返乡创业的前景广阔,民族地区政府应当把返乡农民工当作本地经济社会发展不可或缺的主体,创造良好的发展环境和创业条件,吸引越来越多的外出农民工返乡创业,以激活本地经济。正是基于这样的认识,我们对巴东县返乡创业农民工在创业过程中面临的困难、对创业扶持政策的需求情况进行了深入调查,并在此基础上,提出了支持返乡农民工创业的扶持政策建议。

课题组根据已有的农民工返乡创业研究文献资料和国内同行的相关研究成果,把返乡农民工返乡创业可能面临的困难分为"企业审批或立项手续繁多、辗转多部门""政府部门收费""企业负担重"等 11 个主要指标,并根据巴东县劳动就业部门的相关调查统计资料进行分类整理,得到"巴东县返乡农民工创业面临的最大困难"统计情况(见表6)。我们可以看出,巴东县返乡农民工创业过程中面临的最大困难是"资金筹集困难",同时也面临着"人才不足的制约""缺乏配套产业""交通不便"和"市场规模太小"等。

(一)资金筹集困难

在我们调查的巴东县 717 名返乡创业农民工中,认为创业资金筹集困难是最大困难的有 572 人,比例高达 80%。农民工返乡创业主要靠自己打工期

间积累的自有资金,在我们调查的 717 名返乡创业成功的农民工中,创业资金来源依靠自有资金的比例达 54.7%;到银行贷款的不多,商业银行贷款和农村信用社贷款两者相加也仅有 40.8%(见表 7)。从对返乡创业农民工企业的资金规模的专项调查

表 6 巴东县返乡农民工创业面临的最大困难(N=717)

项目	人数	所占比重
企业审批或立项手续繁多、辗转多部门	25	3.40%
政府部门收费	13	1.80%
企业负担重	8	1.70%
吃大户的太多	2	0.20%
经营环境差	7	0.10%
信息不畅	8	0.10%
交通不便	325	45.30%
市场规模太小	214	30%
资金筹集困难	572	80%
缺乏配套产业	436	60.80%
人才不足	531	74%

注:调查对象可以同时选几项

中还了解到,返乡创业农民工创办的企业投资规模都不大,绝大部分在 10 万元以下,比例达 82.3%,在 10 万元以上的仅占 17.4%(见图 11)。对于民族地区巴东县,还有一个值得我们重视的现象是,农民工创业过程中,创业资金从亲戚朋友、私人处借用的也不多,通过民间互助会形式贷借的更少,两者相加仅占 2.5%(见表 7)。

表 7 农民工返乡创业资金来源调查表(N=717)

项目	人数	比例
自有资金	392	54.7%
商业银行贷款	265	37%
信用社贷款	27	3.8%
亲戚朋友、私人借用	10	1.4%
民间互助会	8	1.1%
其他	15	2%
合计	717	100%

我们在入户进行个案访谈调查时,对这一现象进行了深入了解,发现主要是因为民族地区巴东县的经济欠发达,收入水平不高,农民手中没有多少"余钱剩米",农村经济仍然处于生存阶段,发展"潜能"不足。显然,我国广大民族地区农村绝大多数地方也都处于同样的状况。

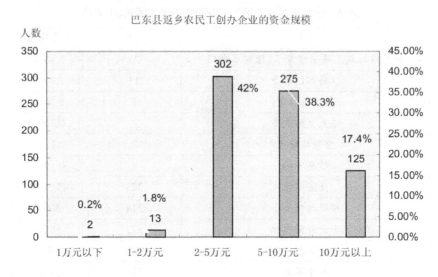

图11　巴东县返乡农民工创办企业的资金规模(N=717)

造成农民工创业资金筹集困难的原因是多方面的:

(1)农村投资吸引力不足,农村资金大量回流城市,农村地区农户和中小企业特别是新开办企业资金严重短缺。

(2)金融机构退缩城市,农村金融体系出现空白,农村金融支持缺乏机构支撑,金融扶持严重不足。目前,能够给返乡农民工创业提供金融支持的主要是农村信用社,但农村信用社资金规模较小,支持能力有限,在我们开展的农民工返乡创业资金来源调查中,在信用社贷款的仅有3.8%的比例(见表7)。

(3)政策性贷款和财政扶持性贷款少。目前,针对农民工返乡创业的国家政策性金融贷款没有,小额信贷规定的九种对象中也不包括返乡创业农民工群体,虽然一些地方政府把小额信贷政策应用于农民工创业支持,但由于缺乏明确的政策导向,支持力度十分有限。

(4)农村信用担保体系发育迟缓,担保机制不能适应农民工返乡创业的需要。巴东县目前还没有专门针对农民工创业需求的担保机构,农民工创业者大多依赖抵押贷款,但处于创业期的返乡农民工能够作为抵押的物质又相当有限。我们在巴东县劳动就业管理局于 2009 年 7 月 3 日提交的《巴东县返乡农民工创业及就业工作情况汇报》材料中看到,就业资金不足已经成为当前巴东县劳动就业和创业扶持工作的主要困难。目前,巴东县全县小额担保基金只有250 万元,资金规模太小,远远不能满足巴东县农民工创业资金需求。

(二)人才不足制约

返乡创业农民工中绝大多数都是很早就外出打工,文化水平、学历程度都不高,虽然相对于整个农民工群体,他们的文化水平和综合素质是优秀者,相对于整个农村劳动力,他们更是属于农村"精英群体",但相对于全国平均水平,特别是作为民族地区、农村社区的发展致富领头人、开拓者,他们的整体素质仍相对欠缺,甚至已经成为制约创业发展的因素之一。在我们做的返乡创业农民工 8个典型个案调查中,具有大学文化程度的仅 1 人,其余都仅具有高中或技校学历,没有接受过系统的专业教育。返乡创业农民工绝大多数是从学校一毕业就外出打工,并且大多是从最基层的岗位做起,艰辛的打工经历磨练了他们顽强拼搏的意志,造就了他们勇于进取的精神,培育了他们自强不息的创业品格,但他们绝大多数都是只懂技术不懂管理,只懂销售不懂市场,在打工过程中没有进行过专门培训和学历进修。巴东县是典型的少数民族山区,生活条件和发展环境缺乏对人才的吸引力,创业企业面临进一步发展壮大的素质"瓶颈",在我们对返乡农民工创业企业进行的创业面临的最大困难的调查中,认为面临"人才不足"困难的有 531 人,占整个调查对象的 74%,这是一个较高的比例。

(三)缺乏配套产业

"缺乏配套产业"也是返乡农民工创业面临的主要困难。在我们的调查中,具有这一因素的占调查对象的 60.8%。根据经济发展规律,产业发展具有很强的集群效应。在民族地区,由于地理环境、交通、通信、人文等因素的制约,长期以来,二、三产业发展严重滞后,特别是中小企业和民营经济的落后,严重制约着民族地区经济社会的发展。巴东县也是如此, 巴东县 2006 年的国民生产总值为214660 万元,其中第一产业生产总值 87322 万元,占 40.7%,第二产业生产总值31090 万元,占 14.5%,第三产业生产总值 96248 万元,占 44.8%,第二产业发展明显滞后[①]。二、三产业发展的滞后必然带来农民工创业缺乏配套产业的支撑。

---

① 巴东县统计局编:《巴东县统计年鉴》(2006 年)[M]。

(四)交通不便与市场规模太小。返乡农民工创业还面临着"交通不便"与"市场规模太小"的困难,在我们对 717 位返乡创业农民工的调查中,认为面临着"交通不便"与"市场规模太小"困难的分别占 45.3%和 30%。这两个原因既是当前返乡农民工创业过程遇到的新问题, 也是我国广大民族地区经济社会发展的老问题。民族地区大多地处我国边区、山区,由于地理的原因,交通运输的制约一直存在,这一制约会极大地提高了产品的成本(当地俗称"豆腐盘成肉钱"),削弱产品市场竞争力,同时,民族地区的一些具有比较优势的土特产品,因为交通的不便,运输时间长,还容易造成腐烂变质。市场规模的制约是双重的,一方面产品市场规模小,难以形成规模生产,产生规模效益,生产资料市场不完善,增加商品生产成本,甚至使商品生产陷入困境而难以解脱;另一方面民族地区经济发展水平不高,人们收入水平有限,制约民族地区当地市场销售量。民族地区市场经济发展速度较慢,市场开发能力欠缺,域外市场支持不足;都制约着农民工的返乡创业。

五、巴东县返乡农民工创业扶持政策需求情况

为了进一步弄清楚巴东县返乡农民工在创业过程中碰到的困难和民族地区地方政府应提供哪些有效政策,以支持和扶持返乡农民工创业,推动民族地区乡镇企业、民营经济和县域经济发展。为此我们对巴东县部分返乡创业农民工做了典型案例调查,同时结合巴东县劳动就业管理部门的相关资料,得到巴东县返乡回流农民工在创业过程中对于创业扶持政策的需求情况(见图 12)。

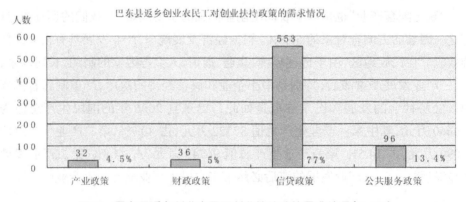

图 12 巴东县返乡创业农民工创业扶持政策需求情况(N=717)

根据我们对返乡创业农民工的调查,我们把农民工创业扶持政策需求分为四大类:产业扶持政策的需求、财政扶持政策的需求、信贷扶持政策的需求和对政府公共服务政策的需求。从我们的调查中,我们了解到,创业农民工对各项扶持政策的需求强度是不一样的,并区别较大,其中,对"信贷扶持政策"的需求最大、最强烈,相对而言,对"公共服务政策""产业支持政策"和"财政扶持政策"的需求相对较弱,反应也不是很强烈。

(一)对"信贷扶持政策"的需求异常强烈

在我们的调查统计中,717名成功创业农民工对信贷政策的需求最大,共有被553名调查对象提出了这一需求愿望,比例高达77%,占整个调查对象的三分之二以上,这与我们对创业农民工开展的"创业面临的最大困难"调查结论是一致的,这也进一步说明,目前,巴东县返乡农民工创业过程中,最大的困难和制约因素是"资金困难",融资渠道单一,融资能力不足。

(二)对巴东县创业软环境比较满意

在我们的调查中,返乡农民工对公共服务政策的需求比例仅为13.4%,对财政政策提出需求的仅为5%,对产业政策提出需求的仅为4.5%,三者加起来也仅为22.9%,不足三分之一。这与前面的调查结论也是相吻合的,在表6"巴东县返乡创业农民工面临的最大困难"调查中,比例较大的几个因子是"资金筹集困难"(80%)、"人才不足"(74%)、"缺乏配套产业"(60.8%)和"交通不便"(45.3%)、"市场规模太小"(30%),这些都是"硬件"环境条件。创业农民工对巴东县创业"软"环境总体是非常满意的,认为"企业审批或立项手续繁多、辗转多部门"的仅为调查对象的3.4%,认为"政府部门收费"是最大困难的仅为1.8%,认为"企业负担重"是创业最大困难的仅为1.7%,认为"吃大户的太多""经营环境差"与"信息不畅"的三者合起来也仅为0.4%,所有这些涉及返乡农民工创业软环境建设的需求比例总共才7.3%。我们在入户个案调查中,专门针对这一情况进行了了解,民族地区巴东县出现这样良好的创业环境,主要有如下几个方面的原因:

1. 巴东县近年来根据党中央国务院、省委省政府的总体要求,狠抓当地就业创业工作,各项就业创业服务政策落实到位。在这次国际金融危机冲击中,巴东县对此次突如其来的农民工大量返乡回流情况高度重视,自2008年8月以来,组织人员对全县各乡镇的农民工返乡回流情况进行了广泛调查,掌握了可靠的第一手信息,在此基础上,采取多种措施,广开各种就业渠道,大力推动返乡农民工再就业。(1)在全县广泛开展为返乡农民工"送岗位、送技能、送信息、送信心"的"四送"活动;(2)发挥县内企业就业潜力,开展县内"民营企业招聘活动周"活动,推动农民工就地就业;(3)开展"大中专毕业生就业服务月"活动,(4)在县城车站、码头以及各乡镇以悬挂横幅、发放就业信息宣传手册和彩印资料等形式,开展就业信息流动宣传活动;(5)提供财政支持和培训平台,开展特别职业技能培训,促进返乡农民工自主创业;(6)走出乡村,广泛联系,全力巩固巴东县在浙江义乌、湖北江汉油田、上海市等地的传统劳务市场;(7)利用各种社会资源,大力开发浙江象山、湖北汉川、北京市等对口支援劳务市场。通过这一系列工作的开展,目前,巴东县返乡回流农民工就业、创业情况良好。2008 年金融危机爆发、开始出现农民工被迫返乡回流情况以来,全县共召开各类招聘会 6 场(其中县城 4 场,乡镇社区 2 场),进场企业达 27 家,发布就业信息 185 个,提供就业岗位 3150 个,进场求职人数累计高达 2450 人, 达成意向性就业 1835 人, 开展政策咨询 1180 人次,目前,返乡回流农民工基本稳定(见附录 1:巴东县返乡农民工创业及就业工作情况汇报)。

2. 根据马斯洛心理学理论, 人的需求是分层次的, 需求强度也是相对的。目前,返乡农民工在创业过程中面临的最为突出的问题是资金制约问题,相对于此,其他问题的需求强度相对较弱。

3. 我们这次的调查对象绝大多数是巴东县创业成功的返乡农民工,对于那些创业失败而退出创业的返乡农民工,由于难以明确调查对象,在这次调查中,我们没有专门进行调研。其实,对于这部分农民工的调查也很重要,从某种角度上看,如果要深入了解回流农民工返乡创业困难和政策需求,对这个群体的调研更加重要。课题组也认识到了这个问题,将在以后的相关调研中,继续相关调查。

(三)阶段性结论

从我们的调查中了解到,巴东县的返乡农民工创业起步较晚,目前大多仍处于初创阶段,并且规模都不大,所以,对于资金的需求相较其他几个因素而言,更为突出一些。通过我们在调查统计结果的基础上所做的有针对性的入户个案访谈情况,我们可以肯定,创业农民工上述的、对各项创业扶持政策的需求情况,应该只是一个阶段性相对的结论。

六、促进巴东县返乡农民工实现创业的政策建议

改革开放以来,农民工外出打工已经成为我国农村劳动力转移就业的一个常态现象,成为推动我国城市经济社会发展的主要力量之一,成为广大农民增加收入的主要渠道之一,为有效而稳妥的解决我国数量庞大的农民就业增收问题创造了新的经验。近年来农民工就业市场出现了一个新的态势:农民工自主创业,特别是农民工返乡自主创业。1990年代以来,已经有越来越多的农民工返乡创业。目前,在国际金融危机的影响和冲击下,有一部分农民工因为各种原因不得不返回家乡,这其中的一部分人选择在家乡创业。如何通过政策创新,为农民工的创业提供有效支持,是当前以及今后相当长一段时间内我国广大农村地区各级政府的重要工作。对于民族地区而言,推动政策创新,为有创业意愿的返乡农民工提供有效的创业扶持政策更是意义重大、作用深远。我们通过对民族地区巴东县的相关调查和入户访谈,巴东县2009年以来,针对外出打工农民工因金融危机冲击而被迫返乡的异常情况,积极开展就业再就业工作,特别关注农民工创业状况,认真实施"创业带就业计划",努力落实积极的创业扶持政策,全力化解本次国际金融危机带来的农民工返乡就业难题。为促进巴东县返乡农民工创业,我们就政策扶持方面提出几点建议,以供参考。

(一)产业扶持政策

巴东县返乡农民工创办的企业大多是依托当地的地理环境、气候条件、资源特点等优势创办的劳动密集型企业和服务型企业,企业规模较小,产品市场竞争能力有限,但是对当地经济的带动作用明显,所以,产业政策的支持更加重要。主要的产业扶持政策有:

1. 把农民工返乡创业纳入地方招商引资工作之中,享受当地政府的招商引资产业支持与扶持政策。

2. 吸引农民工创办的企业进入产业园区,享受地方政府为园区企业提供的优惠政策和配套服务。

3. 享受各级政府在支持城镇再就业工程中的产业扶持政策。

(二)财政税收扶持政策

返乡农民工创办的企业对解决农村劳动力就地就业,特别是农村"40·

"50"人员就业和农民剩余劳动时间利用等方面具有巨大的支持作用。农民工在家乡就业,既推动了当地经济的发展,更方便了"40·50"农民工群体对家庭的照顾,融合了家庭关系,社会发展意义重大,民族地区地方政府应立足长远给予大力扶持。

1. 对于民族地区返乡创业农民工给予其他招商对象一样的待遇,享有外地客商同样的税收优惠政策,在这一点上可以参照我国沿海发达地区改革开放之初实施的外商投资优惠政策。

2. 享受政府再就业优惠政策,在我们的调查中了解到,返乡农民工创办企业对当地的再就业工作做出了很大的贡献,农民工企业一般都吸收有农村"40·50"劳动力和以"剩余时间"形式存在的剩余劳动力、失地农民、城镇下岗失业人员,民族地区地方政府应该参照中央、省级政府支持就业与在就业的税收优惠内容给予税费、信贷、公共服务等方面的支持与扶持。

3. 返乡农民工创办的企业大多是中小企业、非公有制服务型企业、农业开发企业、农产品加工企业,应充分落实国家给予这类企业的相关优惠政策。

4. 与金融机构结合,创造条件,利用财政拨款,设立扶持返乡农民工创业的专项基金,用于农民工返乡创业的贷款贴息、创业培训和贷款担保,支持农民工返乡创业。

(三)金融信贷扶持政策

农民工返乡创业是一个新情况,民族地区农民工返乡创业更是起步较晚,在我们的调查中了解到,当前返乡创业农民工最需要的政策是金融信贷扶持政策,占调查对象的77%(见图12),返乡农民工创业过程面临的最大困难是资金的约束。对农民工返乡创业的金融信贷扶持政策主要有如下几个方面:

1. 加大国家政策性金融措施对返乡农民工创业的扶持与支持。最主要的是要把农民工创业支持纳入国家的小额信贷支持对象,农民工创办的企业一般规模都不大,对资金的需求额度也不大,但期限较长、利息较低、覆盖较广,对民族地区农村的辐射作用明显。

2. 充分发挥农村信用社的作用,加大农村信用社对返乡农民工创业的信贷支持。农民工绝大多数都是当地农村的精英人物,在当地农村是能人,具有很高的威信和信誉,还款能力与信誉一般较高,所以农村信用社是支持返乡农民工创业的最为有效的一个金融扶持渠道。同时,创造条件、争取国家村镇银行政策的支持也是一个方面。

3. 加大国家商业银行特别是农业银行对返乡农民工创业的支持与扶持，商业银行资金规模较大，支持能力较强，特别是对于已经具有一定经营绩效和较成熟的农民工企业，他们的资金需求量较大、资金运作和管理能力也较强，商业银行对这类企业的支持尤显必要。

4. 加强农村金融创新，提供多样化的金融服务，特别是担保抵押政策，如固定资产抵押贷款、动产质押贷款、个人委托贷款、自然人担保贷款、企业联保互保贷款等，为返乡农民工提供切实可行的金融支持。

5. 对于部分依托民族地区农业资源优势创办的、拉长农业产业链条、对民族地区农业产业化发展有较大支持作用的农产品生产、加工、运输企业，应允许返乡创业农民工利用企业地产、所拥有的集体土地的使用权、农村宅基地、自留山使用权、房屋产权等做抵押，以获得信贷扶持。

(四)公共服务扶持政策

1. 开展特别职业技能培训工作。在我们的调查中了解到，返乡回流农民工中绝大部分人仍然会选择再次外出打工（见调查表5 占返乡总人数的72.3%）。滞留本县的农民工除一部分创业外，绝大部分人员是缺乏劳动技能和外出务工就业能力、素质较低者，对他们的职业技能培训效果明显。巴东县劳动就业部门以县劳动就业培训中心为龙头，充分发挥各民办职业培训机构的作用，在全县范围内开展返乡农民工特别职业培训。在继续开展好具有传统优势的电脑培训项目的基础上，有针对性地增设了电焊、美容美发、营销等多种专业，扩大技能培训内容。同时深入农村乡镇，开展农业实用技术培训，包括养殖、种植等各项技术。据该县不完全统计，目前，巴东县各乡镇针对返乡农民工开展的农业实用技术培训已达到400余人，对返乡农民工开展特别技能培训的达到620余人，深受广大农民朋友的欢迎。

2. 开展创业培训，引导返乡农民工自主创业。为了有效化解此次国际金融危机冲击带来的大量农民工返乡情况，巴东县大力扶持返乡农民工自主创业，以创业带动就业。为此，巴东县劳动就业部门加大了对返乡农民工的创业培训力度，先后在县城、金果坪、沿渡河等返乡农民工较为集中的乡镇开展专门性农民工创业培训项目，聘请全国知名创业培训教授（如张存炼）等专家现场授课，培训农民工650余人，每名参加创业培训的农民工都在培训专家的指导下制定创业计划书，同时，巴东县有关部门跟踪服务，帮助创业农民工科学选择创业项目，并开展创业指导。

3. 简化返乡农民工创办企业审批手续,设立农民工创业项目审批专门的政务服务窗口,限定审批工作时日,为农民工创业发展提供优质的公共管理服务。

4. 制定科学规划,妥善解决农民工创业用地问题。农民工创办的企业主要是利用"家庭庭院或房屋""租用村庄集体荒地"和"承包地",三者分别占31.4%、31.2%、21%(见图13)。目前创业农民工迫切需要解决农村土地用途的转换问题和农村土地的流转问题。

巴东县农民工返乡创业经营场所用地情况

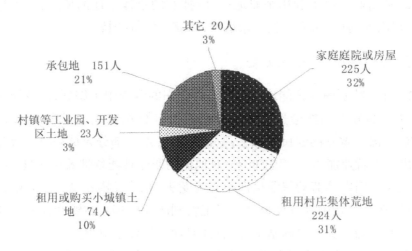

图13 巴东县农民工返乡创业经营场所用地状况(N=717)

附 录

附件1 巴东县返乡农民工创业及就业工作情况汇报

2009年以来,我局认真贯彻落实全省就业失业工作会议和州、县"两会"精神,按照"保增长、保民生、保稳定"的总要求,积极开展就业再就业工作,特别关注返乡农民工创业及就业状况,认真实施"创业带就业计划",努力落实积极的就业政策,全力化解金融危机带来的返乡就业难题,全县就业局势基本稳定,为我县经济社会发展做出了一定贡献。现将今年以来返乡农民工创业及就业工作情况汇报如下。

一、基本情况

巴东县是一个劳务输出大县,"劳务经济"在农村经济结构中"三分天下有其一",外出务工已成为人们致富的一个重要途径。据统计,常年在外务工人员高达 8.9 万人。2009 年上半年,劳动保障部门组织输出 3020 人,完成目标任务 4000 人的 76%。根据在全县 5 个乡镇 10 个村返乡农民工情况抽样动态跟踪调查反映,受金融危机影响,今年 2 月份我县出现了农民工返乡高峰点,人数达到 24780 人。截至 6 月底,返乡农民工中已有 17926 人又重新外出务工,6854 人滞留本县,其中 1610 人转入农业生产和新农村建设,1856 人在本乡镇参与城镇建设,921 人在当地进入服务行业,717 人自主创业办实体(个体工商户 681 户和企业 36 家),尚有 1750 人处于待业状态。据了解,当前又有部分外出务工人员可能面临找不到工作而返乡,全县就业形势较为严峻。

二、对策及措施

为了避免返乡人员累积而造成全县就业压力过大,我局积极采取多种措施,化解返乡就业难题,稳定就业局势。

(一)是搞好动态跟踪调查,开展就业专项服务活动,加大劳务输出的力度

自去年 8 月,部分农民工由于受金融危机的影响开始逐步返乡,我局对此高度重视,组织人员开展动态跟踪调查,随机抽取 5 个乡镇 10 个重点村和 482 个普遍村相结合的方式掌握返乡人员第一手资料,了解他们的就业愿望与就业状态。在有组织向县外转移输出的同时,积极搞好与本地企业的联系,做好就近就地转移工作。2 月份,在全县开展了为返乡农民工"送岗位、送技能、送信息,送信心"的"四送"活动,4 月开展了"民营企业招聘活动周"活动,6 月开展了"大中专毕业生就业服务月"活动。活动期间在县城车站、码头及各乡镇悬挂宣传横幅 118 条,印制宣传资料 20000 余份,发放宣传资料 14000 余份,出动宣传车 16 车次,通过电视等新闻媒体发布招聘广告 34 条,提供就业岗位 3150 多个,招聘会 6 场,其中县城 4 场,乡镇社区 2 场。到场企业多达 27 家,发布就业信息 185 个,进场求职人数累计高达 2450 人,达成意向性对外输送 1835 人,开展政策咨询 1180 余人次。通过对外劳务输出,积极将受影响而返乡的人员向就业状况良好、稳定的地方、行业转移,在巩固浙江义乌、湖北江汉油田、上海等传统劳务市场的同时,大力开发浙江象山、湖北汉川、北京等对口支援劳务市场。

(二)是针对滞留返乡农民工,开展特别职业技能培训工作

在滞留的返乡人员中,部分人员缺乏技能,外出务工就业竞争力差。针对这

一情况，我局以县劳动就业培训中心为龙头，充分发挥民办职业培训机构的作用，在全县范围内开展返乡农民工特别职业培训，在搞好电脑培训等优势培训项目的同时，增设了电焊、美容美发、营销等多种专业，扩大技能学习面。深入农村开展农业实用技术培训，包括养殖、种植等各项技术，目前各乡镇针对返乡农民工开展的农业实用技术培训已达到400余人，深受广大农民朋友欢迎。与此同时，深入各企业了解用工状况及需求，加大对新办企业的扶持力度，与各企业实行联合培训、订单培训，努力实现返乡农民工就近就地就业。截至6月底，对620名返乡农民工进行了特别技能培训。为了更好地拓宽就业门路，我局多次前往野三关经济开发区对入园企业进行就业服务，帮助招工，商讨联合培训有关事宜。

(三)是积极开展创业培训，引导返乡人员自主创业，发挥创业带动就业倍增效应

我县就业容量相对有限，以现有就业岗位无法解决众多人员的就业问题。为开发就业岗位，2009年我局加大了对返乡人员的自主创业扶持力度，先后在县城、金果坪、沿渡河等返乡农民工较为集中的地方开展了创业培训，聘请全国知名创业培训教授张存炼来巴东授课，培训学员650名，每名学员都在老师的指导下制定了创业计划书，同时我局组织专班跟踪指导服务，帮助他们选择创业项目，开展创业指导。对返乡创业缺乏周转资金的给予3万~5万元小额担保贴息贷款，截至6月底，累计发放小额担保贷款630万元，今年，我局计划筹资800万元扶持返乡农民工创业。目前，全县有717名返乡农民创业成功，投资规模在10万元以上的125户，返乡农民工创办企业36家中，投资规模在50万元以上的就有15家。主要从事养殖、种植、酒店、木材加工、涂料、副食品、服装、包装、家具生产与营销等行业。返乡农民工创业热情高涨，创业精神可嘉。据不完全统计，实施创业带就业计划以来带动就业达2000余人。今年，我局计划在全县扶持创业典型30名以上。同时大力推进"创业示范乡镇"、"创业示范村"和"创业示范街"的创建进程。

(四)是完善乡(镇)、社区就业服务体系，发挥基层就业服务平台作用

我局在县人力资源市场增设了"返乡农民工政策服务咨询台"，为返乡人员就业开辟绿色通道。目前，我县乡镇基层平台主要依托乡镇劳动服务中心，实行乡镇在编人员与聘用相结合方式进行管理，全县12个乡镇保障服务中心共有各类工作人员共计26人，在县城6个社区聘请劳动保障协理员8名，设有村组就业信息平台78个，信息员189人，实现县、乡(镇)、社区、村、组五级层层相连、相互贯通的就业服务网络，能及时有效的为返乡人员提供培训、就业信

息,收集务工人员就业需求。

三、存在的问题

(一)就业压力大。下岗失业人员再就业问题还没有完全解决,城镇新增劳动力就业亟待解决,返乡农民工、大中专毕业生、城镇就业困难人员就业成了就业服务的重点和难点,加之我县就业容量小,且十分不稳定。因此,就业压力大,就业形势严峻。

(二)就业资金不足。由于我县财政底子薄、负担大,经济十分困难,县财政对就业再就业方面的资金投入十分有限,加之今年返乡农民工居多,大量返乡滞留人员选择了自主创业,需要提供更多的小额担保贷款支持。目前,我县小额担保基金只有250万元,按省政府文件要求,存入银行要按存1贷3~5的比例发放小额贴息贷款。我县经办银行中国银行只达到存1贷3的比例标准,要达到上限标准需要协调州中国银行。

(三)县劳动培训中心建设亟待加强。目前,由于缺乏像样的训练场地,地处黄土坡滑坡的劳动就业培训中心无法得到很好的利用,致使培训难度加大。劳动就业培训硬件设施的不完善,在一定程度上影响了劳动者就业能力的提升和培训质量,影响了劳务输出的有序开展。

四、下一步打算

(一)继续实施创业带就业计划,全力以赴扩大就业面。进一步加强对劳动密集型企业、服务型企业的扶持,努力扩大就业。抓实创业培训特别是返乡创业培训工作,统筹做好下岗失业人员、返乡农民工、"零就业家庭"人员和高校毕业生的就业问题。进一步加大对返乡人员自主创业的扶持,加大小额担保贷款的落实力度,抓好创业示范乡镇、村、街的示范建设,力争创业带就业工作有新的突破。

(二)积极做好返乡回流人员摸底调查。加强同乡镇劳动保障服务中心、驻外劳务工作站的联系,做好返乡人员的统计调查,切实了解返乡人员动态,组织稳定有序的劳务输出,引导返乡农民工就近就地就业和自主创业,全力解决返乡人员就业问题,维护社会和谐稳定。

(三)加大就业政策落实力度。认真抓好税费减免、免费职介、培训、社保补贴、就业援助、小额担保贷款等工作的开展,通过各项积极就业政策的落实,促进就业工作目标任务全面完成。

(四)加强对返乡农民工的特别技能培训工作,积极开发多种实用技术培训,解决部分返乡人员技术单一缺乏的问题。

(五)进一步加大同本地企业的联系,及时收集企业用工信息及需求,根据企业需要做好定单培训,为用工企业和劳动者搞好就业服务。

巴东县劳动就业管理局
二○○九年七月三日

附件2 巴东县创业精英简介(典型一至典型七)

典型一

杨敏,现年37岁,1970年7月出生,系湖北巴东县官渡口人,中共党员,高中文化程度,现任湖北双敏畜牧发展有限责任公司董事长、总经理。1986年高中毕业开始从事个体运输业。到2003年,积累了一些资金后开始创业。通过做外地运输的业务时对市场的调查研究。决定在家乡发展生猪养殖,于2003年后开始逐渐转行从事生猪养殖业。从2004-2006年,杨敏利用空闲的时间,先后到省内外进行实地考察,虚心学习成功者的经验,逐渐掌握了一整套先进的生猪养殖技术,并在实际中加以运用。并于2004年2月,成立了集生猪养殖、饲料加工、疫病诊断于一体的巴东县双敏发展有限责任公司(现更名为湖北双敏畜牧发展有限责任公司),注册资金500万元。公司在发展之初,得到了巴东县委、县政府和各主管部门的大力支持,多次到公司实地考察,为公司的发展出谋划策。

2004年销售仔猪1850头,商品猪300头,种猪50头,饲料100吨,年销售额达300万元,对外人工授精配种300多头,初步实现经济效益和社会效益500多万元。2006年,公司在发展的同时,先后完成了"无公害畜产品"项目申请工作,并得到了湖北省农业厅的认可,省环境保护局对该公司的环评也进行了验收。杨敏也连续三年被评为"巴东县劳动模范"。2006年12月被评为"巴东县首届十大杰出人才"。

2007年公司销售仔猪6000余头、母猪50余头、商品猪3000余头,实现销售收入500多万元.到12月末,存栏母猪525头,仔猪1723头,商品猪788头。同年,双敏畜牧发展有限公司获得湖北省工商局全省重点支持企业,"双敏"品牌被评为湖北恩施州著名商标。公司被恩施州委、州政府评为州级农业产业化龙头企业。通过了国家ISO9001—2000质量管理体系认证。

公司自 2004 年成立以来，坚持并不断完善"公司＋基地＋农户"的发展模式，采取"三供一回收"的发展战略，即"供畜源、供饲料、供技术、回收畜产品"，与周边农户形成了风险共担、利益双赢的现代格局。加快了三峡库区农民脱贫致富的步划，对三峡库区的移民安置及经济发展起到了积极的作用。

双敏发展至今，已拥有大型养殖场、饲料加工厂、猪疾病诊断室，成为一家集畜牧养殖、饲料加工、疾病诊断于一体的大型农牧公司。公司注重人员素质，先后从社会上招聘员工 50 余人，其中下岗职工达到了 80%。给国家减轻了不少负担。目前我公司拥有员工 70 多人，其中专业技术人员 30 人，中高级以上专业技术人员 18 人。职工具备大专以上学历的 16 人，中专、高中学历的 24 人。

典型二

刚过而立之年的张洪权，于 1976 年出生在沿渡河镇罗溪村 9 组。从小家庭贫寒，祖辈在家务农，憨厚的父亲一直想把孩子送出大山，所以在家庭条件十分拮据的情况下，父亲还是将初中毕业后的张洪权送到武汉市农业技术学校学习。1995 年 7 月，在父亲的努力下和亲戚朋友的大力支持下，张洪权从学校顺利毕业了，但是回到家后，看到一贫如洗的家，看到父亲为了让自己读书而欠下的近万元的债务，他做出了一个大胆的决定——外出打工，首先要挣钱还清亲戚朋友的债务。艰苦的务工生活锻炼了他的意志，开阔了视野，学到了知识，增长了才干。2007 年初夏时节，回到家乡后，目睹了家乡的变化，返乡创业的念头更是与日俱增。张洪权是马不停蹄，经过长时间对罗溪河流域的考察和对罗溪地形及气候条件和对花斑鸭及鸭蛋销售市场的综合分析，张洪权巧妙利用罗溪河流域，决定发展养殖四川花斑鸭。购买种鸭、圈建场地、跑销售，在沿渡河镇党委政府的大力支持下，在村支书钱坤贤的直接帮助和指引下，仅仅半年时间，先后出售花斑鸭 8000 只，获净利润 80000 元。同时张洪权还保本给周边老百姓出售种鸭，手把手教老百姓如何养殖，如何科学配方饲料，如何防止病害。2008 年 3 月，正在他准备扩大养鸭场之际，镇党委书记钱财东在罗溪村支书的带领下亲临张洪权家，给他送来了一个惊天的好消息，党委政府在 2007 年底争取到了长毛兔养殖基地项目，并要求张洪权目前转产，由政府出资派遣张洪权前往浙江镇海、宁波等地学习长毛兔养殖及管理技术。张洪权从外地学习回来后，由政府无偿划拨 15 亩土地交由张洪权使用，5 月 15 日，由政府扶持的 400 只种兔全部到位。6 月 25 日，沿渡河长毛兔养殖场的工人已经开始首次剪毛，首批 400 只种兔即将发生经济效益。

典型三

苏方俊,男,1974 年 11 月出生,中共党员,大学文化,现为湖北巴东县金果坪茶叶有限责任公司总经理,1998 年开始创办巴东金果坪茶叶有限责任公司。经过 10 年努力,公司现有占地面积 2000 平方米,员工 500 余人,辖金果坪、铧炉两个分公司和 8 个茶叶加工厂。"金果"商标,成为湖北省著名商标;企业通过 ISO9001:2000 国际质量体系认证、HACCP 食品安全管理体系认证和 QS 认证,拥有出口自主经营权。"金果雪芽"荣获中国茶博会金奖。"金果"牌系列茶获得"湖北省十大有机茶""湖北省消费者满意商品"和中国武陵山民族文化节商品展销会"消费者最喜爱商品""中国农业博览会湖北省地方名牌产品""中国首届国际茶博会金奖"和"中国文化名茶金奖"等荣誉称号。"金果毛尖王"被中国工业合作协会评定为"全国名优产品",成为人民大会堂会议"指定用茶"。2007 年被中国品牌研究院评定为"中国名茶"。本人在 2005 年被恩施州委、州人民政府授予"优秀特色社会主义事业建设者"称号;2006 年被湖北省劳动和社会保障厅授予"外出致富创业人"称号。企业在发展壮大的同时,苏方俊没有忘记公益事业,先后拿出近 10 万元资金,资助失学儿童、特困户、灾民、福利院老人等。

典型四

郑承友,男,1980 年 9 月出生于溪丘湾溪丘湾村 3 组。从小家景很贫寒,父亲为了给儿子找个出路,毅然决定把儿子送往华中农业大学学习养猪技术学习。2004 年 1 月,在父亲的努力下和亲戚朋友的大力支持下,郑承友从学校顺利毕业了,回到家乡后,目睹了家乡的变化,返乡创业的念头更是与日俱增。郑承友马不停蹄,经过长时间对市场的考察和对溪丘地形及气候和销售市场的综合分析,张洪权巧妙利用区域优势,决定发展养猪。购买种猪、圈建场地、跑销售,在溪丘党委政府的大力支持下,在村支书的直接帮助和指引下,2004 年出售牲猪 700 多头 2005 年出售 1500 头,2006 年出售 2000 头,2007 年出售 3000 头,四年来获净利润 150 万元。他还把他养猪的技术手把手教老百姓如何养殖,如何科学配方饲料,如何防止病害。2008 年 1 月,计划出栏 4000 头,2008 年 3 月给他送来了一个惊天的好消息,党委政府在为他扶持项目资金 30 万元,由政府出资安排前往外地学习新的养殖及管理技术。他从外地学习回来后,由政府无偿划拨 30 亩土地交由他使用,2008 年 4 月 15 日,由县扶贫办扶持的 10 万元的贴息贷款全部到位。5 月 25 日,他又只身前往温州引进新的牲猪品种 1000 头。

典型五

邓清源,男,1972 年 4 月出生,中共党员,高中文化,现为巴东县野之源食品开发有限公司董事长。

1989 年他开始打工创业,先后赴武汉、浙江等地,做过搬运工、业务员、推销员。多年的打工生涯使他积累了丰富的市场营销经验和一定的资本。于是,有了返乡创业发家致富的念头。在各级领导和部门的帮助下,全家以一合计,在 2005 年创建了野之源食品开发有限公司,全公司职工抢抓发展机遇,用心经营,业绩突出。2005 年至 2007 年连续三年被野三关镇评为 "十佳民营企业",2007 年、2008 年被恩施州农业产业化领导小组授予州级"重点龙头企业"。通过紧抓工业园两路建设机遇,拓展融资渠道,积极申报项目,争取国家资金补贴,在 2008 年启动新厂区建设,将于年底竣工投入生产。邓清源先后被授予"巴东县首届十大外出务工青年返乡创业之星""恩施州首届外出务工青年返乡创业之星""劳动模范""湖北省新农村建设百业青年标兵"等荣誉称号。

典型六

家住金果坪乡沙岭村 3 组的田鹏飞,1976 年 6 月出生,1996 年 6 月恩施工校电子专业毕业后由校方直接输送到海尔集团上海分公司务工。经过 8 年艰苦打拼,这位刚满 28 岁的小伙子不仅由原来的一名普通工人升任为车间主任,而且找到了人生伴侣,并喜得贵子,可以说正是春风得意的时候,然而 2005 年 10 月他却将一纸辞呈放到集团老总面前,没有过多的解释,只说了一句"返乡创业"。

2005 年 11 月 28 日,金果坪集镇首家投资 12 万元的"鹏飞电器"商行正式开业,主要经营海尔彩电、洗衣机和冰箱,同时负责维修服务工作。谈起资金来源时他说,自己当时只有 6 万元,找亲戚朋友借了 4 万,信用社贷款 2 万。凭借多年务工经验,加之售后服务工作到位,他的生意是异常的火爆。2006 年还聘请了 3 个帮手,主要负责维修和安装工作。然而好景不长,2007 年下半年开始,由于市场经济饱和,彩电、洗衣机基本上是家家普及,加之竞争激烈,一度一两个月没有一个人上门,看着还有 8 万多块钱的货物库存,心里很是着急。他和妻子通过反复磋商、广泛征求社会意见,迅速调整思维,瞄准太阳能在金果坪还是空缺。于是三下宜昌、武汉、沙市等地考察后,再次找信用社贷款 10 万元,加自己一年多的积蓄和亲朋好友的借款共计 28 万元,买下皇明太阳能在金果、泗井、杨柳、鹤峰邬阳、建始官店等地的独家经营权,同时将原来库存的电器产品按市场需求分别派送到各个经销分店,并每处高薪聘请两名员工打理业务。沙市代理商看他如此投入,在报总部批准后给他配备了皇明太阳能专用销售车,并承诺所有分店的货全部由总代理处配送。现如今皇明太阳能在金果坪及周边地区已经受到消费者的好评,都说"冬天太阳能还是皇明好"。

田老板(现在大家都这样称呼)谈起感受时说,当初之所以花巨资买下皇明太阳能经营权,主要是考虑到国家现在特别重视农业、农村工作,特别是这次林权制度改革,保护天然林资源,使得老百姓思想大解放,加之即将要实施的电器补贴和人们经济条件日益改善等因素,太阳能在农村肯定是要普及的。我当初放弃工作返乡创业的目的就是要改变家乡的思想和政治面貌。现如今最大的压力一是要支付 14 个人的工资(每月 18000 元);二是要想尽千方百计迅速将贷款还了(每月光利息 1200 元);三是在此基础上不断将业务做大做强,同时希望上级有关部门在政策上给予倾斜。

典型七

巴东县清太坪镇大石垭村青年农民徐阳军,从 20 岁起就外出务工,先后在铁道部十八局、十六局从事打钻、风枪等苦累活。每小时一块五角钱的劳务待遇,他干了 3 年。

由于工作勤恳,吃苦耐劳,诚实守信,颇得公司老板的赏识,1990 年代后期,开始承揽大小工程,带领家乡一班农民摔爬滚打,完成了资本的原始积累。带动了全村 251 户农户致富奔小康,该村每年现金收入最少的都在 1.5 万元以上,5万元以上的有 40 户,10 万元、50 万元的有 90 户,3 户拥有百万以上资产。

2005 年,徐阳军返乡创业,注册成立了恩施硒望农林开发有限公司,公司注册资本 60 万元,固定资产 200 万元,占地面积 1400m2,各类机械设备 10 台(套),每年提供就业岗位 80 个。该公司的成立,打破了传统的门业消费观念,用秸秆为原材料,生产纳米环保型复合仿真实木门和装饰板材。目前已申报"吉君"牌环保门商标。产品物理学性能各项技术指标均达到国家设计标准,经国家人造板质量监督监测中心评定为 E1 级一等品。

2007 年实现生产总值 100 万元。产品销售半径已延伸到建始的景阳、高坪,秭归县、宜昌市等地区。恩施州委常委杨成青,巴东县委书记龙世洪、常务副县长郑开廷、常委副县长郑凯等州县领导多次到公司检查指导工作,鼓励公司卓有成效地服务社会主义新农村建设和小集镇建设,安置农村剩余劳动力转移就业。

[该调研报告收录于《中国民族地区发展问题调研报告》(Ⅰ)
湖北长江出版集团·湖北人民出版社 2010 年 11 月第 1 版]

城市少数民族农民工
经济权益保护状况调查与政策建议
——以湖北省武汉市为例

　　农民工是我国经济社会转型时期的特殊概念，指户籍身份还是农民，在农村有承包土地，但主要从事非农产业、以工资收入为主要经济来源的劳动者。农民工是我国改革开放后工业化、城镇化、现代化建设进程中涌现出的一支新型劳动大军，已经成为我国产业工人的重要组成部分[①]。城市少数民族农民工主要是指在我国各大中小城市的非农产业务工就业的少数民族劳动者，他们中的绝大多数来自民族聚居地区，也有部分来自散杂居地区，他们是我国农民工群体的重要组成部分，与广大农民工一样，对我国城市经济社会发展做出了重要贡献，但也面临着许多困惑和问题，当前最为突出的是经济权益保护问题。

一、城市少数民族农民工经济权益保护的内容与意义

　　城市少数民族农民工经济权益缺失主要是指我国广大进城务工少数民族农村劳动力在就业、工资、培训、住房以及社会保障等方面不能享有与城镇职工同等的市民待遇，受到歧视和不公正对待；而且，这种歧视和不公正对待并不是因为少数民族农民工的个体能力不足，而是由于少数民族农民工的权利缺失和机会缺乏造成的。我国少数民族农民工在城市就业主要是非正规就业，少数民族农民工在城市非正规就业是其经济权益难以得到有效保护的主要原因之一。

　　（一）经济权益保护研究的理论假设

　　1. 我国农民工城市就业形态主要为非正规就业。非正规就业首先引起国际劳工组织（ILO）的重视，国际劳工组织为了衡量发展中国家尤其是转型国

[①] 2004 年中共中央一号文件《中共中央国务院促进农民增收的意见》中指出："进城就业的农民工已经成为产业工人的重要组成部分。"

家的劳动力市场变化特征,对非正规就业进行了长期的研究,于 2002 年在第 90 届国际劳动会议上,把非正规经济定义为"无论是法律上还是实践上,其经济活动没有被社会制度安排所覆盖或未充分覆盖的工人或者其他经济单位"。并同时推荐了区分非正规就业的统计标准,建议发展中国家政府通过"岗位特征"而不是传统的"单位特征"来统计非正规就业数量。2002 年 12 月,中国劳动和社会保障部参照国际劳工组织推荐的标准,结合中国转型时期的特点,对"非正规就业"者特征做了较为详细的描述,并在全国 66 个城市做了"城市就业和社会保障"的抽样调查。

国内相关问题研究专家蔡昉、吴要武在 2005 年从 ILO 推荐的统计界定标准出发,兼顾中国转型过程中的特殊问题,对何种岗位特征的劳动者应该被界定为非正规就业者进行了深入讨论,并展开了进一步研究,具体指出具有如下 9 种特征的劳动者被界定为非正规就业者:

(1)受雇于人,没有正式合同,且不是单位的正式职工。(2)社区的家政钟点工,为居民家庭服务的人员、劳务派遣工、小时工和临时工。(3)"社区管理与服务"中的"公益性服务岗位",这种岗位没有正式合同,被作为一种福利提供给下岗失业者,工资常低于当地最低工资,很多下岗失业者不愿进入这类岗位,经常需要农民工来填补。(4)受雇于人,但工资支付方式"按小时""按天""按周"发放和工资发放"无固定期限无固定金额"的劳动者。(5)家庭帮工与自营劳动者。(6)受雇于人且工作单位为"个体经济性质"的劳动者。(7)在正规部门工作,但就业形式为"劳务派遣工、小时工和临时工"者。(8)如果从事农林牧渔业,既不算作正规就业者,也不算作非正规就业者。(9)个体工商户(中国的个体工商户一般雇用 7 人以下,符合微型企业或自雇经营者定义,一般把这部分个体工商户雇主一律定义为非正规就业者)[①]。

由于我国劳动力市场长期处于城乡分割状态,导致我国农民工的城镇转移就业形态主要是非正规就业。我国农民工的城市非正规就业主要有如下三种形式:(1)是临时工,即:农民工所在的单位是正式单位,但农民工务工性质是"临时性用工",与同一单位的正式职工有明显差别,甚至是连劳动合同也没有签订。他们的共同特点是受雇于人,没有正式合同,不是单位的正式职工。(2)是农民工务工所在的单位本身就是非正式单位或非正规部门。(3)是在城市从事个体劳动的务工者,主要指街头小贩、个体形式的家政服务人员、

---

① 吴要武、蔡昉:《中国城镇非正规就业:规模与特征》[J],载《中国劳动经济学》2006 年第 2 期。

钟点工、临时工、送报员及保姆等等。

我国农民工的城市非正规就业主要有三大特征：(1) 工作的临时性是非正规就业的重要特征。(2)没有签订规范的劳动用工合同,工作岗位的流动性非常强,没有购买必要的社会保险,如工伤保险、医疗保险、失业保险、养老保险等,主要在城市"最苦、最累、最重、最脏、最危险"的岗位上工作。(3)非正规就业者的工资支付方式多"按小时""按天""按周"发放,工资的发放既无固定期限,也无固定标准,更无固定金额,体现着"雇主"的"好恶",也充斥着"雇主"随意。同时,工资的支付没有保证,常常发生恶意拖欠现象。城市少数民族农民工在城市的就业也主要是非正规就业。

2. 我国农民工经济权益缺失的主要表现形式。农民工的经济权益缺失主要表现在：

(1)劳动就业歧视。农民工在城市务工就业,难以按《劳动合同法》签订劳动合同,即使签订合同,也附加一系列不平等条款,还面临许多说不清也道不明的"潜规则"。部分城市还以优先保障本市劳动力就业为理由,在招工程序、招工比例、务工领域、行业工种等方面设置门槛,剥夺农民工平等就业权。(2)劳动报酬轻视。农民工工资收入低、工资支付制度不完善、报酬结构不合理,工资水平普遍低于城市工人。与此同时,农民工工资还常常被任意克扣和恶意拖欠,在劳资纠纷中又往往处于弱势,得不到有效保护。(3)劳动保护漠视。农民工一般从事"最苦、最累、最重、最脏、最危险"的工作,工作环境差,安全事故发生率高,健全的劳动保护体系对农民工尤为重要。对农民工劳动保护的漠视表现在："资本"对"劳动"的漠视、"利润"对"生命"的漠视、"政绩"对"人本"的漠视。(4)社会保障忽视。现行的农民工社会保障内容和保障水平无法提供农民工在城市生存、生活的基本需求,保障运行机制也极不适应农民工的流动性特点。(5)公共服务缺失。农民工应享有的社会公共服务严重缺乏,绝大部分城市没有把农民工群体纳入本级公共财政收入分配体系之中[1]。

少数民族农民工绝大多数来自信息闭塞、交通不便、经济发展水平较低的少数民族边远山区,由于转移流动的距离长、转移成本高、自身素质水平较低和传统生活习俗制约等因素的影响,在城市非正规就业现象严重,绝大多数集中在城市二、三产业从事繁重的体力劳动,经济社会权益保障状况更为堪忧。

---

[1] 姚上海:《农村劳动力流动中的民生问题:历史演进与现实思考》[J],载《湖北社会科学》2009 年第 6 期。

(二)经济权益保护研究的意义

1. **我国农民工问题研究视角**。农民工问题具有中国特色,史无前例。改革开放以来,伴随着农民工现象的演进与农民工问题的变化,我国学术理论界对农民工现象、农民工问题、农民工理论等展开了深入广泛的研究,研究成果非常丰富,也形成了很多颇有学术见地和社会影响的研究成果。总体上看,主要从三个视角展开:(1)是建立在个人主义立场上的理性选择解释范式,注重考察农民工进城行为的目标选择、过程逻辑和实现目标的手段选择。(2)是建立在整体主义立场上的制度解释或结构解释范式,注重探讨制约农民工行为的正式约束和非正式约束以及实施机制。(3)是建立在人际互动立场上的社会网络解释范式,注重分析农民工的社会联系以及这种联系在城市适应中的功能。研究成果有数目巨大的学术研究论文,有各个时期的相关专题研究报告,有众多学术研究专著。

2. **我国少数民族农民工问题研究综述**。与一般性农民工问题研究相比,我国学者专门研究城市少数民族农民工群体的不多,比较薄弱,面也较窄,已有研究主要集中在五个方面:(1)研究少数民族农民工群体的整体特征与结构特点(才加让 2009,马天龙 2004)。(2)调查并探讨少数民族农民工城乡转移就业的动因(李金叶 2008,柏贵喜 2005)。(3)从民族地区经济社会发展视角,研究民族地区农村劳动力转移就业及其对于民族地区经济社会发展的影响(田敏 2005,田孟清 2005,李喜景 2008)。(4)从少数民族农民工城市融入以及城乡和谐视角,研究少数民族农民工在城市务工就业过程中的城乡文化冲突与协调(廖剑 2008,和秀娟 2008)。(5)从城市少数民族流动人口视角,研究城市少数民族农民工对城市民族关系与民族工作的影响(郑信哲、周竟红 2001、2002,金春子 2002,陈乐齐 2006)。与一般性农民工问题的研究相比,我国少数民族农民工问题的研究无论是从广度与深度看,还是从问题的覆盖面看,都较为零散,缺乏全面性和系统性,没有形成有较大影响力的研究成果。特别是专门以城市少数民族农民工为对象,开展深入详细的田野调查、并在此基础上专门研究城市少数民族农民工经济权益保护问题的目前还没有。

3. **城市少数民族农民工经济权益保护问题研究的意义**。当前,随着我国工业化、城市化、现代化建设进程的进一步加快,城市农民工群体的规模不断扩大(2009 年度全国农民工总量为 22978 万人[①]),农民工融入城市社会生产、

---

① 国家统计局农村司编著:《2009 年农民工监测调查报告》[EB/OL]:国家统计局网站(http://www.stats.gov.cn)
2010 年 3 月 19 日。

生活的程度不断深化。同时,进入城市务工就业的少数民族农民工也不断增多,城市少数民族农民工既是城市少数民族流动人口,又是少数民族地区农村转移劳动力,还是我国农民工群体的重要组成部分,城市少数民族农民工问题,特别是少数民族农民工在城市的经济权益保护问题正变得越来越突出。(1)城市少数民族农民工作为我国数量庞大的农民工群体(大约2.3亿)的重要组成部分,对我国城市经济社会发展产生着不可忽视的作用。(2)城市少数民族农民工作为城市少数民族流动人口的主要组成部分,对我国城市和谐社会建设具有重要影响。(3)城市少数民族农民工在具有一般农民工群体的基本特征外,还具有自身群体的特殊性,如生活习俗上的特殊性,行为习惯上特殊性,宗教信仰上的不同等。他们在城市就业、生活、生产中具有一些特殊的诉求,为农民工权益保障研究提出新问题。(4)城市少数民族农民工进城规模不断扩大,深入调查和研究城市少数民族农民工问题,维护城市少数民族农民工权益,推进少数民族农民工城市融入进程,是新时期城市民族工作的重要内容,构建和谐的城市民族关系的重要条件。所以,全面调研城市少数民族农民工现状、特征、问题等,并就当前城市少数民族农民工在城市生存、生产和生活中所面临的一系列问题展开实证研究,尤为重要。正是基于这样的思考,我们以武汉市为调查地,专门开展了针对武汉市少数民族农民工经济权益保护问题的调研工作。

武汉市地处中原腹地,经济发展程度较高,辐射能力较强,是我国大中城市之一。加之中部崛起等经济发展战略的实施,东南沿海产业转移步划的加快,武汉市就业机会倍增,对少数民族农民工的就业吸引力增大,转移进入武汉市务工就业的少数民族农民工规模不断扩大。对于武汉市少数民族农民工经济权益保护状况开展的相关调查与研究具有一定的典型意义和代表性。

(三)经济权益保护研究的内容与方法

本研究综合运用观察法、访谈法、调查法和文献法。根据前人的相关理论和研究成果,结合本研究的实际需要,自行编制《城市少数民族农民工就业现状调查与经济权益保护问题研究调查问卷》。

1. 城市少数民族农民工经济权益保护问题调查问卷设计。科学合理的调查问卷设计是研究工作成功的基础,根据我们的研究课题设想,在查阅了大量资料的基础上,我们制定了《城市少数民族农民工就业现状调查与经济权益保护问题研究调查问卷》初稿,然后多次讨论并听取相关专家意见,最后定稿。定稿的《城市少数民族农民工就业现状调查与经济权益保护问题研究调查问卷》共涉及四个方面 27 个问题,具体是:第一部分是"城市少数民族农民工群体基本特征"调查(共 9 个问题),第二部分是"城市少数民族农民工就业现状"调查(共 4 个问题),第三部分是"城市少数民族农民工经济权益保护状况"调查(共 9 个问题),第四部分是"城市少数民族农民工公共服务需求与未来期望情况"调查(共 5 个问题),详细情况见下列表。

问题	内容
城市少数民族农民工群体基本特征	性别结构 年龄结构 受教育程度 来源地情况 职业技能培训情况 生活适应情况
城市少数民族农民工就业现状	进城打工原因 打工流动原因与频次 寻找工作途径
城市少数民族农民工经济权益保护状况	工资收入水平 工资收入用途 工作时间 劳动合同 社会保险 业余休闲情况
城市少数民族农民工公共服务需求与未来期望	公共服务政策需求 未来打算 婚恋选择 子女教育策略

2. **城市少数民族农民工经济权益保护问题调查地选择及实施**。本次调查我们在武汉市选取十个主要城区(武昌区、洪山区、汉阳区、硚口区、江岸区、江汉区、武汉经济技术开发区、武汉高新技术开发区、东西湖区、蔡甸区)的少数民族农民工为调查对象,共下发调查问卷 300 份(每个区 30 份问卷),收回问卷 276 份,回收占比为 92%,其中有效问卷 271 份,占下发问卷90.3%,占收回问卷 98.2%。本次调查共涉及 24 个少数民族,样本数在 10 人以上的民族有土家族、回族、苗族、侗族、满族、维吾尔族、藏族、壮族。详细情况列表如下:

土家族	69	回族	62	苗族	35	侗族	19
满族	15	维吾尔族	13	藏族	12	壮族	11
白族	7	蒙古族	6	朝鲜族	5	瑶族	4
布依族	4	高山族	4	土族	3	羌族	2
黎族	1	哈萨克族	1	彝族	1	傣族	1
仫佬族	1	水族	1	京族	1	哈尼族	1

3. **城市少数民族农民工经济权益保护问题研究方法**。正确而适用的研究方法是研究工作缺的成功的重要保证,在本研究中,我们采取了如下三种方

法:(1)田野调查法。以武汉市各区为基本调查单位,通过武汉市个体协会的支持,全面调查武汉市城市少数民族农民工就业与权益保护基本情况。(2)深度访谈法。选取典型的城市少数民族农民工个体进行深度访谈,了解他们在城市生存、生活、生产活动中面临的一系列问题与政策需求。(3)政策研究法。在全面调研和深度访谈以及原因分析的基础上,提出城市少数民族农民工经济权益保护政策建议。

二、城市少数民族农民工群体的基本特征

表1 城市务工少数民族农民工基本特征统计表

项　目		人数	比例
性别结构	男	163	60.30%
	女	108	39.70%
年龄结构	16～25 岁	137	50.30%
	26～35 岁	80	29.70%
	36～45 岁	48	17.80%
	46 岁以上	5	1.80%
教育程度	高中以上	25	9.40%
	高中	108	40.10%
	初中	111	41.60%
	小学	22	8.20%
	小学以下	2	0.70%
来源地情况	族域流动 少数民族聚居区	92	44.40%
	非聚居区	115	55.60%
	省际流动 本省	141	54.50%
	跨省	117	45.50%
	区域流动 东部地区	23	10.30%
	中部地区	72	32.30%
	西部地区	128	57.40%

(一)性别结构(见表1)

在此次接受调查并提供有效答卷的 271 名少数民族农民工中,男性 163 人,占 60.3%,女性 108 人,占 39.7%,男女比例差距较大,以男性为主。这一调

查结果与全国一般情况相同,在国家统计局农村司发布的"2009 年农民工监测调查报告"调查数据中,男性农民工占 65.1%,女性占 34.9%[①]。调查中,女性少数民族农民工的占比还稍微高出一点,通过深度跟踪调查发现,这主要与我们这次调查所涉及的行业主要是个体工商户、餐饮、批发零售、服务业有关,而对于农民工打工的主要行业制造业和建筑业涉及较少。在建筑业,主要是男性农民工。

(二)年龄结构(见表 1)

城市务工少数民族农民工以 16～45 岁的青壮年劳动力为主, 占 98.2%,46 岁以上的仅占 1.8%。其中 16～25 岁占 50.7%,26～35 岁占 29.7%,36～45 岁占 17.8%,这其中尤以少数民族新生代农民工[②]占多数,占全部调查～对象的 50.7%, 超过半数。这一调查结果说明目前我国城市少数民族农民工是农村地区特别是我国民族地区农村的精英,是优质劳动力,他们的大量进城打工,必然给我国广大民族地区农村社会经济发展产生重大影响,引起民族地区农村社会结构的重大转型。主要体现在如下几个方面:(1)少数民族新生代农民工是伴随着我国改革开放进程成长起来一代新型农村劳动力,他们思想活跃,向往城市生活,有较强烈的进城打工欲望,也较为容易适应城市现代工业要求。(2)民族地区农村优质劳动力和精英阶层的"流失",必然影响民族地区农村经济的可持续发展问题,特别是农业产业化、现代化发展进程。(3)民族地区农村"留守儿童""空巢老人""独居妻子"现象严重,老人、妇女、儿童精神生活质量大受影响, 传统家庭概念、家庭教育以及家庭温暖残缺不全,儿童、老人、妻子——这一落后地区的弱势群体的弱势化程度进一步加重。(4)民族地区农村基层组织建设缺乏"能人"支撑,基层组织建设状况堪忧,党和国家的一系列支农惠农政策难以落到实处、收到实效,民族地区农村社会经济发展缺乏内生动力。(5)城市少数民族农民工群体中 46 岁以上人口占比很小(仅为 1.8%),说明绝大部分少数民族农民工年轻时在城市打工,年老体衰后又回到民族地区农村,而他们要么没有必要的社会保障,要么社会保障水

---

① 国家统计局农村司编著:《2009 年农民工监测调查报告》[EB/OL]:国家统计局网站(http://www.stats.gov.cn)2010 年 3 月 19 日。

② 新生代农民工是近年我国农民工问题研究中新出现的一个专用词语,使用频率很高。它特指我国农村出生在 1980 年代后期、1990 年代初期,于 21 世纪初进城务工的农民工群体,他们大都年龄在 20 岁左右。与上一代农民工相比,他们具有典型"三高一低"的群体特征:受教育程度普遍较高、职业期望较高、物质和生活享受要求较高、劳动耐受能力较低(见钟玉明《新生代农民工呈现"三高一低"新特点》http:www.job-sky.com)2005 年 8 月 9 日。

平极低,给广大民族地区农村发展带来极大的"压力"。这一现象同时又说明,目前我国农民工就业模式仍然是"流动就业"为主,难以融入城市、定居城市,实现身份转换、职业转变与地域转移三者的统一。

(三)受教育程度(见表1)

在本次调查中,我们发现少数民族农民工的受教育程度普遍提高,在对该问题做出明确回答的 268 人中,具有初中文化程度者占 41.6%,具有高中文化程度者占 40.1%,具有初、高中文化程度者占绝大多数,共占 81.7%,小学及以下文化程度者只占 8.9%,但同时,高中以上文化程度者较少,仅占 9.4%。全国在 2009 年调查中的一般情况是文盲占 1.1%,小学文化程度占 10.6%,初中文化程度占 64.8%,高中文化程度占 13.1%,中专及以上文化程度占 10.4%[1]。两者相比较,高中文化程度占比差别较大,我们的深度个体访谈中发现,产生这一情况的主要原因,一是民族地区农村高中升学率较低,部分应届高中毕业生如果仅达到三本录取线,便因缺乏经济条件支持而不能上大学,走上进城打工之路;二是民族地区农村由于信息更加闭塞,农村劳动力城市社会网络资本尤为缺乏,进城就业更加盲目,所以,仅具有高中以上学历这部分更加活跃的劳动力方"更有胆量"进城打工。这些情况说明:(1)民族地区农村劳动力城镇转移成本更大,活动空间更加狭小,"进城"步履更加艰难,少数民族农民工对就业信息服务的渴求更为迫切,输出地与输入地的劳务服务对接更加重要。(2)民族地区农村教育应从实际出发,大力发展职业技术教育,特别是中等职业技术教育,这对民族地区农村青年更加有意义。

(四)来源地构成(见表1)

在本次接受调查的少数民族农民工中,来自于少数民族聚居地区的占 44.4%,接近半数,来自于西部地区的少数民族农民工达 57.4%,可见,做好进入城市务工的少数民族农民工的就业与权益保护工作对于我国少数民族地区的经济社会发展将具有非常大的支持作用和重要"反哺"意义。同时,进城少数民族农民工中来自于本省和跨省的比例相当接近, 分别占 54.5%和 45.5%,这说明,武汉市作为我国中部地区的一个超大城市,对民族地区少数民族农民工的吸引力非常强,并且这种吸引与辐射作用呈扩大之势,就业带

---

① 国家统计局农村司编著:《2009 年农民工监测调查报告》[EB/OL]: 国家统计局网站 (http://www.stats.gov.cn/)2010 年 3 月 19 日。

动作用明显。同时,这一情况也表明,我国广大民族地区农村劳动力的流动性也在进一步增强,进城打工已经成为我国民族地区农村农民增收的重要途径之一。

(五)民族成分构成

在本次调查中,共有 279 人对该项调查内容给予了明确回答,279 名调查对象中,共有 24 个少数民族,其中土家族、回族、苗族人数占比较高,分别占 24.7%、22.2%、12.5%。其次是侗族、满族、维吾尔、藏族人数较多。主要分布于我国西部地区的人数较少的少数民族也有,如哈尼族、哈萨克族、羌族、傣族、朝鲜族等。通过进一步对来源地分析发现,进入武汉市务工就业的湖北省内少数民族农民工,主要是来自于恩施土家族苗族自治州和长阳、五峰两个土家族自治县,而这些地区又是土家族、苗族聚集地区,所以在我们的调查中土家族和苗族人数占比较大。其次湖北省内回族乡较多,进入武汉市务工者较多。

(六)职业技能培训状况(见表 2)

在本次调查中,接受调查并对该项调查内容做出明确回答的少数民族农民工中,明确表示接受过主要技能培训者占 43.1%,没有接受过任何培训的有 56.9%。在对接受职业技能等相关培训的渠道或方式做进一步调查时发现,农民工绝大部分是在工作过程中从亲戚或朋友处习得相关工作技能,占认为自己接受过职业技能培训者的 61.5%,并且一部分农民工在否认自己接受过专门的技能培训的同时,却认同这种"民间"的培训方式和培训结果。与此同时,通过职业技术学校或政府培训机构接受培训的农民工人数也明显增多,占接受过相关培训的 38.5%,这与近年来国家农民工培训工作的大力开展有着密切关系[①]。近年来,根据企业用工需求和农村劳动力培训意愿,各级政府大力开展多种门类和多种形式的农民工劳动技能培训,以增强农民工进城适应能力、就业能力和创业能力。仅 2009 年,中央财政就安排资金 11 亿元,全年培训农村劳动力 300 万人[②]。

---

① 注:2003 年,在 9000 多万跨地区进城务工的农民中,受过专业技能培训的仅占 9.1%。在 2001 年新转移的农村劳动力中,受过专业技能培训的只占 18.6%。见《国务院办公厅转发农业部等部门 2003—2010 年全国农民工培训规划的通知》(国办发[2003]79 号)。

② 韩长赋:《解决农民工问题思路:抓紧解决七问题》[J],载《行政管理改革》2010 年第 10 期。

表2 少数民族农民工职业技能培训情况统计表

项 目		人数	比例
您是否接受过职业技能培训	是	113	43.1%
	否	149	56.9%
您接受职业技能培训的渠道(或方式)是	职业技术学校或政府培训机构	78	38.5%
	自己的亲戚或朋友处	123	61.5%

(七)城市生活适应情况(见表3)

少数民族农民工在输出地的生活习俗和地理气候环境等方面,与一般的农民工群体相比,差异较大。对于部分少数民族农民工而言,进城务工首先面临的大多是生活习俗上的适应问题。我们这次在武汉市以少数民族农民工为调研对象的调查过程中,特别对这一问题进行了调查。调查结果显示,有近半数的少数民族农民工表示在武汉市生活不习惯(占49.4%)。进一步深入调查显示,武汉市务工的少数民族农民工在武汉市生活上不习惯的原因是多方面的,有21.8%的人表示是"饮食"方面的原因,有28.7%的人表示是"气候"方面的原因,有"19.2%"的人表示是"习俗"方面的原因,有30.3%的人表示是"人际关系"方面的原因。"人际关系"原因占比最高,这也是农民工在城市务工生活面临的普遍问题。有仅50%的少数民族农民工表示对城市生活不习惯,并且不习惯的原因又如此复杂,显然,让少数民族农民工融入城市、定居城市,进程会更加困难,时间会更加漫长。

表3 少数民族农民工城市生活适应情况统计表

项目		人数	比例
您生活上习惯吗	习惯	133	50.6%
	不习惯	131	49.4%
若您现在生活不习惯,主要原因是什么	饮食	67	21.8%
	气候	89	28.7%
	习俗	59	19.2%
	人际关系	93	30.3%

三、城市少数民族农民工就业现状

改革开放 30 多年来,农民工在城镇打工行业以制造业、建筑业和服务业为主。由国务院领导开展的 2006 年全国农民工问题大调查中表明,2004 年,农民工在制造业就业的占 30.3%,在建筑业就业的占 22.9%,在社会服务业就业的占 10.4%,在住宿餐饮业就业的占 6.7%,在批发零售业就业的占 4.6%[①]。国家统计局农村司 2009 年开展的农民工监测调查统计表明, 在进城农民工中,从事制造业的农民工所占比重最大,达 39.1%,其次是建筑业占 17.3%,服务业占 11.8%,住宿餐饮业和批发零售业各占 7.8%[②]。显然,5 年来农民工就业行业分布没有大的变化,但制造业和住宿餐饮业以及批发零售业就业比重增大,相对来说,在建筑业就业比重有所下降。通过我们长期对我国农民工问题的研究,可以肯定,我国少数民族农民工的就业行业分布也与这一一般情形大体相同。所以,在我们课题组开展的本次专门以少数民族农民工为对象的调查中,主要是针对劳动保护和就业流动情况展开调查。

(一)进城打工原因呈现多样化特征(见表 4)

我们的调查中,在面对可以做出多项选择的前提下,少数民族农民工选择进城打工出于多种理由和考虑的人数占多数, 占 80.8%。在具体的进城打工原因的选择中,进城务工少数民族农民工进城打工的原因明显呈现出多样化特征,并且各种选择的比例也大体相同,其中选择"打工挣钱"者占 31.4%,选择"增长见识,见见世面"者占 28.6%,选择"学习技能和本事"者占 24.6%,选择"不愿在家乡务农"者占 15.4%。

表4　少数民族农民工进城打工原因统计表

项　目		人数	比例
您外出打工的原因是 (可多选)	打工挣钱	204	31.4%
	增长见识,见见世面	185	28.6%
	学习技能和本事	160	24.6%
	不愿在家乡务农	100	15.4%

[①] 中国农民工问题研究总报告起草编著:《中国农民工问题研究总报告》[J],载《改革》2006 年第 5 期。
[②] 国家统计局农村司编著:《2009 年农民工监测调查报告》[EB/OL]:国家统计局网站(http://www.stats.gov.cn)2012 年 3 月 19 日。

少数民族农民工进城打工原因如此明显的多样化特征说明:(1)"打工挣钱"作为第一代农民工(包括少数民族农民工)进城打工的主要原因,在以新生代为主要组成部分的当前的少数民族农民工群体中呈明显减弱趋势,而"增长见识与见世面""学习技能和本事"等作为进城打工的原因,却在增强。当前,少数民族农民工进城打工的原因是多方面的,进城打工已经不限于只是一种基于生存理性下的选择策略。也就是说,大多数少数民族农民工进城打工不是因为"农村生活所迫",而是因为对"城市生活的向往"和"更加有出息的期盼",进城打工是少数民族农民工的一项生活选择、一种发展方式、一个向上的流动行为。(2)"不愿在家乡务农"包括"不喜欢务农""务农太辛苦""家乡太穷,不想过那种生活""耕地太少,在家无事可做""一直在念书,不懂农活"等情况,全部加总也仅占15.4%,意味着当前我国少数民族地区农村"溢出"剩余劳动力以及由此产生的进城动机虽然是少数民族农民工进城打工的原因之一,但却不是少数民族农民工进城打工的唯一原因,也已经不是最重要的原因。少数民族农民工城乡流动的动力因素中,农村推力在减弱,城市拉力在不断增强,且已经上升为绝对动力。(3)从我们长期从事我国农民工问题研究的实践中,我们发现,农民工(包括少数民族农民工)进城打工的动因呈动态变化特征,它会随着行为时间、社会阅历和流动实践的变化而改变。

(二)城市打工流动性明显增强

在我们的调查对象中,城市务工少数民族农民工中80%的人都换过工作或换过打工地方,并且绝大多数都换过2次以上(占79.7%),农民工务工流动性明显增强(见表5)。

表5　少数民族农民工打工流动频次与流动原因调查统计表

项目		人数	原因
少数民族农民工打工流动频次	1次	35	20.3%
	2次	71	41.3%
	3次	39	22.7%
	4次	13	7.6%
	5次及以上	14	8.1%
少数民族农民工换工作的主要原因(可多选)	对工资收入不满意	136	32.2%
	对工作环境不满意	85	20.1%
	与自己对打工的期望相差太大	85	20.1%
	学不到本事	61	14.5%
	生活上不适应	55	13.1%

在我们的深入调查访谈中了解到,城市少数民族农民工的主要流动方式有:(1)产业间的流动,既农忙时节回乡务工,农闲时节进城打工,可称之为"两栖式"。(2)城市之间的流动,或称为打工地域选择上的流动,可称之为"候鸟式"。(3)岗位之间的流动,这既有同工种内不同岗位之间的流动,也有不同行业工种之间的流动,可称之为"钟摆式"。

城市少数民族农民工城市打工的超强流动性表明:(1)城市少数民族农民工仍然是"城市过客",缺乏长远打算,多呈"短视"状态。在城市打工,却难以定居下来,融入城市生活。(2)城市少数民族农民工职业技能仍然严重缺乏,难以获得稳定的职业和相对固定的岗位,少数民族农民工的"城市化"缺乏必要的人力资本支撑。(3)当前,我国"摩擦性失业"和"结构性失业"现象严重,一方面是城市"民工荒",另一方面却是农民工难以找到工作,"农村劳动力过剩"与"城市缺工"同时并存,农民工劳动技能培训和农民工就业服务工作有待大力加强。

进一步深入调查得知,城市少数民族农民工换工作的原因主要是"对工资收入不满意""对工作环境不满意"和"与自己对打工的期望相差太大"这三个原因,三者共占72.4%(见表5)。显然,农民工的工资待遇与工作环境期望问题仍然是当前我国少数民族农民工城市打工过程中面临的首要问题和亟需解决的困难,农民工群体自身对此也有越来越强烈的反应,虽然这种反应是以"换工作""用脚投票"等被动的形式显现出来。不可忽视的是在城市少数民族农民工换工作的原因调查中,有13.1%的人表示是因为"生活上的不适应",这表明一方面少数民族农民工在城市打工中对生活状况有了更高的要求,部分少数民族农民工对生活有着特殊的要求,但同时也表明,城市少数民族农民工在城市打工就业中的生存状况有待大力改善。

(三)自发式外出寻找工作是就业主要方式

城市少数民族农民工进城打工主要依托亲缘、地缘关系为基础建立起来的社会信息网络,在我们的调查中,依靠"亲戚朋友老乡介绍的"占56%。但随着国民素质的普遍提升,少数民族农民工通过个人能力和自主途经寻找工作的能力在明显增强。在我们的调查中,21.2%的少数民族农民工是"自己找到工作的",12.1%的少数民族农民工是通过"网络、报纸、电视"找到工作的,两者相加共达33.3%,特别是占12.1%的少数民族是通过"网络、报纸、电视"等现代传媒手段和渠道寻求就业,这应该说是一个巨大的进步。同样,不容忽视的是,在本次调查中,少数民族农民工通过"政府职业介绍部门"找到工作的仅占 10.4%,政府的就业促进作用有待大力加强。

表6　少数民族农民工寻找工作的途径统计表

项　目		人数	比例
您现在从事的工作是怎样找到的（可多选）	政府职业介绍部门介绍的	31	10.4%
	亲戚朋友老乡介绍的	158	56%
	自己找到的	60	21.2%
	网络、报纸、电视	34	12.1%
	其他	1	0.3%

自发式外出打工进城寻找工作，主要依靠亲戚朋友老乡介绍和帮带,工作找寻成本低且成功率较高,风险较小,可信度大,是我国农民工进城找寻工作的主要途径,改革开放以来,它为我国数以亿计的农民工外出打工就业提供了有效保证。当前,民族地区农村政府应充分利用这一有效形式,与农村劳动力输入地(城市)紧密联系,对这一途径和形式加以提升,规范化、科学化运作,成为少数民族农民工进城打工就业的可靠保证。

四、城市少数民族农民工经济权益保护现状

农民工经济权益主要是指我国广大进城务工农民在就业、工资、教育培训、住房以及社会保障等方面所能享受到的待遇状况,包括劳动就业权、劳动收益权、劳动保护权、教育培训权、社会保障权等。长期以来,我国农民工在城镇务工的经济权益保护状况堪忧,农民工和正式工人同工不能同酬、同工不能同时、同工不能同权[1]。具体表现在(1)农民工工资待遇低,劳动强度大,劳动报酬远远低于其劳动所创造的价值, 且长期不变, 严重抑制着农民工的持续发展。(2)农民工工资常常被任意克扣和恶意拖欠,不仅造成恶劣的劳动用工环境,更破坏了我国社会主义市场经济的健康发展。(3)专门针对农民工的各种名目的收费繁多, 增大了农民工的务工成本和农村富余劳动力的转移成本。(4)农民工工作环境差、劳动安全堪忧、社会保障缺乏[2]。少数民族农民工在城市务工就业的经济权益状况如何呢,对此,我们根据调查的可行性开展了有关少数民族农民工劳动工资、劳动保护、社会保障、劳动休闲等方面情况的调查。

---

[1] 陆学艺:《农民工问题要从根本上治理》[J],载《特区理论与实践》2003年第7期。
[2] 姚上海:《我国农民工经济权益缺失的制度性因素探析》[J],载《甘肃农业》2006年 第6期。

（一）工资收入水平有所提高

工资收入是少数民族农民工经济权益的核心组成部分。在我们此次调查中，城汉市少数民族农民工月工资收入主要在 1000 元左右，占调查总数的近一半（48%），1500 元左右的占 22%，800 元左右的占 23%，2000 元以上的仅为 7%（见表 7），1000～1500 元是城市少数民族农民工的主要工资收入水平（占70%）。武汉市中心城区 2009 年的最低工资标准是 900 元／月，总体上看，城市少数民族农民工的工资收入水平有了一定的提高，劳动收入状况有了一定的改善。但具体分析，有如下几点应引起深思和高度重视：（1）我们此次调查的武汉市少数民族农民工中有 23% 的人月工资收入水平在 800 元左右，仍低于武汉市基本工资水平要求。（2）虽然城市少数民族农民工工资收入状况得到了一定的改善，但绝对收入水平仍然很低，月平均水平仅为 1141 元，与同城正式职工的收入差距仍然很大。据相关资料，武汉市在职职工 2009 年年平均工资 33320 元，月均 2776 元，城市少数民族农民工的工资收入还不及正式职工水平的一半。同时城市少数民族农民工的工资收入水平比全国农民工的工资收入水平要低，据相关资料，2009 年全国外出农民工的月平均收入为 1417 元[①]，高出城市少数民族农民工月均工资 276 元，提高城市少数民族农民工的务工收入水平更应加大力度。（3）在目前的收入水平条件下，要保障少数民族农民工"落户"并"扎根"城市，特别是像武汉市这样的大城市是非常困难的，甚至是不可能的。这进一步表明，我国的城市化道路必须走大中小城市协调发展之路，着力推进城镇化建设进城，让农民工融入中小城市和城镇是可行的选择。

表 7　少数民族农民工工资收入与主要用途调查统计表

项　目		人数	比例
少数民族农民工工资收入水平	800 元左右	62	23%
	1000 元左右	130	48%
	1500 元左右	59	22%
	2000 元左右	15	5.6%
	2500 元以上	4	1.4%
农民工打工收入主要用途（可多选）	自己用	159	41%
	寄回家，补贴家用	138	35.3%
	学习培训	38	9.8%
	存起来	55	13.9%

---

① 韩长赋：《解决农民工问题思路：抓紧解决七问题》[J]，载《行政管理改革》2010 年第 10 期。

在对少数民族农民工工资用途的深入调查中发现,城市少数民族农民工打工收入主要是"自己用"和"寄回家,补贴家用"。两者共占比 76.3%,而用于"学习培训"的仅占 9.8%(见表 7)。显然,目前,少数民族农民工工资仍是生存性收入,农民工工资收入水平仍处于较低水平。

(二)超时劳动状况有所改善

农民工超时劳动曾经是一个较普遍的问题,但在我们这次的调查中发现,城市少数民族农民工超时劳动状况有所改善,虽然农民工每天工作时间仍较长,但每周的工作天数有所减少。在我们的调查中,城市少数民族农民工每周工作在 5 天以下,也即 1 周能得到 2 天休息的占全部调查对象的 37.7%,即三分之一强,1 周工作 6 天的占 45.6%,两项之和为 83.3%,表明城市绝大部分少数民族农民工 1 周都能保证至少 1 天的休息和自由支配时间,1 周 7 天皆工作的占 16.7%(见表 8)。与以前相比,情况明显改善。这一可喜局面的取得,主要原因有:(1)近年来,各级政府严格执行《劳动法》,为少数民族农民工的劳动权益保护提供了可靠的政策支持和行政保障。(2)随着新生代农民工逐渐成为农民工的主体,少数民族农民工自身的维权意识不断增强,少数民族农民工素质普遍提高,维权能力也有所提升。(3)国家经济进入新的快速发展时期,各类用工需求大幅提高,特别是劳动密集型产业用工缺口较大,农民工就业的主要领域——"普工",佣工趋紧,在这样的大背景下,新的劳资博弈中,农民工地位不断提升。

表 8　少数民族农民工劳动时间调查统计表

项　目		人数	比例
您一般每周工作几天 (样本数:264 人次)	5 天以下	2	0.8%
	5 天	98	36.9%
	6 天	120	45.6%
您每天上班的时间 (样本数:266 人次)	8 小时	27	10.1%
	8~10 小时	186	70%
	10~12 小时	45	16.9%
	12 小时以上	8	3%

在农民工劳动时间以天为单位得到改善的同时,不容乐观的是农民工每天的劳动时间仍较长(见表 8)。从调查数据中发现,农民工每天工作 8 小时以

上的仍占 79.9%，每天工作时间为 8 小时的仅占 10.1%，也即仅有约十分之一的农民工能保障每天 8 小时工作权益。特别应引起高度重视的是，有 16.9% 的农民工每天工作时间在 10～12 小时，甚至有少部分农民工的天工作时间超过 12 小时(占 3%)，这样的劳动强度无疑对农民工的身体健康是极为不利的，也容易导致身体伤害现象的发生。

(三)劳动合同签订与执行仍然是薄弱环节

劳动合同是保障劳动者权益的重要依据，也是保障劳动者权益的有效途径，但劳动合同的签订与执行一直是农民工权益保障过程的一个薄弱环节。近年来，国家高度重视劳动者劳动合同签订工作，不仅制定与颁布了新的劳动合同法(自 2008 年 1 月 1 日起施行的《中华人民共和国劳动合同法》)，而且加大了各级政府的劳动执法监察监督工作力度。就是在这样的大背景下，我们此次在武汉市以少数民族农民工为对象的相关调查过程中，发现少数民族农民工的劳动合同签订率仍然很低，在对此做出明确回答的 263 人中，有 159 人没有签订劳动合同，占 60.5%(见表 9)。没有签订劳动合同的原因是多方面的，我们对该问题进行了进一步的调查，发现这其中原因非常复杂，既有少数民族农民工主观认识上原因的占 71.5%，包括部分少数民族农民工认为"签了也没有用"的占 30%，认为"手续太麻烦"的占 32.3%，认为"不想受约束"的占 9.2%。也有少数民族农民工所打工的企业老板方面的原因，"老板不让签"的占 27%。

表 9 少数民族农民工劳动合同签订情况统计表

项　目		人数	比例
您现是否签了劳动合同 （样本数：263 人次）	签了	104	39.5%
	没有签	159	60.5%
没有签劳动合同的原因 （样本数：205 人次）	签了也没有用	61	30%
	手续太麻烦	66	32.3%
	不想受约束	19	9.2%
	老板不让签	56	27%
	其他	3	1.5%

少数民族农民工没有依法签订劳动合同，一旦发生劳动纠纷，维权难度倍增，使得本来就十分艰难的劳动者维权问题，变得更加困难，于此便时常发

生农民工维权过程中的"暴力事件"和"自残事件",严重影响劳动者的务工环境和社会的和谐与稳定。

(四)参保状况不容乐观

劳动保险是劳动者劳动保护的最后一道屏障。农民工劳动保险包括工伤保险、大病医疗保险、养老保险、婚育保险(女性农民工)、新型农村合作医疗等。通过我们此次在武汉市开展的针对少数民族农民工劳动保险参保状况的调查得知,少数民族农民工的参保状况不容乐观(见表10),有36%的少数民族农民工在城市务工但没有购买任何种类的保险,同时,已经购买了保险的少数民族农民工中,购买比例也都不高。(1)如通常情况下对农民工非常重要的工伤保险,在我们此次调查中,购买了这一保险的少数民族农民工仅17.4%。农民工一般从事"苦、重、险"工种,劳动受伤风险很大,工伤保险对农民工尤为重要,但少数民族农民工购买率并不高,这显然是一个巨大的隐患。(2)少数民族农民工购买"大病医疗保险"的比例仅10.5%,购买"农村合作医疗"的比例仅16.9%,这两项之和也仅为27.4%(不到三分之一),少数民族农民工购买医疗保险比例低,一旦生病,由于在当前收入水平下无力承担高额的城市医疗费用,要么强撑,要么就到游医和非正规私人诊所看病,容易因之滋生"后患",产生纠纷,甚至因病重新返贫。(3)少数民族农民工购买养老保险的比例仅为16.9%,少数民族农民工虽然目前正处于青壮年期,吃"青春饭",养老问题不尖锐,但却把沉重的养老包袱留给了几十年后的政府、社会和少数民族家庭。(4)购买"婚育保险"的少数民族农民工比例仅占1.2%,少数民族农民工特别是女性少数民族农民工这一保险意识有待大力加强。

表10 少数民族农民工购买保险情况统计表

项 目		人数	比例
您目前已经购买了哪几种保险(可多选)	工伤保险	61	17.4%
	大病医疗保险	37	10.5%
	养老保险	59	16.9%
	农村合作医疗	62	18%
	婚育保险	4	1.2%
	没有购买任何保险	124	36%

(五)劳动休闲水平有较大提高和改善

劳动休闲是现代劳动者劳动权益的一项重要内容,劳动休闲的内容充分反映劳动者的现代生活水平。在我们此次调查中,发现城市少数民族农民工的劳动休闲水平和状况都有较大提高和改善,这可以从少数民族农民工的交友范围与日常娱乐生活内容的调查中得知(见表11)。

少数民族农民工的交友圈子不再仅仅局限于老乡等"亲缘""血缘""地缘"关系,在少数民族农民工现在的朋友中主要是老乡的只占40.1%,有37.6%的人选择了"同事",有16.7%的人选择了"同学",还有5.6%的人选择了"网友",这三者共占59.9%(近60%)。少数民族农民工的交友圈大为拓宽,选择对象与内容更加丰富,这是一个巨大的进步,不仅说明少数民族农民工与城市社会的"距离"正在逐步缩小,少数民族农民工的城市交往能力在逐步增强,更有益于少数民族农民工的"社会资本"积累和更快地融入城市社会。

表11 少数民族农民工交友及休闲状况调查统计表

项　目		人　数	比　例
您现在的朋友中, 主要是	老乡	149	40.1%
	同事	140	37.6%
	同学	63	16.7%
	网友等	21	5.6%
您工作以外主要从事 哪些活动 (可多选)	与老乡、同事、朋友打牌	72	19.7%
	听歌、看电视	136	36.8%
	睡觉	54	14.8%
	上网、K歌等娱乐	75	20.5%
	参加培训等学习技能	30	8.2%

少数民族农民工的业余休闲生活内容更加丰富(见表11),内容层次整体"上移",表现在业余时间选择"打牌"与"睡觉"的,虽然仍占19.7%和14.8%,但已明显下降。而选择"听歌、看电视"和"上网、K歌"的分别占36.8%和20.5%,明显高于前两项的比例。少数民族农民工的日常生活更加贴近现代城市生活,更加具有现代气息,也正在逐渐融入城市现代生活。特别是还有8.2%的少数民族农民工选择了"参加培训等技能学习活动",这是一个明显的进步,是质的上升。

五、城市少数民族农民工公共服务需求与未来期望

保护少数民族农民工城市务工经济权益,必须建立在少数民族农民工的需求角度。为此,我们特地从"少数民族农民工公共服务需求""少数民族农民工的未来打算""少数民族农民工的婚恋对象选择"与"少数民族农民工子女教育选择"四个方面展开调查,以求深入把握当前城市少数民族农民工的政策需求,特别是涉及少数民族农民工经济权益保障方面的政策需求。

(一)城市少数民族农民工的政策需求

少数民族农民工对政府政策与公共服务需求选择上,呈现出典型的多样化特征,但其中提高工资收入水平仍然是城市少数民族农民工的首要选择(见表12)。

表12 少数民族农民工公共服务需求情况统计表

项 目		人数	比例
对于目前的打工生涯,您最期望政府提供的帮助是:(可多选)	提高工资收入	173	25.8%
	提供住房	75	11.1%
	改善工作和生活环境	115	17.3%
	提供社会保障(工伤保险、医疗保险、养老保险等)	132	19.8%
	取消户口限制,实现平等就业	125	18.8%
	建立工会等组织,参与城市社会管理和社区活动	48	7.2%

我们的调查结果显示,城市少数民族农民工期望政府提供的各种帮助与服务中,按占比由高到低的选择顺序是"提高工资收入"(占25.8%)、"提供社会保障"(占19.8%)、"取消户口限制,实现平等就业"(占18.8%)、"改善工作和生活环境"(占17.3%)、"提供住房"(占11.1%)和"建立工会组织,参与城市社会管理和社区活动"(占7.2%)。从这一调查结果可以得到如下几个信息:(1)当前,少数民族农民工与广大农民工一样,来到城市打工的首要选择仍然是经济收入。(2)提供劳动保障是少数民族农民工的现实选择,农民工所从事工种一般具有较高风险,建立有效的风险化解机制、采取必要的保护措施尤为重要。所以,少数民族农民工对提供工伤保险、医疗保险和养老保险的要求较为迫切,列第二位。(3)随着新生代农民工逐渐成为我国农民工群体主体时

代的到来,我国农民工群体在完成代际交替的同时,农民工问题的内涵也将发生根本性变化,表现之一就是农民工对城市务工环境的要求会越来越高。这在我们这次开展的武汉市少数民族农民工问题调查中已经显现出来,我们调查的少数民族农民工中对"取消户口限制,实现平等就业"和"改善工作和生活环境"的要求增强,两者共占 36.2%。(4)当前,城市少数民族农民工对政治参与的要求也开始萌芽,在我们这次的调查中有 7.2%的少数民族农民工明确提出"建立工会等组织,参与城市社会管理和社区活动"的诉求。

城市少数民族农民工政策期望选择的多样化,既说明当前我国农民工群体本身构成的复杂性,同时,也说明我国农民工问题的内涵正在发生深刻变化,农民工群体分化速度将进一步加快。

(二)城市少数民族农民工的未来期望

少数民族农民工在对自己未来的规划上,仍以"返回家乡"为主,但希望在城市定居下来的比例在提高,同时仍处于"迷茫与徘徊"之中的人数也不少(见表 13)。

表 13 少数民族农民工未来打算情况统计表

项　目		人数	比例
对于将来您打算:(可多选)	先打工,积累资金、技术等,然后回到家乡创业	121	37.7%
	希望在城里生活下来	78	24.5%
	打工积累一定资金后,回到老家县城或镇里	69	21.7%
	走一步算一步,过一天算一天	51	16.1%

少数民族农民工对"未来的打算"选择与前面的"现实需求"要求是相互映衬的,表现在:(1)当前,少数民族农民工中选择"希望在城里生活下来"的占 24.5%,说明少数民族农民工城市融入意愿逐渐增强,表现在"对政府期望"上,就是期望政府提供"平等就业"的机会(占 18.8%)与"改善务工环境和劳动条件"(占 17.3%),这是一个总体的进步。(2)少数民族农民工选择返回家乡创业的人数较高,占 37.7%,这说明随着少数民族农民工素质的不断提高,少数民族农民工的自我认同正在增强,追求创业成功的意识渐浓,自我期望值也在不断提升。少数民族农民工返乡创业意愿的提升,对劳动力输出地少数民族地区基层政府的公共服务提出了新的要求。对民族地区而言,返乡农民工是一支重要的人力资源,是民族地区新农村建设的带头者和领头人。

民族地区基层政府应大力提供各种农民工创业需要的扶持政策,支持返乡农民工创业发展。但不可忽视的是在少数民族农民工"您工作以外主要从事哪些活动"的选择中,选择"参加培训等学习技能活动"的仅占 8.2%,两者之间有一定的差距。这种差距的存在,说明城市少数民族农民工在职在岗培训的力度有待进一步加大,在岗培训的针对性有待加强。少数民族农民工培训既有利于劳动者队伍素质的整体提升,更有利于民族地区经济社会的可持续发展,也有益于少数民族农民工自身的进步,是一个"三赢"的举措。(3)少数民族农民工在返乡目的地的选择上,选择"回到老家县城或镇里"的占 21.7%,这对少数民族地区城镇化道路选择是一个有益的借鉴。把农民转变为市民是城市化与城镇化的主要内涵之一,在我国现实状况下,创造条件把农民工转变为市民应该是我国广大农村地区城镇化发展成本最低、最为可行的途径。民族地区应抓住这样的机遇,制定切实可行的城镇化发展战略。(4)在少数民族农民工对未来规划的选择中,有 16.1%的人选择了"走一步算一步、过一天算一天"。这是一个应引起高度重视的现象,"迷茫与徘徊"会使人丧失"自我",甚至走向极端。

(三)城市少数民族农民工的婚恋对象选择

婚恋对象的选择也能说明少数民族农民工对未来的规划与打算,甚至因为这样的选项更加具体和直接,也就更能说明少数民族农民工对未来的具体打算与想法(见表14)。

表14 少数民族农民工婚恋对象选择意愿统计表

项 目		人数	比例
您若没有结婚,您在婚恋对象的选择上的考虑是:(可多选)	先打几年工,再回老家结婚	70	29.1%
	争取找个城里人,结婚后好留在城里	51	21.5%
	在城里成家,但要找个同乡,这样有共同语言些	32	13.5%
	不知道怎么办	18	7.6%
	没有条件考虑这个问题	67	28.3%

调查结果显示:(1)在婚恋问题上,少数民族农民工中有明确选择的占 64.1%,这包括"先打几年工,再回老家结婚"(29.1%)、"争取找个城里人,结婚后好留在城里"(21.5%)和"在城里成家,但要找个同乡,这样有共同语言些"(13.5%),有 7.6%的人处于"迷茫"状态。不可忽视的是有 28.3%的少数民

农民工明确表示"没有条件考虑这个问题",这说明仍有近三分之一的少数民族农民工在婚恋问题上处于十分消极的状态,这极不利于少数民族农民工的未来发展。(2)在已经做出明确选择的少数民族农民工中,少数民族农民工的婚恋观进一步开放,主要表现在我们的调查中,选择"争取找个城里人,结婚后好留在城里"的占21.5%,即有超过五分之一的少数民族农民工在婚恋对象的选择上选择找"城里人",并期望通过这样的途径实现"留在城里"的愿望。(3)有29.1%的少数民族农民工选择"回老家结婚",在我们的深度访谈中了解到,少数民族农民工做出这样的选择是一个综合考虑各种因素之后的理性选择。少数民族农民工在城市务工就业,因为户口、收入、住房、子女教育等刚性制约,进城特别是进入大城市的"迁移成本与生活成本"仍然十分高昂,对于绝大部分少数民族农民工来说,这是一个无法逾越的"铁门槛",所以选择回老家成家立业也就是当下少数民族农民工"精心计算"的"理性选择",是十分自然的选择。

(四)城市少数民族农民工的子女教育问题

子女教育问题是少数民族农民工十分关心的重要问题,它深刻地影响着少数民族农民工群体对未来选择。我们对此也做了深入调查(见表15)。

表15 少数民族农民工子女教育问题调查统计表

项　目		人数	比例
您若已经结婚,您是否想把小孩带在身边,接受城里的文化和教育。	是	71	29.4%
	不是	43	18.1%
	说不清楚	125	52.5%
您若不想把小孩带在身边,主要原因是(可多选)	城里生活太贵,经济难以承担	110	41.8%
	城里上学、上幼儿园费用太高	61	23.2%
	工作性质不允许	44	16.7%
	老家有老人带,条件好一些	49	18.3%

(1)当前城市少数民族农民工在子女教育问题的选择上处于十分迷茫的状态,对"是否想把自己的子女带在身边,接受城里的文化和教育"的选择显得极为矛盾,有超过一半(52.5%)的人选择了"说不清楚",这里面的原因是复杂的,在当前我国农村劳动力城镇转移选择"农民工体制"的前提下,少数民族农民工自身在城市生活仍十分艰难,若把子女带进城,既没有"收入"保障,

也没有"时间"保障,还面临着"上学贵、上学难"和"群体歧视"等问题。所以,有18.1%的少数民族农民工明确表示"不想把子女带在身边,接受城里文化和教育"。(2)在不想把子女带在身边接受城里文化与教育的原因调查中,认为是"城市生活、上学费用高"制约的占多数(占65%),其中认为"城里生活太贵,经济难以承担"的占41.8%,认为"城里上学、上幼儿园费用太高"的占23.2%。(3)因为工作性质不允许自己把子女带在身边的占16.7%,这是一个不低的比例,显然,进一步改善农民工的务工环境和工作条件仍然是一个十分艰巨而紧迫的任务。(4)认为"老家有老人带,条件好一些"的占18.3%。因为农村计划生育工作的扎实、有效落实,农村家庭三子以上现象已经大为改观,加上近年来党的农村政策进一步落实,农民的生活水平和经济收入稳步提升,对于新生代农民工来说,农村家庭负重已经大为减轻,同时,农村的父母还可以为自己分担一部分家庭责任。这一现象的出现,从另一个角度说明我国义务教育城乡均衡发展、进一步提高农村义务教育水平,显得越来越重要。

六、城市少数民族农民工经济权益保护的制约因素

经济权益是城市少数民族农民工群体的核心权益,是城市少数民族农民工生存、生活和生产的根本需要,是城市少数民族农民工其他各项权益保障的基础和前提。当前,城市少数民族农民工经济权益保障的主要制约因素有城乡分割的二元体制、不完善的劳动就业制度、滞后的政府管理机制和较低的农民工自身素质。城乡二元体制结构带来的城乡分割矛盾是刚性制约,涉及农民工劳动就业问题的制度建设滞后、政府管理与职能转变不到位,特别是针对少数民族农民工特征的劳动就业制度供给不足是机制性障碍,少数民族农民工人力资本水平较低则是影响少数民族农民工经济权益保护的长期性因素。

(一)城乡分割的二元结构是制约城市少数民族农民工经济权益保护的体制根源

少数民族农民工大多来自偏远闭塞之地,二产业不发达,三产业落后,人口城镇转移是必然选择。但我国现存的以城乡二元户籍管理制度为核心内容的城乡二元体制,严重影响着少数民族农民工的平等就业、劳动报酬、劳动保护等基本经济权益的保护。存在于我国社会的城乡二元户籍制度是目前我国

少数民族农民工经济权益缺失的根本性制度因素。正是由于城乡二元户籍制度的存在,造成我国劳动力市场上对少数民族农民工的就业歧视、工资歧视、社会福利歧视以及我国城乡劳动力市场的分割,从而造成我国广大少数民族农民工经济权益的缺失。

建国初期,为了实行重工业优先发展战略和尽快建立我国独立自主的工业体系,降低工业发展成本,制定颁布了旨在限制城乡劳动力自由流动的法令《中华人民共和国户口登记条例》。随后的几十年,我国城乡间劳动力的自由流动几乎为零。直到改革开放初期,由于农村家庭联产承包经营责任制的实行,极大地解放了农村劳动力,农村农业劳动生产率大幅提高,农村富余劳动力日益显现并且不断"溢出"。同时,我国乡镇企业异军突起,城市企业体制改革,产生了对劳动力的大量需求,于是,城乡间开始出现劳动力的自由流动,并且日趋活跃、数量不断增大。加上国家工业化、城市化和现代化发展战略的需要,农村劳动力的城乡间流动主要是农村剩余劳动力的转移日益迫切。目前,全国4.8亿农村劳动力中,1.6亿在当地从事乡镇企业和其他非农产业,3.2亿为农业劳动力;但据测算,种植业实际需要1.5亿劳动力,加上2000万专门从事林牧渔业生产的劳动力,农业实际需要劳动力约为1.7亿,于是,我国农村实际有1.5亿富余劳动力,而且每年还要新增劳动力600多万人,农村剩余劳动力转移进入非农产业是历史的必然。迫于社会发展压力及发展战略调整的需要,国家对严重阻碍城乡劳动力自由流动的户口政策于1980年后做过几次调整,从发展趋势上看是逐步放开的,但总体调整幅度不大,难以满足社会经济发展的需要;调整力度较大的一次是2001年,国务院批转的公安部《关于推进小城镇户籍管理制度改革的意见》,在该《意见》中,规定在县级市市区,县人民政府驻地镇及其建制镇,只要有"合法固定的住所,稳定的职业或生活来源的人员与其共同生活的亲属,均可根据本人意愿办理城镇常住户口"。可见,只是限于中小城镇,对于大中城市,户口并没有放开,而这种限制恰恰是问题的关键所在。

目前,我国城乡二元户籍制度造成少数民族农民工经济权益的缺失,主要存在于大中城市和开放比较早的沿海小城镇就业的少数民族农民工之中。表现在如下几个方面:

(1)城乡二元户籍制度造成对少数民族农民工的就业歧视,从而造成少数民族农民工的经济权益缺失。对少数民族农民工的就业歧视,使少数民族农民工在同等条件下,与城镇职工在行业选择、部门选择、岗位选择上往往受到不公正对待,少数民族农民工往往只能在"次属劳动力市场"就业,失去许多本应当也完全有能力具有的获利机会。而且这种不公正对待,并不单纯是一种企业行为,而是一种制度规制的结果,更加根深蒂固。

(2)城乡二元户籍制度造成对少数民族农民工的工资歧视,从而造成少数民族农民工的经济权益缺失。对少数民族农民工的工资歧视,首先是绝对性的低水平,少数民族农民工的工资本身普遍较低,其劳动报酬与其劳动所创造价值远远不能对等。其次是相对性的低水平,少数民族农民工与城镇职工同工、同岗不同酬现象特别严重,损害了少数民族农民工的经济权益。

(3)城乡二元户籍制度造成城乡劳动力市场分割,从而造成少数民族农民工经济权益的缺失。由于城乡二元户籍制度的存在而造成的劳动力市场分割,形成目前我国农村劳动力的城乡流动,主要是靠血缘关系、亲缘关系和地缘关系推动,这种流动模式必然存在雇主与雇员之间的信息不对称、权利不对等现象,少数民族农民工处于弱势地位,劳资博弈中能以保障其经济权益的完整实现。

(二)劳动用工制度不完善是少数民族农民工经济利益缺失的制度缺陷

少数民族农民工劳动报酬低于其劳动所创造的价值现象是极为普遍的,主要表现在:(1)少数民族农民工工资制度的不健全,广大少数民族农民工一方面在城市从事着"苦、脏、粗、重、险"的工作,弥补城市用工空缺,另一方面又只能得到远远低于其劳动所创造价值的劳动报酬,甚至是连最低的生活保障都难以维持。(2)少数民族农民工与城市职工同工、同岗不同酬,不仅损害着少数民族农民工的经济权益和基本的社会权利,更伤害了少数民族农民工的感情。

农民工劳务用工制度不完善,许多少数民族农民工与用人单位之间没有签订正式用工合同,大多是口头协议,一旦遇到劳务纠纷,法律介入困难,少数民族农民工的合法劳动权益被侵害。如少数民族农民工本已少得可怜的工资还常常被拖欠,一些不负责任的企业单位常常采取交纳一定数额的保证金、扣压证件、不全额发放工资等非法手段,侵占少数民族农民工的合法收入,部分少数民族农民工到了年底"回家无钱,留下无望"。一些企业滥用用工"试用期"制度,把少数民族农民工当临时工使用,试用期满即解除用工合同,剥夺少数民族农民工的正当经济收入。

（三）劳动培训制度建设滞后弱化了少数民族农民工经济权益保护能力

农民工文化知识水平及劳动技能水平较低是少数民族农民工经济权益实现的制约瓶颈。在我国绝大部分涉及少数民族农民工的劳务纠纷中，少数民族农民工处于弱势谈判地位和谈判能力的主要原因除了国家相关法律制度的不完善外，主要是由于少数民族农民工较低的文化知识水平、淡薄的维权意识和缺乏自组织性，其中较低的文化知识水平是根本原因，农村人口主要由只受过初中和小学教育的群体组成[1]，少数民族农民工文化知识水平及劳动技能水平较低是目前我国社会现实中的一个不争的事实，但在面对我国农村劳动力知识技能这种令人忧虑的现状时，政府、企业以及社会在劳动力技能培训方面又存在着严重的短视现象，往往把升学主要是升大学视为农村教育投入的唯一目的，忽视了劳动力的劳动技能培训工作，少数民族农民工在进入城市打工之前，既没有一技之长，也缺少保护自己权益的法律知识，甚至缺少基本的城市生活常识。没有掌握必要的专业技能，不了解城市工业生产的基本规范，不熟悉城市生活的基本情况，盲目来到城市，往往只能从事体力劳动和技术简单的工作，在劳动力市场上处于弱势地位，没有与用人单位讨价还价的资本。正是少数民族农民工的这种文化知识水平和劳动技能水平造成其较低的人力资本存量，弱化了少数民族农民工经济权益的获得能力，强化了他们在劳动力市场上以及其与企业单位等强势集团的"劳资博弈"中的弱势地位。

七、建立城市少数民族农民工经济权益保护的机制

农民工已经成为我国产业工人的重要组成部分[2]，农民工问题是我国现代化进程中的重要问题。改革开放 30 多年来，农民工为我国城乡经济建设与社会发展做出了卓越贡献，成为推动我国经济和社会结构变革的巨大力量。少数民族农民工与广大农民工一样，走出田间，走出乡村，克服许多困难和不便，来到城市，进入工厂，用辛勤的汗水和诚实的劳动，创造着社会财富，也谱写着自己的新生活。保障城市少数民族农民工基本经济权益，是推动我国社

---

① 韩俊：《当前中国"三农"问题与政策走向》[J]，载邹东涛主编：《经济中国之发展问题》，北京：中国经济出版社 2004 年 9 月出版。

② 中共中央国务院 2004 年 1 号文件《关于促进农民增加收入的若干政策的意见》。

会经济可持续发展的需要,是构建社会主义和谐社会的必然要求。深入研究城市少数民族农民工经济权益保护机制建设问题,促进城市少数民族农民工及其承载人口的城镇转移,探讨民族地区经济社会的繁荣与发展新路径,是新时期民族地区科学发展的新要求,城市和谐稳定的新需要。

(一) 改革现行以户籍管理制度为核心的城乡二元管理体制,为少数民族农民工经济权益保护创造体制条件

实行按居住地登记的新型户籍管理制度,是我国户籍管理制度改革的最终选择,也是打破城乡二元结构,实行城乡一体、城乡统筹的核心。但是,受限于基本国情的制约,这一改革目标的实现是一个逐渐推进的动态过程,不可能一蹴而就。因为"任何一种体制改革,说到底都必然涉及利益关系的改变,总会有一些人的利益要受损;没有人利益受损,就不可能有人受益;或者说,现在不受损,将来就不会受益"[①]。改革的过程本身就是一个利益关系的调整过程,就是一个收入再分配的过程。就我国目前的国情而言,户籍管理制度的改革必须走渐进推行的改革之路,只能采取先试点取得改革经验,再整体推进的思路。目前,我国有些大中城市在户籍管理制度上所做的改革就是一个有益的尝试。如郑州市 2000 年规定,只要在郑州市具有拥有住房(有产权)、有固定职业,或有直系亲属(配偶、子女、父母)条件之一的,即可办理郑州市户口。如此宽松的条件,也仅有 17 万人将户口迁入郑州市,只占原有人口总量的 10%左右。可见,在农村剩余劳动力转移动因日益由生存理性向经济理性转变,农民工"理性经济人"内涵日益成熟的今天,我们的一些人对放开城市户口管制会产生"城市病"的担忧是没有必要的,如近期浙江省义乌市的农民拒绝"农转非"现象。又如广州市 2004 年 3 月 31 日宣布,对常住人口调控管理制度进行改革,以准入户条件取代以往的按计划指标审批入户、调整"农转非"审批政策、调整市内户口迁移政策、放宽恢复户口的条件等。改革的具体措施各具特色,但总体方向是一致的,就是逐步放开传统的城市户口计划指标控制模式,削离附着在户口上的一些利益设置。

我们认为,城乡分割的户籍管理制度改革的具体目标是"一个原则"、"两个放"和"一个保障":(1)"一个基本原则"就是要把与户籍制度紧密相连的各种社会福利分割开来,让全体国民均衡享有基本的社会福利保障,而不论他

---

① 樊纲:《转轨经济的理论分析》[J],载邹东涛主编:《经济中国之新制度经济学与中国》,北京:中国经济出版社 2004 年 1 月出版。

的职业和身份。(2)"两个放"就是放开中小城市、小城镇特别是县城和中心镇的户籍和放宽大城市户籍申请条件,把"后致性因素"(如相对稳定的职业、一定收入水平和相对固定的住所)作为大城市户籍申办的门槛。(3)"一个保障"就是保障少数民族农民工在原输出地的基本利益(特别是原农村土地承包经营权)不受到任何侵害,严禁"以土地换保障"之类的"杀鸡取卵"式做法。

与公共服务和社会福利紧密相连的户籍管理制度,是少数民族农民工收到不公平待遇和难以融入城市的制度根源。只有破除目前的城乡分割的户籍管理模式,建立起按居住地登记的户籍管理制度,还户口以本来面目,才有可能建立城乡统一的劳动力市场,才能促成我国农村富余劳动力的自由流动和自由迁徙,少数民族农民工经济权益的保障才会有一个根本性的制度依托。

(二)建立城乡一体的劳务用工及工资支付制度,为少数民族农民工经济权益保护提供政策支撑

平等的就业机会、公平的就业环境和可靠的工资保障是少数民族农民工经济权益的核心部分,目前,少数民族农民工的工资水平总体上比较低,增长速度比较慢,与城镇职工的工资差距还在不断拉大,与少数民族农民工的社会贡献不相对称。当前,要妥当处理好国家、企业、农民工的利益关系,建立包括农民工最低工资制度、农民工工资集体协商制度、农民工工资预警机制、农民工工资发放机制和监督机制在内的一系列长效机制,真正保障少数民族农民工能像其他产业工人一样按时、足额领取劳动所得,确保这一群体的薪酬权不受任何侵犯[①],让少数民族农民工充分享受到改革开放以来我国工业化、城镇化快速发展的丰硕成果。(1)根据城市经济发展水平及物价水平和生活水平的高低,建立既切合实际的、又能真正起到保障作用的农民工最低工资保证线,保证少数民族农民工的基本经济权益。(2)建立农民工劳务用工合同检查监督制度和机构,加大监督力度,为少数民族农民工的工资保障提供具有法律效应的合同文件。(3)在各地(包括城市和农村)司法、劳动、工会、妇联等机构成立专门的农民工权益保障中心,加大对农民工劳动权益的监察、保护力度,为少数民族农民工提供法律援助,用法律手段保护少数民族农民工的合法权益不受侵害,解决少数民族农民工的劳动强度、劳动安全保障问题和不公平用工合同等劳动纠纷[②]。(4)推动发展保护农民工权益的非政府组织

① 邵文杰:《保障农民工权益呼唤制度化》[J],载《光明日报》2004年7月22日A4版。
② 王元璋、盛喜真:《农民工待遇市民化探析》[J],载《人口与经济》2004年第2期。

（NGO），提高少数民族农民工经济权益保护的自组织性。非政府组织的最大特点在于从事公益事业的非营利性，在发达国家，热心于社会公益事业的非政府组织十分发达，它们在很大程度上弥补了政府的不足，在改善社会弱势阶层处境、消解来自弱势阶层的不满和维护社会稳定方面发挥着不可替代的特殊作用[①]。

（三）健全城乡统一的社会保障制度，为少数民族农民工经济权益保护建立风险化解机制

少数民族农民工既是我国改革发展的产物，又打上旧体制的烙印，他们远离农村社区，不能享受到来自农村的社会福利，他们又游历于现代城市社会之外，不能享受到城市社区的社会保障，一旦遇到突发事件，他们的危机处理能力和承受能力是相当脆弱的，甚至会成为社会的不稳定因素。以城乡统一的社会保障体系建设为最终目标的社会保障制度改革，建立包括社会保险、社会救助、社会福利和慈善事业相衔接的现代社会保障体系势在必行。

当前，改革的基本路径取向是：（1）建立城镇农民工失业风险基金和养老保险基金，使少数民族农民工失业有救济，年老有保障。（2）建立城镇农民工最低生活保障金，保证少数民族农民工的基本生存权利。（3）建立城镇农民工医疗保险金，把少数民族农民工的医疗保险纳入社会化管理，让少数民族农民工病有所医。（4）建立农民工住房保障制度，参照目前针对城市低保对象的相关政策，建造一批"安居工程"房、"微利"房和低租金公寓等，让少数民族农民工住有所居。

（四）创新农民工劳动技能培训机制和运行模式，为少数民族农民工经济权益保护提供长久动力

目前，全国各地都有各具特色的农民工技能培训机构，也开展了一些有益的培训工作，但总体针对性不强、成效不足，面对我国劳动力转移的巨大压力是不相适应的。创新和变革的基本思路是：（1）改革现行高等教育投资政策，大力发展中、高等职业技术教育。特别是要转变高等职业技术教育模式，把职业教育真正办成劳动技能培训机构，而不是变相的学历教育。（2）改革现行企业用工模式，克服企业用工短视行为，加大企业在劳动力技能培训上的

---

① 张英洪：新旧体制交织下的农民工[J]，载《上海城市管理学院学报》2004年第1期。

投入力度,建立相应的用工培训制度,保证投资人的利益,形成农民工人力资本投资人与受益人的双赢局面。(3)加大农村基层政府在农村劳动力技能培训工作上的力度,把农村劳动力技能培训工作纳入农村基层政府的社会管理和公共服务职能之中,制定规划,确定目标和考核任务。(4)加大城市教育设施投入力度,制止针对农民工子女的教育歧视行为,保证农民工子女的教育平等权利。

保障少数民族农民工的经济权益,促进我国民族地区农村富余劳动力的顺利、有序转移是我国现代化建设事业的必然要求。一方面,目前我国城市化发展进程已滞后于我国工业化和现代化建设进程,1949 年我国城市化水平已达 10.6%,但 30 年后的 1978 年却还只有 17.9%。而几乎在同期,世界城市化平均水平从 29%迅速上升到 41.3%,先进工业化国家从 52.5%上升到 70%以上,发展中国家也由 16.7%上升到 30.5%。城市化进程与工业化进程的不同步,二元经济结构的桎梏,严重制约着我国社会的转型和现代社会的构建,必须加速城市化建设步伐。另一方面,我国目前已经进入工业化中期阶段和全面建设小康社会时期,既是"黄金发展期",也是"矛盾凸显期",农民工作为游历于城乡二元结构外的第三元阶层,在我国社会经济发展中具有举足轻重的作用,必须妥善解决好他们的发展问题。所以,深化我国有关农民工的各项社会改革和政策改革,特别是清理与户籍管理制度相连接的各种附带功能,取消城市户口背后的各种利益;清理现行各种针对农民工的就业、工资、教育、社会保障等方面的歧视,保障农民工特别是少数民族农民工的以经济权益为基本内核的各种权益,让少数民族农民工充分享有与城镇职工同等的国民待遇,显得尤为迫切和十分必要。

[该调研报告收录于《中国民族地区发展问题调研报告》(Ⅱ)中国出版集团·世界图书出版公司出版,2012 年 4 月第 1 版]

东部民族地区返乡农民工
创业现状调查及扶持政策研究
——以广东省韶关市乳源瑶族自治县为例

　　农民工是伴随着我国改革开放产生的一个新的社会劳动者群体,是新时期我国产业工人的一个重要组成部分,是先进生产力的代表。当前,在农村劳动力走出传统农村外出打工谋生的同时,一部分外出农村劳动力返回家乡就业创业,出现了农民工返乡创业的新情况、新现象。返乡创业农民工通过在外出打工期间的学习与锻炼,积累了一定的资金、学到了一定的技术技能和市场经营经验,在返回家乡创业发展的过程中,他们的先进思想、资金和技术有效地促进了家乡的经济社会发展,自己也尝到了甜头,有了新的发展。农民工返乡创业对于进一步推进新农村建设,促进农村生产力的发展有着重要的意义,尤其是对于经济欠发达的广大民族地区,意义更加深远。

　　东部地区作为我国改革开放的前沿阵地,对农村劳动力的吸引力最大,也是我国广大农村地区劳动力转移流动的主要目的地。东部民族地区作为改革开放前沿地区的一部分,在农村劳动力流出就业的同时也出现了返乡创业的新情况,那么,这里的农村劳动力返乡创业意愿的强烈程度如何? 当地政府对农村返乡创业农民工又有什么样的支持与扶持政策呢? 当地返乡创业农民工在创业工程中又有哪些困难和扶持政策需求呢? 带着这样的思考,我们成立了相关课题调查组分队,对此展开深入调查和研究。2011 年暑假期间,课题组选择广东省韶关市乳源瑶族自治县,了解我国东部民族地区返乡农民工创业情况,并以该县瑶族聚居地之一的必背镇为调查选择地,深入返乡农民工创业现场,以问卷调查和深度个案访谈等方式开展相关深度调查。课题调查组在必背镇共发放调查问卷 50 份,收回 44 份,占 88%,其中有效问卷 38 份,占 86%。做深度个案访谈 10 例,收集政府相关支持政策文件及典型案例报道材料 10 份。在这些调查资料和深度访谈的基础上,我们撰写了关于我国东部民族地区返乡农民工创业研究报告。

一、乳源瑶族自治县返乡创业农民工的现状与特点

广东省韶关市乳源瑶族自治县位于南岭山脉南麓,贯穿弧形山系,地势由西北向东南倾斜。西北部、西部峰峦环峙,属高山地带,溶蚀高原地貌显著,是广东省韶关市主要石灰岩地区之一,东北部属丘陵地带,河流两岸地势平缓,是一个典型的山区县。乳源瑶族自治县总人口 21.11 万,瑶族人口2.37 万人,占 11.23%,1963 年 10 月成立乳源瑶族自治县,是一个以瑶族为主要少数民族人口的少数民族自治县。全县辖 9 个镇:乳城镇、一六镇、桂头镇、洛阳镇、大布镇、大桥镇、必背镇、游溪镇、东坪镇。共有 115 个村(居)委会,1082 个自然村。瑶族主要聚居在必背、游溪、东坪 3 个镇,县人民政府驻地为乳城镇。

(一)乳源瑶族自治县返乡农民工总体情况及典型特征

乳源瑶族自治县总人口 21.11 万人,其中农业人口 17.07 万人,占总人口的 80.86%,是一个典型的农业县。2010 年乳源瑶族自治县农村劳动力 80541人,外出打工 49713 人,占该县农村劳动力总数的 61.7%,也就是说乳源瑶族自治县农村 62.7%的劳动力都外出打工了。乳源瑶族自治县 2008 年、2009 年外出打工农民分别为 33203 人、41455 人,显然,乳源瑶族自治县农村外出打工农民在逐年增加,并且增长幅度较大,增长幅度分别为 10.5 个百分点和 9.2 个百分点。在外出打工的农民工中,返回家乡的农民工数量却没有太大变化,仅2008 年稍有增加,但增加的幅度不是很大,2009 年、2010 年即回落(见表 1)。

表 1　乳源瑶族自治县农村劳动力外出与回乡及返乡创业情况总表

项　目		2008 年	2009 年	2010 年
农村劳动力总数		79037	79037	80541
外出农民工	总　数	33203	41455	49713
	外出农民工／农村劳动力总数	42%	52.5%	61.7%
返乡农民工	总　数	3860	3496	3523
	返乡农民工／外出农民工	11.6%	8.4%	7.1%
返乡创业农民工	总　数	1385	832	856
	返乡创业农民工／返乡农民工	35.9%	23.8%	24.3%

乳源瑶族自治县返乡农民工具有如下两个典型特征：

1. 返乡农民工创业比例较高,明显高于全国一般地区

由表1,我们欣喜地发现,在乳源瑶族自治县返乡农民工中,创业农民工占有一定的比例,2008年为35.9%,2009年为23.8%,2010年为24.3%(见表1)。即在乳源瑶族自治县返乡农民工中,有超过或接近三分之一的农民工实现了创业发展。这从另外一份有关乳源瑶族自治县青年农民工返乡创业情况汇报中,也可以得到证明,乳源瑶族自治县2008年农村返乡青年约1436人,较2007年增长约21.9%,增幅较大。2008年返乡青年成功创业人数约836人,同比增长23.9%[①]。我国农民工返乡创业始于20世纪八九十年代,进入21世纪以来,农民工返乡创业步伐明显加快,根据国务院发展研究中心"农民工返乡创业问题研究"课题组于2007年对全国28个省101个劳务输出示范县的抽样调查资料,截至2006年,返乡创业农民工占返乡农民工的8.3%[②]。东部民族地区乳源瑶族自治县返乡农民工创业比例明显高于全国一般地区的返乡农民工创业比例,高出幅度达十几个百分点。这是一个可喜的新情况,对于广大民族地区,其典型作用将更加突出。

2. 农民工返乡原因中,金融危机的影响作用不明显

由表1我们观察出乳源瑶族自治县2008年、2009年、2010年返乡农民工数量并没有突出变化,这也就是说,2008年的国际金融危机对位于我国改革开放前沿的东部地区的农民工就业没有明显的影响,并没有像全国其他农村地区那样,造成农民工大量集中返乡。根据相关资料,2008年底,因受当年国际金融危机影响,我国农民工出现大量集中返乡情况,非正常返乡在2000万左右[③]。对于出现于东部民族地区乳源瑶族自治县的这一特殊情况,我们在深度调查中为此作了专门调研,在对于农民工返乡原因的整体调研中,占比最高的是"国家支农惠农政策提高了务农收入",并不是我们平常调研中"因金融危机影响在收入和就业机会等方面明显减少"这类原因。具体访谈中,我们还发现,这一现象主要是由于近年来,随着东部地区产业转移速度的逐渐加快,东部民族地区乳源瑶族自治县,因地理条件和当地政府政策引导等方面的优势,承接的转移产业不断增多,地方经济相对发展较好,当地农民工在本地就业的机会大大增多,农民不出家门,即可找到与自己的"就业偏好"相契

---

① 乳源农村青年返乡就业创业情况汇报,共青团乳源瑶族自治县委员会(ruyuantxw@21cn.com)。
② 催传义:《进入21世纪的农民工回乡创业》[J],载《经济研究参考》2008年第31期。
③ 陈锡文:《根据测算约两千万失业农民工返乡》[EB/OL]:(http://www.sina.com.cn)2009年2月2日。

合的工作。所以,农民在就业地的选择上有了更大的选择空间,一般情况下,农民工皆可以在"家门口"找到工作。外出打工者,工作一般都较稳定,受冲击较小。如在返乡农民工人力资本拥有情况调查中,在返乡农民工中,"拥有2门以上技能者"仅占7.1%,绝大部分返乡农民工仅有1门技能和没有技能。拥有2项以上技能的外出打工农民工大多实现了稳定就业,并且他们的打工收入水平较高,就业相对稳定,基本实现了"举家迁移",已大体完成进入城市的过程。

(二)乳源瑶族自治县返乡创业农民工的一般性特点

表2 乳源瑶族自治县返乡回流农民工结构(N=3523)

项目	类别	数量	比例
性别	男	2360	67%
	女	1163	33%
年龄	25岁以下	1191	34%
	25~45岁	1816	52%
	45岁以上	516	14%
学历	文盲、半文盲	317	9%
	小学	817	23%
	初中	1282	36%
	高中(包括中专)	891	25%
	大专及以上	216	7%
累计外出务工时间	2年以下	256	7.3%
	2~5年	1144	32.5%
	5年及以上	2123	60.2%
人力资本构成	没有技能	1742	49.4%
	拥有1门技能	1531	43.5%
	具有2门及以上技能	251	7.1%

根据我们对乳源瑶族自治县返乡回流农民工的抽样问卷调查,以及乳源瑶族自治县劳动就业部门的统计资料,我们得到了乳源瑶族自治县2010年返乡农民工特征构成情况,如性别结构、年龄结构、学历结构以及人力资本(或劳动技能)结构等。我们由此列出相关情况统计表(见表2)。同时,我们又深入乳源瑶族自治县瑶族聚居相对集中的必背镇,开展返乡创业农民工个案调查与深度访谈,进一步了解到乳源瑶族自治县返乡创业农民工的具体情

况。在这两项调研工作的基础上,我们分析总结乳源瑶族自治县返乡创业农民工的一般性行为特征,并进而找出带有规律性和具有典型意义的东西。

乳源瑶族自治县返乡创业农民工具有如下几个一般性特点:

1. 以第一代男性农民工为主,人力资本拥有量相对较高,属农村"能人"群体

在乳源瑶族自治县 2010 年 3523 名返乡农民工中,男性占比为 67%,女性为 33%,恰好是男性占三分之二,女性占三分之一,性别结构差异明显。返乡农民工年龄大多在 25 岁至 45 岁之间,占整个返乡农民工的 52%(见表2)。返乡创业农民工中男性占 71.3%,女性占 28.9%,并且在女性的 28.9% 中,大多是共同创业或夫妻协同创业。返乡创业农民工的年龄也大多在 30~39 岁之间,占 52.6%。81.5% 的返乡创业农民工具有初高中文化,小学及以下文化者仅占 13.2%(见表3)。显然,乳源瑶族自治县返乡创业农民工具有这样的基本特征:正值青壮年、男性、有较高文化程度与人力资本存量、在外打工时间较长(在外打工时间在 5 年以上者占 60.2%)。

表3 乳源瑶族自治县返乡创业农民工性别、年龄、文化程度情况表 (N=38)

项 目		数 量	比 例
性别	男	27	71.1%
	女	11	28.9%
年龄	19 岁以下	1	2.6%
	20~29 岁	12	31.6%
	30~39 岁	20	52.6%
	40 岁以上	5	13.2%
文化程度	小学及以下	5	13.2%
	初中	21	55.2%
	高中或中专	10	26.3%
	大专及以上	2	5.3%

2. 农民工返乡创业大多是基于自身内在原因所做出的理性选择

表4 乳源瑶族自治县返乡农民工返乡原因调查表 (N=3523)

原因类别	人数	比例
打工收入明显比金融危机发生前减少	183	5.2%
打工公司或企业(单位)因订单减少而裁员或停产	256	7.3%
在外生活成本提高、继续在外打工不划算	541	15.4%

续表

原因类别	人数	比例
打工公司或企业(单位)因经营困难而破产倒闭	211	6%
打工环境明显不适应	85	2.4%
国家支农惠农政策提高了务农收入	1102	31.3%
沿海产业转移带动了在家乡就业	212	6%
地方政府优惠政策引导返乡创业	101	3%
家人分居,不利于家庭和睦	89	2.5%
孩子上学不方便	81	2.3%
当地人歧视农民工	74	2.1%
工资不能足额及时发放	121	3.4%
医疗养老失业保险等政策不配套	172	4.9%
在当地受老板欺负	65	1.8%
其他	230	6.5%

表5 农民工选择返乡创业的主要原因(可多选)(N=38)

原因类别	人数	比例
打工环境明显不适应	9	20.5%
国家支农惠农政策提高了务农收入	1	2.3%
沿海产业转移带动了在家乡就业	0	0%
地方政府优惠政策引导回乡创业	2	4.5%
金融危机对在外地就业与收入有影响	2	4.5%
与家人分居两地等生活上的原因	30	60.2%
其他	0	0

　　劳动力就业结构决定于产业结构,并随着产业的变化而波动,这是一个基本的经济学规律。从一般意义上分析,在我国,促成农民工返乡回流的原因主要有五个方面:(1)国家近年来不断推出的支农惠农政策,提高了农民种粮的经济效益,增强了农民工返乡种粮的积极性。(2)沿海产业在成本比较原则下不断向中西部转移带动了农民工返乡就业与创业。(3)中西部地区各级政府的创业优惠政策吸引农民工返乡创业。(4)沿海劳动密集型企业受金融危机冲击,劳动力需求大幅下降。(5)农民工自身原因,如文化素质过低、生活不

便或思亲心理等原因。

在我们此次调查中,乳源瑶族自治县外出打工农民工返乡原因既有一般意义上的这五种情况,但影响作用较明显的是如下两个因素(见表4):其一是"国家支农惠农政策提高了务农收入"(占31.3%),这是一种"结构性因素",其影响对于农民工返乡行为具有正向推动性。其二是"在外生活成本提高、继续在外打工不划算"(占15.4%),这是一种"主体性因素",对于农民工选择返乡创业具有拉动性作用。农民工作为我国市场经济主体,正走向成熟,他们的返乡创业行为正是基于对上述结构与主体双重因素的交互作用下所做出的一种理性选择。同时,在进一步对于返乡创业农民工的"选择返乡创业的主要原因"的深度调查中(见表5),62.2%的农民工选择了"与家人分居两地等生活上的原因",20.5%的农民工选择了"打工环境明显不适应"这个因素。这两个因素都带有明显的"社会建设"性质。从表4,我们还可以看到,受本次金融危机影响而返乡的比例并不高,选择"打工收入明显比金融危机发生前减少"者仅占5.2%,选择"打工公司或企业(单位)因订单减少而裁员或停产"者仅占7.3%,选择"打工公司或企业(单位)因经营困难而破产倒闭"者仅占6%,三者加起来也仅为18.5%。这说明:其一东部民族地区乳源瑶族自治县农民工就业受本次国际金融危机影响较小,作用不明显。其二东部民族地区乳源瑶族自治县农民工的流动行为选择逐渐理性,在农民收入有了较好的保障时,影响农民工流动行为的生存性因素的作用在缩小,而生活性因素的影响正在逐步增强。也说明,在经济发展到一定水平时,社会建设必须与经济发展协调同步,在一定时期,社会建设更能引起人们的关心,其水平的高低更能影响一个地区的社会和谐程度。表4中,农民工返乡的原因中社会建设因素:"打工环境明显不适应""家人分居,不利于家庭和睦""孩子上学不方便""当地人歧视农民工""工资不能足额及时发放""医疗养老失业保险等政策不配套""在当地受老板欺负"等占比共为19.4%,大体在五分之一的比例。

另外,由表4的调查情况,我们还可以看出,农民工本人在打工地的生活、生存环境对农民工的就业影响不是太明显。返乡农民工中,因"打工环境明显不适应""当地人歧视农民工""在当地受老板欺负"等原因而被迫返乡的总数仅为224人,占该县农民工返乡总数的6.4%。农民工返乡行为选择更加理性,也进一步说明农民工打工环境明显得到改善。

3. 农民工选择创业的主动性逐渐增强,自信心明显提高

在"农民工选择返乡创业的主要动机"项的调查中,我们将调查选项设计为四大类:农民工主动性行为选择、被动性行为选择、地方经济社会发展以及政府推动因素和"模糊"项。在我们的调查结果中,选择"经过多年积累,已有了自主创业的条件"这一主动性选择行为的占比最高,为45%,已近一半(见表6)。在"您选择返乡创业的最有利因素"的调查中,所有的有效答卷均做出了明确的选择(见表7)。说明民族地区乳源瑶族自治县农民工选择返乡创业的自信心明显增强。同时,选择与之相近的因素"在外打工收入下降,不如在家创业",占25%,两者相加共占70%。这说明,东部民族地区乳源瑶族自治县返乡创业农民工中,有近三分之二的人是主动选择返乡创业。选择"在外找工作难度很大,只好在家创业"这一被动性因素的仅为20%(见表6)。

表6 您选择返乡创业的主要动机(可多选)(N=38)

原因类别	人数	比例
在外打工找工作难度很大,只好在家创业	8	20%
在外打工收入下降,不如在家创业	10	25%
政府对返乡农民工创业出台了优惠政策	3	7.5%
银行(信用社)对返乡农民工创业提供金融支持	0	0
经过多年积累,已经有了自主创业的条件	18	45%
其他	1	2.5%

并且,在"您选择返乡创业的主要动机"与"在外打工经历对您返乡创业提供了哪些有利条件"两项调查中,农民工的选择明确而自信,没有人选择"其他"项,并且所选各个选项占比大体平衡(见表7、表8)。这也进一步说明,东部民族地区乳源瑶族自治县的返乡农民工创业行为的选择总体看,是经过多方考虑和论证后所做出的一个"成熟"而"理性"的选择。

表7 您选择返乡创业的最有利因素是(可多选)(N=38)

原因类别	人数	比例
积累了一定的创业资金	21	35%
拥有知识、技术等方面的积累	18	30%
在该行业有多年的工作经验	14	23.3%
对该行业的市场信息掌握清楚	7	11.7%
其他	0	0

表8 在外打工经历对您返乡创业提供了哪些有利条件(可多选)(N=38)

资金支持	市场经验	社会关系	知识能力	其他
22	23	19	22	0
25.6%	26.7%	22.1%	25.6%	0

4. 返乡农民工创业行业大多选择商业与服务业等第三产业。

由表9的情况看,乳源瑶族自治县返乡农民工就业选择上,选择传统农业的仅占7.6%,也就是说,乳源瑶族自治县的返乡农民工绝大部分回乡后并没有回到传统农业,从事打工外出前从事的以家庭为单位的小规模分散式农业劳动。52.4%的返乡农民工都在"家门口"就地从事于"制造业"行业。农民工就业结构决定于经济结构,乳源瑶族自治县充分抓住东部发达地区产业转移的发展大趋势,大力发展以"高新材料、铝箔加工、生物制药、绿色食品加工、生态旅游"为主的五大产业[①],为农民工就地就近在工业企业就业创造了良好的客观条件。

表9 乳源瑶族自治县返乡农民工就业行业分布情况 (N=3523)

	传统农业	工商服务业	制造业	创业	等待
数量	267	341	1845	856	214
比例	7.6%	9.7%	52.4%	24.3%	6%

返乡农民工创业行业一般选择商业与服务业等第三产业,其中选择商业的有32%,选择服务业的有36.6%。而选择传统农业的仅为14.1%,选择工业的仅为3.6%,选择建筑业的仅为3.3%(见表10)。

表10 返乡创业农民工创业企业行业分布情况 (N=856)

行业	传统农业	工业	建筑业	商业	服务业	其他
数量	121	31	28	274	313	89
比例	14.1%	3.6%	3.3%	32%	36.6%	10.4%

---

① "十一五"时期以来,乳源瑶族自治县立足生态发展区的功能定位,紧紧抓住广东省委、省政府实施"双转移"战略的有利时机,不断解放思想,攻坚克难,主动对接《珠江三角洲地区改革发展规划纲要》,坚持以特见长、以特创优,大力建设和培育特色产业园,把做大做强高新材料、铝箔加工、生物制药、绿色食品加工、生态旅游等五大产业集群作为促进经济增长的主攻方向,大力推进产业转型升级,加快转变经济发展方式,不断增强经济发展活力与后劲。"十一五"期间乳源瑶族自治县投入资金近3亿元,进一步完善了工业园区的基础设施,承接产业转移能力明显增强。全县共引进项目227个,投资总额37亿元,利用外资8000万美元。2010年,全县共引进项目44个,总投资15.3亿元,实际利用外资1790万美元,增长109%。全县实现工业总产值82.99亿元,同比2005年增长124%;工业增加值15.69亿元,同比2005年增长73%,招商引资和产业集聚进入新的发展阶段。见乳源瑶族自治县人民政府公众信息网(http://www.ruyuan.gov.cn)2011年10月5日"招商引资"栏目。

通过深度调查,我们了解到,乳源瑶族自治县返乡农民工的创业行业选择的这一特点决定于如下三个因素:其一是农民工创业企业规模、资金较小,这恰恰符合小商业、服务业的要求;其二乳源今年来工业发展较快,对商业、服务业的需求增强;其三农民工的创业选择也受到打工期间所从事的行业的影响,我们在必背镇深度调查中,了解到农民工返乡前打工行业主要集中在制造业、批发零售业、餐饮住宿业、交通运输业(见表11)。

表11　返乡前务工从事的行业（N=38）

种植业	养殖业	林地承包	采矿业	制造业	建筑业	交通运输业	批发与零售业	住宿与餐饮业	其他服务业
2	4	1	2	8	2	6	7	5	1
5.3%	10.5%	2.6%	5.3%	21.1%	5.3%	15.8%	18.3%	13.2%	2.6%

5. 个体私营为主,企业规模较小,资金投入不大,雇用人数不多

乳源瑶族自治县农民工返乡创业起步较晚,在我们深入必背镇的调查中,全部有效的38份问卷中,全部为2000年以后返乡创业(见表12)。并且,农民工返乡创业总体上呈逐年增多的趋势,2008年出现过较大幅度的增加。

表12　您是哪一年选择返乡创业的（N=38）

2000	2002	2003	2005	2006	2007	2008	2009	2010	2011
2	2	2	3	4	3	8	5	8	1
5.3%	5.3%	5.3%	7.9%	10.5%	7.9%	21.1%	13.2%	21.1%	2.6%

在我们就乳源瑶族自治县返乡农民工创办企业的经营形式进行调查的过程中,出现了两种差异较大的调查结果,全县总体情况的统计资料中,返乡农民工创业经营形式如表13所示,主要是"承包经营"(占29.3%),"租赁经营"(占28.4%),明确表示是"个体经营"的仅占10.6%,还有29.9%的人选择了"其他"。而我们在必背镇进行农民工返乡创业现场深度调查时,选择"个体经营"的占60.5%,选择"私营企业"的占13.2%,选择"股份合作制"的占13.2%,(见表14)。在深度个案调查中,我们了解到所谓的"股份合作制",其实也是"私营"形式,所以,个案调查中,返乡农民工创业主要是以"个体私营"形式进行,共占86.9%。而在乳源县总体调查统计中,选择"承包"和"租赁"的也大多是"个体私营"经营者。

表13 返乡创业农民工创办企业经营形式（N=856）

形式	个体经营	私营企业	股份制	承包	租赁	其他
数量	91	4	11	251	243	256
比例	10.6%	0.5%	1.3%	29.3%	28.4%	29.9%

表14 您所创办的企业的经营形式（个案调查表 N=38）

个体经营	私营企业	股份合作制	承包经营	租赁经营	其他
23	5	5	1	2	2
60.5%	13.2%	13.2%	2.6%	5.3%	5.3%

　　乳源瑶族自治县返乡农民工创办的企业一般规模都较小,2010年的数据显示,全部返乡创业农民工创办的企业资金规模都在20万元以下,资金规模在2万元以下的占28.9%,近三分之一,资金规模在5万元以下的占66.8%,近三分之二(见表15),都属于小微型企业。并且,返乡农民工创办的企业的年产值也不高,在我们对必背镇返乡创业农民工的调查中,55.3%的企业年产值都在10万元以内,年产值100万元以上的没有(见表16)。另有34.2%的企业没有明晰的财务制度和财务账目,所以,对于自己的企业年收益情况无法估计,这类企业规模更小,基本是农民工自我雇佣型、生存型。

表15 返乡创业农民工创业资金规模（N=856）

规模	资金规模				
	2万元以下	2万~5万元	5万~10万元	10万~20万元	20万元以上
数量	247	324	172	113	0
比例	28.9%	37.9%	20 %	13.2%	0

表16 您一年的创业总收入 （N=38）

10万元以下	10万~50万元	50万~100万元	100万元以上	无法估计
21	3	1	0	13
55.3%	7.9%	2.6%	0	34.2%

　　深度调查显示,返乡农民工创业企业资金规模一般都较小的主要原因在于乳源瑶族自治县农民工外出打工一般在省内个体私营企业或三资企业,收入较低,带回资金较少。乳源瑶族自治县返乡农民工回乡前的企业类别和地

区分布情况主要呈现这样几个特点:(1)返乡农民工回乡前的务工企业主要是个体私营企业,占70%,三资企业占30%,没有人在国有企业就业。(2)返乡农民工回流前的务工地域主要是省内东部地区,占86%,在县内企业就业的占14%,没有人在省外就业(见表17)。(3)农民工返乡带回的资金有限,绝大部分在5万元以下,占92.2%,带回资金在10万元以上的仅占2.4%(见表18)。

表17 乳源瑶族自治县返乡农民工回流前打工所在企业、地域(N=3523)

项目	行业类别			地域分布		
	国有企业	三资企业	个体私营企业	县内	县外省内	省外
数量	0	1057	2466	494	3029	0
所占比例	0	30%	70%	14%	86%	0

表18 乳源瑶族自治县返乡农民工带回资金规模(N=3523)

带回资金	2万元及以下	1560	44.3%
	2万~5万元	1687	47.9%
	5~10万元	189	5.4%
	10万元以上	87	2.4%

乳源瑶族自治县返乡农民工创办的企业规模较小,还表现在企业雇用的人数较少,总体上看,乳源瑶族自治县返乡农民工创业企业雇用人数全部没有超过20人,并且雇用人数在1~10人之间的企业占90.5%(见表19)。必背镇的个案调查结果更加明确地证明了这一点,在有效38份问卷中,73.7%的返乡创业农民工"不需要雇工"。并且全部企业的雇工人数都在20人以内,雇工10人以内的企业占94.7%(见表20)。企业雇用人数不多,不仅说明返乡农民工创办的企业规模较小,更说明他们的企业仍属于生存型企业,主要是返乡农民工自我雇佣,对于当地农民工的就业带动作用有限。

表19 返乡创业农民工创办企业用工规模(N=856)

规模	用工人数					
	1~10人	11~20人	21~30人	31~50人	51~100人	100人以上
数量	775	81	0	0	0	0
比例	90.5%	9.5%	0	0	0	0

表20　您雇用了多少工人(个案调查表 N=38)

不需要雇工	1~10人	11~20人	21~30人	31~50人	51~100人	100人以上
28	8	2	0	0	0	0
73.7%	21 %	5.3%	0	0	0	0

6. 返乡农民工创业地点一般选择在县城所在地(见表21、表22)。

表21　返乡创业农民工创办企业地域分布(N=856)

地域	村(自然村)	乡(镇)	县城镇
数量	213	194	449
比例	24.9%	22.7%	52.4%

表22　您所创办企业的经营地点的选择情况(个案调查表 N=38)

地域	村(自然村)	乡(镇)	县城(中心镇)
数量	16	12	10
比例	42.1%	31.6%	26.3%

表21 显示,在返乡农民工创业地点的选择中,选择在乳源县城所在镇的占总人数的 52.4%,超过一半。选择在农民工原居住地所在村的仅占 24.9%,选择在农民工居住地所在乡(镇)的仅占 22.7%。但我们在必背镇的深度个案访谈问卷调查中(见表22),返乡农民工创业地点的选择与上述结果有一些出入,选择在本村创业的占 42.1%,选择在本乡(镇)创业的占 31.6%,选择在县城镇创业的仅占 26.3%。

二、乳源瑶族自治县农民工返乡创业的作用与意义

改革开放以来,我国广大农村劳动力冲破制度与结构的双重约束,走出农村,跳出农门,"洗脚上坎、穿鞋进城",创造农村劳动力城镇转移就业的新路子,使长期以来潜存于我国农村的劳动力"剩余"得以有效释放。1990 年代以后,在农民进城打工的同时,又出现了部分农民工返乡创业的新现象,这既与我国的城乡制度设计密切相关,也与我国经济发展战略的选择密切相关,更是广大农民工在充分获得自主就业权后的一种理性选择。20 多年的实践证明,农民工返乡创业带动了城市资金、技术、市场观念、经营管理经验以及

农村能人向农村地区回流,拓展了农民的增收渠道,推动了农村的进步,促进了农业的发展。农民工返乡创业行为一头连着市场,一头连着产地,一头连着现代城市,一头连着传统农村,以特有的方式为我国新时期城镇化建设与社会主义新农村建设提供了一条新的发展思路。

蓬勃发展的民族地区,特别是距离我国改革开放前沿阵地——东南沿海地区最近的民族地区,农民工返乡创业又有哪些作用与意义呢?带着这样的思考,我们来到广东省韶关市乳源瑶族自治县以及该县瑶族聚居地必背镇开展深入调查。通过为期两周的调研,我们了解到,与一般民族地区相比,东部民族地区乳源瑶族自治县农民工返乡创业起步相对较早,发展势头正盛,积极作用明显。主要体现在五个方面:(1)改善了自身的生活状况,提高了自身的收入水平,经济地位和社会地位明显提升。(2)以创业带动就业,促进了当地农村剩余劳动力的就近就地就业,有益于农村"40·50"就业困难群体就业问题的妥善解决。(3)促进了山区经济特色明显的民族地区的农业产业结构的调整。(4)有利于推进民族地区新农村建设步伐。(5)有利于推动民族地区城镇化进程。

(一)有利于民族地区农村劳动力就地就近就业

农民工是我国改革开放以后产生的一个独特的社会群体,伴随着这一群体产生、发展过程始终的最大问题,就是这一群体的经济社会地位问题。农民工在城镇打工就业过程中,反映最为强烈的也是经济社会歧视问题,这种歧视集中表现为农民工在为我国城市经济社会发展做出重要贡献的同时,却成了城市社会中的弱势群体——经济上的"佣人"地位、政治上的"沉默"地位、社会上的"无根"地位、文化上的"边缘"地位[1]。农民工返乡创业,输出的是劳动力,带回的是生产力,极大地改善了农民工的社会经济地位。其一,农民工返乡创业是一项自主选择行为,充分体现了农民工市场经济主体地位,是社会制度对于农民工的一种承认,民族地区农民工通过返乡创业找回了自信,获得了尊重。"以前外出打工,叫输出去;现在回到家里种田,叫转回来,但本质上有所改变,自己从为老板干活到情人干活,虽是种烟,却为自己和别人创造财富,觉得农村也大有作为",这是乳源瑶族自治县返乡创业农民工许路城自信的声音[2]。其二,农民工返乡创业有效地解决了自己以及家人的就业问

---

[1] 姚上海:《中国农民工政策的回顾与思考》,载《中南民族大学学报》2009年第3期。
[2] 《粤北乳源瑶乡返乡农民工致富有招》,中国新闻网(www.chinanews.com)2009年5月21日。

题,收入水平大大提高。根据 2009 年国家统计局农村司《2009 年农民工监测调查报告》,2009 年,我国外出打工农民工月平均收入为 1417 元[①],按此标准推算,农民工在城镇打工一年的总收入为 17000 元左右。民族地区返乡农民工创业收入明显高于外出打工收入,根据我们在乳源瑶族自治县必背镇进行的 38 位返乡创业农民工个案调查中,创业年总收入在 10 万元以上占10.5%,在 10 万元以下的占 55.3%,而且,我们深度调查发现,一般来说,返乡创业农民工对于自己的创业收入等较为敏感的话题,都较为保守,估计得较低,同时,对于 10 万元以下,绝大部分也是在 10 万元左右(见表 16)。如乳源瑶族自治县种烟大户返乡创业农民工李群国:"今年租地种了 100 亩黄烟,预计纯收入最少都有 10 万元"[②]。其三,农民工返乡创业对于民族地区经济社会发展最为明显的作用就是开辟了一条民族地区农村剩余劳动力就业的新渠道。农民工外出打工不仅收入不高,而且造成家庭分离,远离亲人,疏于亲情,农村大量出现"空壳家庭""空巢老人""留守妇女""留守儿童"等所谓的"386199"现象,对我国农村发展带来深刻影响。返乡农民工创业创办的企业为农村剩余劳动力就近就地就业提供了机会,创造了条件。特别对于农村"40·50"人群,更是提供了一条有效的就业新路子。其四,通过返乡农民工创业提供的就近就业机会,使得一部分民族地区农民工可以在自家门口就业,这样,他们不仅可以就近上班,获得打工收入,还可以利用打工间隙,耕种、经营自家承包土地,获得农业经营收入,为民族地区农民工创造更加丰富多样的增收途径。

(二)有利于促进民族地区经济社会发展

"流动是发展的动力,而不是欠发展的征兆"[③]。在我国绝大部分地区,农业仍然是弱势产业,比较效益相对较低,所以,一般来说,农村剩余劳动力向城镇转移就业是一种由农村向城镇、农业向非农产业的上向流动,是社会进步的一种表现。但是,在农村剩余劳动力城镇转移就业的流动过程中,也表现出农村优质资源的流失和乡村经济要素的低效利用。如农村人才资源的流失,农民工打工资金回流农村后的使用低效,农业投入严重不足,农业经营粗放,农村"空壳化"现象严重等,农民工返乡回流创业发展恰恰有效地弥补了

---

① 国家统计局农村司编著:《2009 年农民工监测调查报告》,国家统计局网站 2010 年 3 月 19 日。
② 《粤北乳源瑶乡返乡农民工致富有招》,中国新闻网(www.chinanews.com)2009 年 5 月 21 日。
③ 中国流动人口发展报告 2011《"80"后"渐成流动大军主角》,载《人民日报》2011 年 10 月 10 日第 9 版。

这一转移流动带给广大农村的缺失。在民族地区乳源瑶族自治县,返乡创业农民工带着在外打工挣到的"第一桶金"和打工就业过程中学到的知识技术、管理经验和市场观念以及城市生活方式等,回到家乡创办企业,无论是对于当地的经济发展、产业转型、新农村建设、城镇化推进,还是对于当地农村思想观念的转变、生活方式的改进等,都具有明显的启迪和示范作用,农民工已经成为民族地区乳源县经济社会发展进步最可宝贵的"人矿"资源。在对乳源瑶族自治县返乡农民工创业资金来源情况的调查中,有41%的返乡创业农民工创业启动资金依靠的都是自己打工带回的"自有资金"(见表25),带回资金规模在2万元以上的有55.7%(见表18)。我国民族地区一般属于欠发达地区,受交通条件、自然地理环境、气候等因素的制约,"招商引资"一直非常艰难,工商服务业等二、三产业发展进程缓慢,其中最主要的因素还是缺乏推动地区经济社会发展的、充满生机与活力的"新鲜血液",这种"新鲜血液"就是民族地区发展最为缺乏的资金、技术、人才、观念等。在民族地区乳源瑶族自治县的调查证明,农民工返乡创业为破解这一局面带来了契机。如乳源瑶族青年盘古,高中毕业后外出打工,从一个建筑工地干着粗重的力气活,到发现"电焊工的工资是他的好几倍,第一次感受到技术的含金量",打工的亲身感受与强烈的现实感受,促使其思想发生重大转变,再到立志回家创业,思想发生质的飞跃,最后在家乡成功创业,发展成为一个固定资产达20万元、雇用8名下岗人员的乡镇企业。

(三)有利于加快民族地区农业现代化步伐

农业是农民最熟悉的产业,因为民族地区的农业发展水平较低,也是对从业劳动者技能要求较低的行业,加上民族地区农村地域偏僻,土地资源价格较低,还是创业进入门槛较低的产业。所以,民族地区返乡农民工创业时,选择农业产业者占比较大,东部民族地区乳源瑶族自治县返乡农民工创业行业选择中,也呈现出这一特点,但不是很明显,占比为14.1%(见表10),相反选择商业与服务业的占68.6%。而我们在乳源瑶族聚居地之一的必背镇的深度调查中显示,必背镇的返乡农民工创业行业选择中选择传统农业的占42.8%。显然,在农民工返乡创业行业选择行为中,同属民族地区的一般地区与少数民族聚居地也是有较大的差别的。

民族地区返乡农民工创业时选择农业产业对于民族地区农业特色资源开发利用、农业发展方式转变与农业现代化转型促进作用巨大,主要体现在如下几个方面:其一,民族地区农民工返乡创业选择传统农业时,一般都是紧紧依托当地的农业资源优势,开发种植特色农业产品,推动民族地区特色农业发展。如乳源烟叶种植产业是适合于当地土质、气候等条件的特色农业产业,返乡创业农民工成为该县烟叶种植主力,该县 2009 年全县种烟 1 万亩,大部分是农民工大户所种,农民工成为烟叶生产的主流,成为瑶乡的"金凤凰"①。其二,农民工返乡创业的一个重要形式是选择与商品农业的发展相结合,他们创办的传统农业生产经营企业,一般都是规模经营,他们通过转租、转包、交换、入股等方式,对农村土地、林地、水塘等农业生产资源进行适度集中,按照产业化生产的规律进行生产开发,这对我国民族地区传统农业是一种根本性改造。这种农业发展方式的转变,破解了长期以来困扰我国农业包括民族地区农业的"土地细粹化"与经营效益、"小户经营"与大市场的矛盾和难题。其三,民族地区农民工返乡创业还有较大的一部分人是选择农村农产品的加工、流通、服务等,他们通过创办这些农业生加工企业,发展农产品生加工,拉长民族地区农业产业链条,提高了民族地区农业资源的利用效益,推进农业深度开发,为民族地区现代农业发展奠定了基础,提供了"雏形"。

(四)有利于推进民族地区社会主义新农村建设

农民工通过外出就业在城镇二、三产业打工,经受了现代工商服务业、城市生活、市场运行等先进"场域"的锻炼,素质得到大大提高,视野更加开阔,思想更加开放,创业发展与致富意愿更加强烈,打工这个"大学堂",不仅造就了一批新型产业工人和一线技术管理人员, 也培养了一大批新型的现代农民。民族地区乳源瑶族自治县农民工在外出打工从业过程中经受了锻炼,学习了技术,提升了才干,为返乡创业发展提供了有效的基础和必要的准备(见表 7、表 8),成为乳源乡村发展的与建设的骨干力量。其一,返乡创业农民工通过开办企业对当地的经济发展提供了直接的推动作用。其二,返乡创业农民工自身的创业实践对当地社会发展起到了示范效应。其三,返乡创业农民工中的部分人还成了当地乡村领导干部和技术专业人才,为解决我国新农村建设中基层人才缺乏问题提供了有效途径。可见,农民工返乡创业对于民族地区社会主义新农村建设的深化与推进具有重要的战略意义。

---

① 冯昶、李凌、赖南坡、蔡明清:《粤北乳源瑶乡返乡农民工致富有招》[EB/OL]:中国新闻网 2009 年 5 月 21 日。

(五)有利于推动民族地区城镇化进程

改革开放后我国农村劳动力城镇转移就业的实践证明,农民工已经成为我国城镇化的主体。国家发改委城市和小城镇改革发展中心主任李铁表示,中国城镇化发展过程中"进城农民工是主体"。数据表明,在北京、上海、浙江、天津等地,农村人口净流出对城镇化的贡献率均在30%以上[1]。在进城农民工成为我国城镇化发展主体的同时,农民工返乡创业则成为推动我国中西部地区城镇化发展的一种有效机制。返乡创业农民工一般都把自己的企业创办在镇上或离家较近的村庄(见表21、表22),为我国农村传统集镇发展成为小城镇或传统村庄提升为小城镇提供产业支撑。产生聚集效应,推动人口、劳动力、资本等生产要素向小城镇集中,扩大小城镇经济规模。同时,进一步推动小城镇基础设施建设、公共服务设施建设以及配套产业建设,提供更多的就业机会,吸引更多的人口与劳动力以及资本等经济要素的聚集,使小城镇发展成为良性循环。

三、乳源瑶族自治县农民工返乡创业面临的主要困难

农民工返乡创业标志着我国农村劳动力城乡流动进入一个由单向输出到双向流动的新阶段,为我国有效解决城乡差异、缩小区域差距提供了一个新的途径,为城乡统筹发展战略的深入实施提供了一个新的思路,为促进"城市支持农村、工业反哺农业"提供了一个新的渠道,为进一步提高国家强农惠农政策效益提供了一个新的载体。民族地区农民工返乡创业还是一个新生事物,面临着许多困难,存在不少问题,需要政府社会大力扶持。返乡农民工创业过程中遇到的困难既有政府政策层面的,也有企业融资、企业用地、信息服务、企业招工等层面的,还有农民工自身素质层面的,课题组根据已有的农民工返乡创业研究文献资料和国内同行的相关研究思路,把农民工返乡创业可能遇到的困难分为"企业审批或立项手续繁多、辗转多部门""政府部门收费""企业负担重"等11个主要指标,并根据乳源瑶族自治县劳动就业部门的相关调查统计资料进行分类整理,得到"乳源瑶族自治县返乡农民工创业面临的最大困难"统计情况(见表23)。

---

① 中国流动人口发展报告 2011《"80后"渐成流动大军主角》[N],载《人民日报》2011年10月10日第9版。

表 23　返乡创业农民工创业面临的最大困难（N=856）

项目	数量	比例
企业审批或立项手续繁多、辗转多部门	62	7.2%
政府部门收费	67	7.8%
企业负担重	61	7.1%
吃大户的太多	75	8.8%
经营环境差	87	10.2%
信息不畅	75	8.8%
交通不便	71	8.3%
市场规模太小	81	9.5%
资金筹集困难	155	18.1%
缺乏配套产业	66	7.7%
人才不足	56	6.5%

　　乳源瑶族自治县返乡农民工创业过程中面临的困难调查中最大的特点就是：除"资金筹措困难"占比为 18.1%，稍微较高外，其他各种困难占比大体相同，都不是很突出。但我们再进一步分析这些困难，属于政府公共服务不到位造成的企业创业软环境方面的困难占比最高，情况最为突出："企业审批或立项手续繁多，辗转多部门"，占比 7.2%；因"政府部门收费"等原因造成经营困难的占比为 7.8%；明确表示"企业负担重"这一困难的占比为 7.1%；明确表示"吃大户的太多"的占比为 8.8%；明确表示"经营环境差"的占比为 10.2%；这五项都属于政府公共服务欠缺，共占比 41.1%。可见，虽政府多次强调要扶持和大力支持返乡农民工创业发展，也做了大量工作，但工作的改进余地仍很大。属于因民族地区客观自然条件所限带来返乡农民工创业困难的如"信息不畅"占比 8.8%，"交通不便"占比 8.3%，"市场规模太小"占比 9.5%，三者共占比 26.6%。属于民族地区经济社会水平不高带给返乡农民工创业困难的如"缺乏配套产业"占比 7.7%，"人才不足"占比 6.5%，两者共占比 14.2%。总体来说，民族地区经济发展环境仍然欠缺，政府服务有待大力改进。

　　同时，我们又将农民工返乡创业面临的困难作为我们深度访谈的重点，在乳源瑶族聚居地必背镇进行调查（见表 24），在接受调查并做出有效答卷的 38 位返乡创业农民工中，有 42.3% 的返乡创业农民工存在"资金困难"，其次是存在"技术困难"（19.7%）和"行政审批困难"（14.1%），同时也存在"用地难"

(9.9%)和"招工难"(8.5%)。

表24　您创业中的主要困难(可多选)(N=38)

资金困难	技术困难	招工难	用地难	行政审批难	其他
30	14	6	7	10	4
42.3%	19.7%	8.5%	9.9%	14.1%	5.5%

(一)资金筹措困难

资金制约既是一般中小企业、民营企业、个体私营企业发展中的共有难题,也是农民工返乡创业中遇到的最大困难,民族地区农民工返乡创业地点一般选择在农村乡镇,同样面临资金困难,甚至更加突出,在我们的调查中这一点也得到了印证。调查中,返乡农民工明确表示创业资金困难的比例非常高,在全县总体情况调查中,明确表示有"资金困难"的返乡创业农民工占比最高为18.2%(见表23)。在必背镇开展的个案情况深度访谈调查中,明确表示"资金筹措困难"的占比更高,达42.3%(见表24)。

返乡农民工创业发展资金困难主要表现在如下三个方面:

1. 创业资金主要来自于自有资金,资金来源渠道单一

农民工返乡创业资金来源渠道一般有依靠自有资金、向正规金融机构贷款、亲戚朋友间借用、民间互助这样四种情况。对此,我们既深入民族地区乳源瑶族自治县农村劳动力转移流动管理部门收集了全县的总体情况(见表25),也深入农民工返乡创业现场开展个案问卷调查(见表26)。从我们的调查中可以看出,返乡农民工创业资金来源渠道单一,主要依靠"自有资金"。在表25的总体情况调查结果中,农民工返乡创业依靠"自有资金"者占41%,向商业银行、农村信用社等正规金融机构贷款的占32.1%,向亲戚朋友等私人借用的占21.6%,民间互助的占比为零。在表26的个案问卷调查结果中,农民工返乡创业依靠"自有资金"者占比更高达47.8%,向商业银行、农村信用社等正规金融机构贷款的仅占13.1%,向亲戚朋友等私人借用的占39.1%,来自于民间融资渠道的占比为零。

表25　返乡创业农民工创业资金来源情况(N=856)

项目	数量	比例
自有资金	351	41%
商业银行贷款	84	9.8%

续表

项目	数量	比例
信用社贷款	191	22.3%
亲戚朋友、私人借用	185	21.6%
民间互助会	0	0
其他	45	5.3%

表 26　您创业启动资金来源渠道(可多选)(N=38)

自己家庭积蓄	向亲朋好友筹款	向银行贷款	民间融资渠道	其他
22	18	6	0	0
47.8%	39.1%	13.1%	0	0

2. 返乡农民工创业资金规模较小

创办企业一般属于微型企业,以个体私营小门店经营为主,少部分为民营企业。采用股份合作制形式的较少,并且多为农业经营企业。农民工返乡创业资金规模较小,81.2%的创业企业启动资金规模在 10 万元以下,在 51 万以上的没有(见表 27),创业启动资金规模在 3 万～5 万元的占比最高达 50%。这进一步说明,返乡创业农民工创办的企业一般都是采用小门店经营的微型企业,私营企业、个体工商户为主,属"谋生型"的创业。

表 27　您返乡创业启动资金规模 (N=38)

2 万元以下	3 万~5 万元	6 万~10 万元	11 万~20 万元	21 万~50 万元	51 万~100 万元	100 万元以上	未回答
6	19	6	4	1	0	0	2
15.6%	50%	15.6%	10.5%	2.6%	0	0	5.3%

3. 持续发展支持能力不足

受民族地区农村融资能力不足与筹资渠道单一的制约,绝大部分返乡创业农民工的创业资金是自己打工期间的积蓄,并且,仅有的积蓄一般都集中用于创业前期的租地建厂和设备投资等事宜上,开业后缺少流动资金现象普遍,加上民族地区金融信贷滞后,资金外流等,资金支持能力严重不足,影响民族地区返乡农民工创业的持续发展。

(二)政府公共服务乏力

从表 23"返乡创业农民工创业面临的最大困难"的调查中,如果我们对调查结果进一步分类深入分析，在农民工返乡创业面临的 11 项困难中，"企业审批或立项手续繁多、辗转多部门""政府部门收费""企业负担重"三项共占比 22.1%。"吃大户的太多""经营环境差"两项共占比 19%。这五种因为政府公共服务缺乏而导致的"人为"困难共占比 41.1%，可见，当前民族地区返乡农民工创业环境进一步改进的空间巨大，需要政府有更大、更好的作为。"办事难"仍然是当前民族地区广大返乡农民工创业发展中面临的主要困难。

在我们深入必背镇进行的"您创业过程中，政府提供了哪些政策支持"的个案问卷调查中（见表 28），明确表示"没有支持"的有 19 人次，占比最高达 50%，这也即是说，在接受我们现场调查的 38 位返乡创业农民工中，有一半的农民工"没有得到当地政府的任何创业帮助"。这一情况出乎我们预料，也出乎当地政府部门同志的预料，调查中，我们发现当地政府对于农民工返乡创业态度很积极，工作也很投入，特别是 2008 年国际金融危机爆发后，出台了一系列具体帮扶返乡农民工创业的政策，为什么农民工没有感受到且"不领情"呢？

表28　您创业过程中,政府提供了哪些政策支持　（N=38）

加大创业指导力度,提供创业信息	5	13.2%
开展创业技能培训	3	7.9%
降低农民工创业门槛	1	2.6%
在用地、收费、税收等方面给予优惠政策	1	2.6%
在工商注册、审批等开辟了绿色通道	2	5.3%
财政贴息的支持	3	7.9%
没有支持	19	50%
未回答	4	10.5%

结合我们的现场访谈，对调查表进一步深入分析发现，问题主要出在政府对返乡农民工创业的帮扶政策针对性不强，为农民工提供具体的、实实在在的、能立竿见影见效的帮扶政策较少，所以，农民工感受不深。在接受调查的 38 人中，明确表示当地政府"加大创业指导力度，提供了创业信息"帮助的仅 5 人；明确表示接受了当地政府"开展的创业技能培训"的仅有 3 人；明确感受到当地政府"降低了农民工创业门槛"的仅有 1 人；明确接受过政府"在用地、收费、税收等方面给予优惠政策"的仅 1 人；明确表示创业过程中感受到"在工商注册、审批等开辟了绿色通道"的仅 2 人；明确表示获得过政

府"财政贴息的支持"的仅3人;占比都非常低。进一步的"您目前还需要政府提供哪些方面的政策支持"调查中,返乡创业农民工对各项扶持政策的需求占比分布非常均匀(见表29),我们在调查问卷中共明确列出了5个选项,调查结果中各项的占比均在20%左右,占比最高的是"在收费、税收方面给予优惠"(占23.4%),其次是"提供能帮助企业经营发展的服务和信息(如产品销路等方面的信息)"(占22.1%)和"对企业员工免费培训"(占22.1%)。显然,农民工的需求具有很强的现实性,这对于民族地区地方政府如何进一步大力扶持返乡农民工创业具有重要的借鉴意义。一般来说,返乡农民工创办的企业多紧紧依靠当地的资源、能源优势与特色,集中在劳动力密集型产业,规模较小,技术要求不高,见效较快,所以,他们的政府需求也就以"短、平、快"式政策为主。

表29　您目前还需要政府提供哪些方面的政策支持(可多选)(N=38)

对企业员工免费培训	17	22.1%
在经营用地上给予支持	12	15.6%
在收费、税收方面给予优惠	18	23.4%
提供能帮助企业经营发展的服务和信息 (如产品销路等方面的信息)	17	22.1%
贴息支持	13	16.8%
其他	0	0

同时,我们在乳源瑶族自治县必背镇针对返乡创业农民工创办企业的用地情况调查中发现(见表30),返乡创业农民工创办的企业选址在"村镇工业园、开发区"内的很少,仅占7.9%,租用村庄集体荒地的占26.3%,企业选址自家庭院或房屋内创业的占10.5%,租用或购买小城镇土地的占21.1%,这一调查结果对我国农村小城镇建设思路和农村土地改革战略的选择无疑都有重要的参考价值。

表30　您所创办企业的用地情况(N=38)

家庭庭院 或房屋	租用村庄 集体荒地	租用或购买 小城镇土地	村镇工业园 开发区土地	承包地	其他
4	10	8	3	0	13
10.5%	26.3%	21.1%	7.9%	0	34.2%

(三)正规金融机构支持力度不够,民间筹资渠道单一

资金筹措困难是返乡农民工创业发展中最大的困难,是返乡农民工创业企业持续发展的主要瓶颈之一,但调查表明,近八成(73.8%)难以得到正规金融组织的贷款扶持(见表31)。

表31 您创业获得的银行贷款种类(N=38)

小额农贷	小额信用贷款	担保贷款	抵押贷款	质押贷款	其他	无	未回答
1	3	4	1	1	6	14	8
2.6%	7.9%	10.5%	2.6%	2.6%	15.8%	36.8%	21.2%

在表31中,返乡创业农民工创业发展过程中,明确表示得到过金融机构贷款帮助的仅占我们全部调查对象的19.7%,不到五分之一。这些银行支持中,包括"小额农贷"(1人,2.6%)、"小额信用贷款"(3人,7.9%)、"担保贷款"(4人,10.5%)、"抵押贷款"(1人,2.6%)、"质押贷款"(1人,2.6%),各项获益人数都非常低,说明在民族地区农村金融产品已远远不能满足农村经济的发展需要。同时,在我们的调查中,明确表示没有获得过银行贷款的有14人,占36.8%,回答"其他"(6人,15.8%)与"未回答"(8人,21.2%)也属于没有得到过银行贷款,只是在接受我们调查时选择了"回避策略"。这从我们对返乡创业农民工对银行贷款的满意度的调查中能进一步感受到(见表32)。在"您获得的贷款等资金能否满足您创业发展需要"的调查中,明确表示银行贷款能满足自己资金需求的仅占5.3%,这这一比例相当低。94.7%多的被调查返乡创业农民工表示"不能满足"或选择"未回答"方式回避。显然,返乡创业农民工不能从正规金融机构获得满意的金融支持。

表32 您获得的贷款等资金能否满足您创业发展需要(N=38)

能满足	不能满足	未回答
2	16	20
5.3%	42.1%	52.6%

金融机构对返乡创业农民工创业支持不足,主要表现在:

1.银行组织金融服务意识淡薄,对于返乡农民工的创业发展支持严重不够。从表33我们对民族地区乳源瑶族自治县必背镇返乡创业农民工的调查

中发现,返乡创业农民工在创业过程中,银行提供的各种服务中,"贷款利率优惠"获益人数最多,占26.3%;其次是"针对农民工创业的小额贷款",占18.4%,这一情况主要是在必背镇返乡创业农民工大多开展农业特色产品开发,依托于国家对农业产业化发展的扶持政策;其他如"简化贷款审批手续""提供了汇兑、票据等支付手段的便宜""金融咨询和信息服务"等,获益人数都非常少,占比很低,特别是在我们调查中有36.8%的人选择了"没有支持",说明当地金融组织服务于返乡农民工创业的意识不够、主动性不强(见表33)。

表33 您创业过程中,银行提供了哪些金融支持 （N=38）

针对农民工创业的小额贷款	7	18.4%
贷款利率的优惠	10	26.3%
简化贷款审批手续	2	5.3%
提供了汇兑、票据等支付手段的便利	2	5.3%
金融咨询和信息服务	1	2.6%
没有支持	14	36.8%
未回答	2	5.3%

表34 您认为不能获得贷款的原因(可多选) （N=101）

没有合适创业项目	7	6.9%
对金融服务和产品知之甚少,不懂如何获得金融支持	4	4%
贷款条件过于严格	19	18.8%
审批手续过于繁琐	21	20.8%
银行不重视对农民工创业的资金支持	19	18.8%
适合农民工创业的金融产品太少	13	12.9%
银行贷款利率太高,难以承受	16	15.8%
其他	2	2%

2. 银行组织金融服务产品没有体现返乡农民工的创业需求特点,针对性不强。我们在必背镇开展的"您认为不能获得贷款的原因"调查中,我们根据在必背镇的个案调查情况,把返乡创业农民工没有获得银行贷款的原因总结为"没有合适的创业项目"等7项,调查结果反映出当地金融机构的金融产品严重滞后于返乡农民工的创业需求,农民工创业发展过程中不能获得贷款的主要原因在银行,如"审批手续过于繁琐"(占20.8%),"贷款条件过于严格"(占

18.8%），"银行不重视对农民工创业的资金支持"（占 18.8%），"银行贷款利率太高，难以承受"（占 15.8%），"适合农民工创业的金融产品太少"（占 12.9%），总占比高达 87.1%。返乡创业农民工认为没有获得银行贷款的原因出自于农民工自身的仅占 10.9%，其中认为"没有合适创业项目"的占 6.9%，认为"对金融服务和产品知之甚少，不懂如何获得金融支持"的占 4%（见表 34）。

3. 返乡农民工创办企业后续发展资金严重缺乏，银行组织对农民工返乡创业持续支持不够。农民工返乡创业一般都是倾其所有，创业发展进程中严重缺乏后续支持资金，同时，农民工创办的企业规模都较小，大多属于"生存型"创业，资金的自我循环能力欠缺，再次，返乡农民工创业地点一般选择农民工家乡农村乡镇或县城中心镇，地区内资金规模本身严重不足，民间资金支持能力有限，这些因素促使农民工创业对银行等正规金融组织的支持依赖性很强，而我国银行在商业化过程，缺乏相应的政策创新，对农民工返乡创业持续支持不够。

（四）民族地区经济社会条件带来的发展约束

我国民族地区大多属于边远山区，环境气候等自然条件艰苦，交通通信不发达，对民族地区经济发展的约束明显，这一点在东部民族地区的乳源瑶族自治县表现也很突出，对农民工返乡创业的制约性也存在，在表 23"返乡创业农民工创业面临的最大困难"调查中，8.8%的人选"信息不畅"，8.3%的人选"交通不便"，9.5%的选"市场规模太小"，7.7%的人选"缺乏配套产业"，6.5%的人选"人才不足"。这些制约因素加起来共有 40.8%人次在"发展困难"调查选择中选择了与民族地区经济发展自然条件有关的回答。

四、乳源瑶族自治县返乡农民工创业支持政策需求

对农民工返乡创业的支持政策主要有 "产业政策""财政政策""信贷政策""公共服务政策"这四个方面。我们就此在乳源瑶族自治县开展调查，并得到如下调查结果（见表 35）。

表 35　返乡创业农民工政策需求情况 （N=856）

项目	产业政策	财政政策	信贷政策	公共服务政策
数量	216	116	412	112
比例	25.2%	13.6%	48.1%	13.1%

我们调查中,明确表示需要"信贷政策"扶持的比例最高达 48.1%,也就是说,在乳源瑶族自治县返乡创业农民工的政策需求情况调查中,有近一半的人表示需要提供信贷扶持政策;其次是明确表示需要"产业政策"扶持的,比例为 25.2%,明确表示需要"财政扶持政策"和"公共服务政策扶持"的比例都较小,分别 13.6%与 13.1%。

金融机构提供融资服务是返乡创业农民工最大的需求,在这些金融服务中,返乡创业农民工最需要的具体服务(见表 36)

表 36 您目前还需要银行提供哪些方面的金融支持(可多选)(N=55)

用于购买原材料的短期	7	12.7%
用于厂房、设备等扩大再生产的中长期贷款支持	1	1.8%
贷款利率优惠	26	47.3%
简化贷款审批手续	14	25.5%
汇兑服务	1	1.8%
签发银行汇票和票据贴现服务	1	1.8%
金融咨询、理财和信息服务	4	7.3%
保险服务	0	0
其他	1	1.8%

由表 36 中的调查结果发现,返乡创业农民工创业过程中对银行提供的金融支持主要是"贷款利率优惠"(占 47.3%)和"简化贷款审批手续"(占 25.5%),两者共计 72.8%。

同时,我们在乳源瑶族自治县必背镇开展返乡农民工创业个案调查时,我们又对返乡创业农民工的心情进行了深入调查(见表 37)。

表 37 您目前的心情(可多选)(N=43)

平静	失望	焦虑	痛苦	愤怒	其他
20	6	11	3	2	1
46.5%	14%	25.6%	7%	4.7%	2.2%

表中,我们设计了"平静""失望""焦虑""痛苦""愤怒""其他"共 6 种情形供调查对象选择,其中选择"平静"的比例最高,达 46.5%,表明当前乳源瑶族自治县返乡创业农民工能认同自己的创业选择,能平静地对待创业中面临的困难与挫折。其次选择"焦虑""失望""痛苦""愤怒"等负面心情的有 51.3%,

选择绝对负向心态"痛苦"与"愤怒"的比例为 11.7%。做出这样的绝对性负向选择,表明创业者创业行为选择极度"失败",这至少表明,民族地区对农民工返乡创业行为还需要大力扶持,包括精神鼓励。

五、乳源瑶族自治县返乡农民工创业扶持政策措施

在 2008 年国际金融危机后,广东省为了有效应对本次国际金融危机的影响,"化危为机"推动东部沿海地区产业的现代转型,提出并实施了劳动力与产业"双转移"①战略。乳源瑶族自治县属粤北山区,地处东中部结合地带,在这一战略中首先受益。在这一"双转移"战略的实施中,扶持与支持返乡农民工创业发展是一个有效载体,所以,该县制定和出台了多分与此相关的政策支持文件,建立了返乡农民工创业的扶持政策体系。

(一)建立组织机构,广泛宣传动员,营造发展氛围

农民工返乡创业在民族地区经济发展进程中具有重要作用,起步较晚、困难较多,迫切需要政府的大力扶持。广东省乳源瑶族自治县根据当地经济社会发展状况与农民工返乡创业的需求,成立了由该县主管就业工作县领导牵头、劳动就业部门具体组织的县就业创业工作组织领导体系,在全县广泛开展农民工返乡创业宣传,大力营造支持返乡农民工创业发展的氛围。

1. 建立返乡农民工创业扶持工作联系会制度。成立由政府领导负责、劳动就业、工商管理、税务金融等相关部门参加的农民工创业工作领导小组,设立专门的返乡农民工创业支持工作办公室,定期召开联席会议或专题会议,研究农民工返乡创业扶持工作。

2. 深入调研农民工创业中遇到的困难和需求,制定农民工创业扶持政策文件,将农民工创业纳入县经济社会发展总体规划之中,推动农民工返乡创业发展。

3. 建立由工商联、总工会、共青团、妇联、残联以及各行业协会、企业家协会等社会组织共同参与的农民工创业工作协调机制,为农民工返乡创业提供有理保障。

---

① "双转移"是广东提出的"产业转移"和"劳动力转移"两大战略的统称,具体是指珠三角劳动密集型产业向东西两翼、粤北山区转移;而东西两翼、粤北山区的劳动力,一方面向当地二、三产业转移,另一方面其中一些较高素质劳动力向发达的珠三角地区转移。

4. 大力开展创业文化、创业精神、创业典型宣传活动,为促进返乡农民工创业营造良好氛围,产生示范效应与激励效果。

(二)强化服务意识,优化创业环境,引导良性循环

返乡农民工创业是全民创业的一个重要组成部分,是发展之源、富民之本、和谐之基。正式基于这一清醒认识,乳源瑶族自治县明确要求县政府各相关部门加强与外出务工经商人员的联系,鼓励他们充分在资金、技术、市场、信息、管理等方面的优势,回乡投资创业,兴办项目,外出务工经商人员回乡创业的,与外商投资企业享受同等政策。并提出"围绕加快工业化进程推进创业、围绕加快农业产业化进程推进创业、围绕大力发展旅游业带动创业、围绕加快城镇化进程推进创业"①的五大具体创业发展方向,有效指导返乡农民工创业发展。并制定具体的支持政策措施,引导和扶持返乡农民工创业。

1. 制定并实施放宽创业企业市场准入条件,将返乡创业农民工创业支持纳入全民创业支持系统,采取具体措施,支持返乡农民工创业发展。具体有(1)放宽民间投资领域,降低创业企业准入门槛,拓宽创业企业准入领域,进一步消除返乡农民工创办的大量非公有制经济体发展中的体制性障碍。(2)放宽返乡农民工创业企业登记条件,采取具体措施,推动返乡农民工创业发展。如允许公司注册不受行业限制,投资注册创业公司注册资本最低限额为3万元,且分期缴纳出资,首期出资只需达到注册资本的20%;个人独自创业企业、合伙创业企业不作最低注册资本限制;允许1名自然人或1个法人投资成立一人创业公司。(3)放宽市场主体资格确认条件,对于返乡农民工自主创办的小商贸、小加工、小制造、小修理、小服务等生存型创业企业,工商部门给予一定的宽限期,宽限期内免予工商税务登记;个体工商户、私营企业只要备案即可申办进出口经营权。(4)放宽经营场所限制,凡符合安全和环保要求的,允许以家庭住所为经营场所。在我们的调查中,乳源返乡农民工创业企业进入开发区、工业园区的仅占23%,绝大部分企业的经营场所选择"租用或购买小城镇土地"(30%)与"租用村庄集体荒地"(12.3%)以及利用"家庭庭院或房屋"作为创业经营场所(11.4%)(见表38),三者共占53.7%。对此,乳源在支持农民工创业扶持政策中,做出如下优惠规定:将返乡农民工创业纳入建设用地规划,积极提供土地保障,凡允许协议出让的建设用地,出让金可以按照

---

① 中共乳源瑶族自治县委、乳源瑶族自治县人民政府〔2007〕(23号)文件《关于大力推进全民创业促进富民兴县的实施意见》。

协议出让最低标准执行;凡获得创业土地使用权的,可依法转让、抵押、出租、折价入股。

表38 返乡创业农民工创业经营场所用地情况（N=856）

经营场所的获取途径及方式	数量	比例
家庭庭院或房屋	97	11.4%
租用村庄集体荒地	105	12.3%
租用或购买小城镇土地	257	30%
村镇等工业园区、开发区	197	23%
承包地	91	10.6%
其他	109	12.7%

2. 对于返乡农民工创业发展实行财政扶持及税收优惠,引导返乡农民工自主创业。(1)鼓励返乡农民工从事规模化种植业、养殖业、农产品加工业以及创办民办农场、民办林场和农产品流通经营,支持返乡农民工发展非农产业;对于返乡创业农民工中具有一定规模的种植户、养殖户,优先安排贷款,优先提供技术服务和技术指导,减半收取防疫、改良收费,并免征国家政策规定经营项目的个人所得税;对于返乡农民工创业从事机械化作业、排灌、植保、家畜和疾病防治项目以及相关技术培训的收入,免征营业税;对于返乡创业农民工组织的农业专业经济合作组织,从事向农户提供产前、产中和产后技术服务和劳务所取得的收入,免征企业所得税;对于返乡创业农民工兴办的农产品流通企业,自开业之日起免征企业3年所得税;对于返乡创业农民工兴办的自产自销农产品企业,免征增值税;对于返乡创业农民工新办独立核算的农村信息服务机构,自开业之日起免征企业3年所得税;允许进城创业农民工继续参加农村新型合作医疗。(2)在县财政支出中安排创业专项扶持资金,从2008年起连续5年内,县财政每年安排100万元资金作为包括返乡创业农民工在内的全民创业发展基金,5年内按照一定比例逐年增加。并出台一系列具体的对于包括返乡创业农民工在内的全民创业财政扶持措施:对科技含量高、附加值高、固定资产投资在100万元以上的新产品开发项目,由财政、科技部门积极向上争取贷款贴息;对于开发生产旅游纪念品的创业企业,经旅游和财政部门确定后,3年内对其所得税地方留成部分,由县财政给予50%的补贴;对于从事农副产品加工、精深加工和保鲜技术开发应用的返乡农民工创业企业,可享受农业产业化龙头企业贷款贴息和科研开发项目补

贴,3 年内对其税收地方留存部分,由县财政给予补贴;对于返乡农民工创业创办企业投产后 5 年内,根据企业对地方的贡献,按其上年税收的地方财政留成部分,在现有的财税分成体制不变的情况下,每年由县财政按 15%至 30%的不同比例奖励企业。

3. 优化金融服务,扩大小额担保贷款的对象范围和贷款额度,健全并全面落实小额担保贷款政策和操作方法。返乡农民工创业发展中最大的困难是资金困难,最大的制约是资金支持中银行难以发挥应有的作用,最大的期盼是创新担保贷款产品,这些是返乡创业农民工对金融服务优化的最大要求。(1)乳源瑶族自治县按照政府扶持、企业参与,市场化运作、社会化服务的方式建立信用担保机构,缓解绝大部分返乡创业农民工创办的中小企业、微型企业的贷款难、担保难的问题;鼓励中小微型企业开展联户担保,促进互助型融资担保;扩大银企合作范围,通过项目推介、贷款授信、简化抵押等方式,为企业发展提供融资服务。

4. 加强金融创新,提升返乡农民工创业过程中对于国际金融危机的应对能力。爆发于 2008 年、始发于美国的这场国际金融危机对世界经济影响深刻,对我国也产生了较大的影响,特别是对于我国出口密集的东南沿海地区,影响尤其深刻,对于地处中部的民族地区乳源瑶族自治县,其影响又如何,特别是对于当地的农民工就业、创业又有什么样的影响呢? 对此我们开展了专题调研(见表 39),调查中,认为"有影响,但不是很大"的占 44.8%,认为"对创业是一个机会"的仅有 10.5%,认为"没有任何影响"的仅占 7.9%,而有 36.8%的返乡创业农民工表示本次国际金融危机对自己创业发展"影响很大"。

表 39　2008 年国际金融危机对您创业的影响 　(N=38)

影响很大	有影响,但不是很大	对创业是一个机会	没有任何影响
14	17	4	3
36.8%	44.8%	10.5%	7.9%

作为农民工返乡创业重要支持机构的金融组织应提供什么样的支持? 在我们进一步深入开展"您认为,在国际金融危机环境下,银行应提供哪方面服务"调查中(见表 40),认为"不需要提供针对金融危机方面的金融服"的仅为 1.2%,可见,绝大部分返乡创业农民工在应对国际金融危机中,期盼银行等金融机构提供必要的帮助和支持。在他们需要的帮助与服务中,"加大对返乡创业农民工的贷款支持力度"占比最高,需求表现最为强烈,占 35.8%。其他几项需求占比

大体相当,这又说明返乡创业农民工对于金融机构的需求是全方位的。

表40　您认为在国际金融危机环境下,银行应提供哪方面服务(可多选)(N=38)

多宣传国际金融危机相关知识	17	21%
提供如何应对金融危机的相关金融咨询服务	16	19.8%
加大对返乡创业农民工的贷款支持力度	29	35.8%
开发适合返乡农民工创业的金融产品	18	22.2%
不需要提供针对金融危机方面的金融服务	1	1.2%
其他服务	0	0

(三)设立培训机构,落实补贴政策,健全培训体系

广泛深入调研返乡创业农民工,掌握农民工、返乡农民工及返乡创业农民工生活状态、技术特长、就业创业意愿、创业项目、创业困难等各方面情况,充分发挥各种教育培训机构的作用,积极开展对返乡农民工以及返乡创业农民工的适用技术培训与创业知识培训。同时,采用专门培训师授课、播放相关软件、技术能手讲解等方式,组织当地"土专家"、"田秀才"等实用技术人才现场讲解,提高返乡农民工技能水平与创业意识。

1. 建立返乡农民工创业定点培训机构。将有创业意愿与培训要求的返乡农民工以及广大农村劳动力纳入创业培训与实用技能培训对象范围,设立实用技术培训与创业培训相结合的培训辅导课程,激发返乡农民工创业发展意识,提升返乡农民工创业能力,做到对有培训要求的返乡农民工创业者实现创业培训全覆盖。

2. 建立返乡农民工创业定点培训基地,充分发挥当地农村劳动力培训条件与职业技术教育条件以及远程教育网络资源优势、"农村党员干部现代远程教育网"等培训渠道的作用,在返乡农民工创业培训中发挥主导作用。

3. 落实创业培训补贴政策。设立财政专户,落实专项补贴资金,对创业培训合格者,提供就业指导、创业规划、项目开发和跟踪服务等"一条龙"服务,积极做好返乡农民工创业指导与后续服务工作。

(四)改善行政管理,强化部门职责,构建服务体系

政府在返乡农民工创业指导与服务中具有重要的作用,政府的作为既有利于为返乡农民工创业搭建一个优质的硬环境,也有利于返乡农民工创业的

软环境建设。

1. 成立返乡农民工创业指导服务机构,配备专职工作人员、设置专门工作场所,负责对返乡农民工创业工作的综合管理、服务及创业指导技术的开发。

2. 成立返乡农民工创业指导与服务队伍,由在创业和经营管理方面丰富经验的成功企业家、经营管理专家、经济学者、法律专家及政府职能部门工作人员组成的创业服务队伍,指导返乡农民工成功创业。

3. 建立返乡农民工创业公共服务平台,为返乡农民工创业开辟"绿色通道":推行联合审批、限时办结和"一站式"办公服务,向返乡农民工提供项目开发、方案设计、风险评估、开业指导、融资服务、跟踪扶持等"一条龙"创业服务,降低返乡农民工创业成本和风险,提高返乡农民工创业成功率。

4. 建立返乡农民工创业项目库,根据乳源本地经济基础、产业特色、发展规划等实际情况建立返乡农民工创业项目库,建立有效创业项目评估和推介制度,共返乡农民工创业选择。

5. 建立返乡农民工创业者信息管理服务系统,为返乡创业农民工的创业活动提供及时有效的后续跟踪服务,保障返乡农民工创业的持续发展。

6. 创业服务工作站点延伸到乡镇,根据乳源返乡农民工创业地点有很大一部分选择在乡镇的特点(见表22),将返乡农民工创业服务延伸到乡镇、社区和村庄,开展创业政策宣传、项目推介、技能培训等。

7. 设立返乡农民工创业孵化基地(创业园区),形成集群效应。

[该调研报告收录于《中国民族地区发展问题调研报告》(Ⅱ)
中国出版集团·世界图书出版公司 2012 年 4 月第 1 版]

后危机时代返乡农民工
创业现状及帮扶政策研究
——以广西壮族自治区南宁市那马镇为例

目前,国际金融危机的影响逐渐减弱,国内经济形势也持续好转,然而依然有大量农民工滞留在农村,失去生活来源的他们给当地财政造成了沉重负担,也容易成为影响社会稳定的不安因素。因此如何解决他们的就业问题,改善他们的生存状况就成为政府面临的首要任务。

为了全面细致的了解民族地区返乡农民工的就业现状,课题组将对广西邕宁县那马镇进行调研。调研主要采取以下几种形式:(1)访谈或座谈。对象包括乡政府领导及相关部门(财政、金融、劳动、人事、教育、农业、科技等)、具有一定代表性的学校、企业及返乡农民工;(2)问卷调查。共发放问卷 300 多份,收回有效问卷 268 份;(3)文字数据资料收集。包括近年县乡(镇)政府及相关部门的国民经济和社会发展计划、政府工作报告、工作总结及统计数据等;(4)实地考察。参观考察了具有代表性的职业学校、金融单位、乡镇企业和农民工等。

本课题有两个考察目标:一是为有关政府部门决策提供参考意见,二是通过个案剖析探究返乡农民工与社会主义新农村建设的关系,为科研教学服务。

一、那马镇概况

自然环境及社会经济发展水平是返乡农民工再就业尤其是创业所必须考虑的环境因素,在这里做简要介绍。

(一)自然环境

那马镇位于广西壮族自治区的邕宁县,属亚热带季风气候。总面积 168 平方公里,耕地面积 2313 公顷,其中水田 1570 公顷,旱地 742 公顷,山塘水库 200 公顷,森林面积 4420.7 公顷,森林覆盖率为 25%,城镇建设规模为 1.6 平方公里。

(二)社会经济发展情况

2007 年,那马镇地区生产总值 2.09 亿元,同比增长 17%;固定资产投资 9037 万元,同比增长 102%;消费品零售额 9460 万元,同比增长 16.5%;财政收入 966 万元,同比增长 141%,其中非税收入 547 万元;农民人均纯收入 3885 元,同比增收 525 元,增长 17%。

1. 第一产业。农业总产值 15890 万元,同比增长 13.2%。粮食种植面积 2471 公顷,总产量 1 万吨,同比增长 4.2%;花生种植面积 535 公顷,总产量 0.87 万吨,与上年持平;甘蔗种植面积 1144 公顷,原料蔗产量 8.2 万吨,同比增长 0.3%;木薯种植面积 650 公顷,总产量 1.3 万吨,与上年持平。无公害蔬菜、名优水果、畜牧水产、速生丰产林等四大特色农业产业加快发展。蔬菜种植面积 1956 公顷,总产量 4.43 万吨,同比增长 22%。水果面积 3839 公顷,总产量 4.3 万吨。牛存栏 4150 头,其中役牛 2455 头,水奶牛 330 头,能繁殖母牛 330 头;生猪存栏 14000 头,出栏 26600 头;家禽存栏 25.2 万羽,出栏 136.3 万羽。肉产品总产量 0.45 万吨;水产品养殖面积 200 公顷,总产量 0.3 万吨;林产品产值 881 万元。

2. 第二产业。工业企业总产值 1373 万元。工业主要有百大丝绸厂和广西水产研究所中试基地水产养殖饲料厂。乡镇企业、私营企业共 8 家。

3. 第三产业。第三产业总产值 5010 万元。那马镇的旅游业较为发达,拥有大王滩和八尺江的优质资源。

(三)人口及劳动力基本结构

2007 年,那马镇辖社区 1 个,村委会 7 个,自然坡 68 个,村民小组 211 个,年末总人口 23229 人,其中农业人口 21903 人,占总人口的 94.3%,非农业人口 1326 人,仅占 5.7%[①],是一个典型的以农业产业为主的乡镇。

二、那马镇返乡农民工基本情况

此次问卷调查的对象是那马镇有一年以上外出务工经历、目前返乡归来的乡镇居民。课题组共发放调查问卷 300 份,回收有效问卷 265 份,回收有效

---

① 以上数据来源于邕宁县政务信息网(http://www.yongning.gov.cn/)

率为88.3%。依据回收的265份问卷,课题组对那马镇返乡农民工基本情况进行了统计,具体分析如下:

(一)从性别年龄分布来看,男性青壮年占绝大多数(见表1)

目前返乡农民工男性所占比例为60%,女性比例为40%。80%以上为16～45岁的青壮年,20岁以下及45岁以上所占比例不足20%。

表1　农村劳动力资源普查资料

年龄段＼指标	人数	所占比例%
16~35周岁劳动力	133	50.34
36~45周岁劳动力	88	33.15
46~60周岁劳动力	44	16.51

数据来源:邕宁县劳动局普查资料

(二)从受教育状况看,文化程度普遍不高(见表2)

小学文化程度及以下的占39.35%,初中文化程度的占50.49%;具有高中文化程度的只占10.16%,大专文化程度以上的,在100户农村住户中没有发现。可见,相比较而言,返乡农民工的素质还是比较低的:高中以上文化程度占劳动力人口的比例比全国少1.98%。

表2　那马镇返乡农民工文化程度结构及其比较(单位:%)

指标＼地区	那马镇	广西壮族自治区	全国
小学及以下	39.35	33.39	38.5
初中文化	50.49	53.11	49.3
高中(中专)	10.16	13.01	11.7
大专及以上	0	0.49	0.5

数据来源:国家统计局农村调查总队调查报告、中国三农信息网和邕宁县统计局

(三)农民工就业流向范围遍布发达地区(见表3)

在265人中,除36人在广西壮族自治区务工以外,绝大多数集中于广州、广东(广州除外)和福建。

表3 那马镇农民工外出务工省份统计

省(市)	北京	上海	重庆	天津	广西	广州	广东(广州除外)	福建	港澳地区	其他地区
人数	5	8	3	6	36	98	64	37	0	0

(四)从事行业多而杂,缺乏竞争力(见表4)

邕宁县中小企业发展局2007年的调查显示, 在外兴办企业资产达1000万元或在大中型企业从事高级管理的那马籍人只有12名,电子电工,计算机应用等专业技术人员也较少。

表4 那马镇返乡农民工从事行业列表

行业	电器维修	服装业	医药制造	农产品加工	交通运输业	电子电工	计算机应用	营业员	杂货零售	建筑业	住宿餐饮业
人数	25	37	15	45	25	10	4	14	22	42	25

(五)收入普遍较低,属生存型水平(见表5)

从务工收入来看,月收入不足1000元的外出务工者仍然有17%的比例,大多数务工者的月收入均处于1000～3000元区间, 只有15%以上的外出务工者月收入在3000以上。这从一个侧面表明,那马镇外出务工人员竞争力相对较弱。导致这一状况的原因,除劳动力文化程度外,还与观念落后、缺乏劳务品牌等因素有直接关联。

表5 那马镇返乡农民工务工收入情况

月收入(元)	人数	比例(%)
1000 以下	45	17
1000~2000	93	35
2000~3000	87	33
3000~4000	32	12
4000 以上	8	3

三、那马镇返乡农民工帮扶政策现状及存在问题

2008年金融危机爆发以来,农民工返乡在就业及创业问题越来越受到全社会的广泛关注。根据邕宁县劳动与社会保障局统计,2007年末,全县农村劳

动力 16.11 万人，常年外出务工人员 6.1 万人，占农村劳动力的比例达 37.86%，比广西平均水平高 9.52 个百分点，比全国平均水平高 12.52 个百分点。那马镇农村劳动力 1.9 万人，常年外出务工人员 0.85 万人，占该镇农村劳动力的 45.13%，比该镇的所在县高出 7.27 个百分点，比广西平均水平高出 16.79 个百分点，比全国平均水平高出 19.79 个百分点（见表 6）。

表 6　那马镇农村劳动力外出务工人员数量及其比较（2007）

地区　　　　　　　　　指标	那马镇	广西壮族自治区	全国
农村劳动力(单位:万人)	1.9	78.9	52145
常年外出务工人数(单位:万人)	0.85	34.92	13212
常年外出务工人数占农村劳动力的比例(%)	45.13%	38.34%	25.34%

数据来源：国家统计局网站、广西壮族自治区统计局网站和邕宁县劳动局普查资料

(一)那马镇返乡农民工再就业情况，

广西壮族自治区各级政府采取了多种措施，使返乡农民工尽快实现再就业。

1.帮扶农民工再就业工作的不断推进。自治区各级党委、政府领导非常重视帮助返乡流动党员和农民工解决实际困难和问题。目前，所有的自治区党委常委和党员副主席都建立了帮扶农民工就业创业联系点，全区县以上的党员领导干部 8500 多人共建立了联系点 1.012 万个，还有 9042 个县(市、区)直部门单位、1126 个乡镇和 1.8506 万个乡镇机关单位挂点包村，实现了全区行政村全覆盖。同时，全区还有 3 万多名社会主义新农村建设指导员已与 4 万多名流动党员结成帮扶"对子"，保证他们实现就业创业。

在南宁市，政府在全国率先开展村级劳动保障工作平台建设，截至 2009 年 9 月 21 日有 1392 个村级劳动保障工作站在努力帮助返乡农民工就业。市政府将新农村建设、重点项目建设和促进返乡农民工就业有机结合起来，加强就业指导、职业介绍和就业信息发布等服务，积极组织用工企业开展"招聘进村""送岗下乡""就业直通车"等活动，努力实现返乡农民工"在家门口就业"。

2.返乡农民工技能培训的大力开展。2009 年 2 月 10 日，"广西返乡农民工技能培训行动"在来宾市启动。此次活动由自治区劳动和社会保障厅、自治区总工会联合主办，充分利用了各级劳动保障、工会培训机构和其他培训机构，根据返乡农民工、用人单位的需求，分期分批对返乡农民工开展技能培

训,从而实现转移就业。据统计,到 2009 年 1 月底,广西农民工返乡人数达到 198.5 万人。据此,自治区政府批准从自治区本级滚存节余的就业专项补助资金中拿出 3000 万元,补助给全区每个县(市)和有农村的城区各 20～30 万元,用于返乡农民工的技能培训和就业服务工作。通过第一期培训就业行动,解决约 10 万农民工技能培训问题,并努力帮助他们重新实现转移就业,缓解全区就业压力。

南宁市政府也搭建了培训平台,制订了《南宁市百万农民就业培训活动方案》,特别是根据农民工培训实际需求,把企业生产设备带到劳动力比较集中的村屯,积极开展驻村培训,建立"门口办班、就地培训、就地转移"的企业"后方培训基地",提高了返乡农民工培训效率。同时,在免费为返乡农民工培训的基础上,还对返乡农民工培训期间给予适当生活补贴,大大提高了返乡农民工参加培训的积极性。截至目前,全市免费为广大返乡农民工举办各类培训班 118 期,培训返乡农民工 11.8 万人次。

3.出台政策帮助中小企业渡过难关。企业是农民工的衣食来源,支持农民工再就业就必须维持它们在金融危机中屹立不倒。广西企业中 99% 是中小企业,2009 年第 1 季度共有 1632 家私营企业注销,是 2008 年同期的 2.6 倍。面对严峻形势,广西先后出台了《加快中小企业发展的若干意见》《支持工业企业应对当前国际金融危机的若干意见》《关于进一步支持中小企业融资的意见》等政策文件,从融资、技术、人才等方面对企业进行全面帮扶,使得经济实现了逆势上扬。自治区工商联在 2009 年中的一份抽样调查显示,90% 的非公有制企业认为"在金融危机中企业能够顺利渡过难关",这与 2008 年 12 月份 65% 的非公有制企业认为"相当一部分企业将在危机中破产"形成鲜明的对比,企业发展信心明显增强。

4.春节出现的"用工荒"缓解了就业难问题。2011 年春节过后,无论是南方发达地区,还是中西部的用工单位,普遍感觉到今年的"用工荒"愈发严重,据统计,仅广东的用工缺口就超过 400 万人,转移到偏远山区的劳动密集型企业更是因此而愁眉不展。据企业的招工情况看,用工缺口主要集中在电子制造业、建筑也、餐饮服务业、物流配送和加工业,这些行业正是农民工所熟悉甚至精通的行业,一时间早出务工的农民工炙手可热。尽管"用工荒"现象的出现不乏农民工主观方面的原因,但总体来说,还是在很大程度上解决了农民工的就业问题,也使农民工务工收入得到了一定的提高。

在政府的引导下,加上国内就业形势的明显改善,2008 年返乡的 200 多万农民工基本实现了重新就业,到 2009 年 8 月,广西实现城镇新增就业 32.83 万人,提前超额完成目标任务,如下图所示,2008 年 12 月份,那马镇返乡农民工达到最低谷,然后逐渐回升,至去年 12 月份,除了那些留乡创业的,已基本接近金融危机爆发之前的水平(见表 7)。

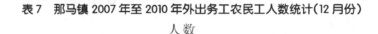

表 7　那马镇 2007 年至 2010 年外出务工农民工人数统计(12 月份)

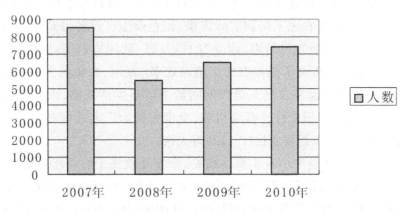

数据来源于《那马镇政府干部经济工作手册》

(二)那马镇返乡农民工创业情况

受金融危机影响,2009 年广西返乡农民工总数达 284.3 万人,占外出务工总数的 36%;大量的大中专院校毕业生同样面临就业难的问题。面对少有的严峻形势,自治区政府安排 10 亿元设立返乡农民工创业就业基金,并颁布了《广西壮族自治区促进全民创业若干政策意见》,通过实施"零注册、零收费、减税负、贷款贴息、培训补贴"等多项创新措施推动全民创业,对返乡农民工初次创业所发生的工商、税务、卫生等行政事业性收费给予全额补助。创业基金一是用于创业补贴。对返乡农民工初次创业时,所涉及的行政事业性收费给予全额补助;对开展规模种养的,给予一次性补贴 2000 元。二是用于贷款贴息、小额贷款担保。金融机构等部门对返乡农民工开展规模种养、新创办经济实体给予贷款和小额信贷担保;对吸纳农民工就业,且与其签订劳动合同半年以上的企业和单位,采取以奖代补的方式,按每用工一人补贴 1000 元[①]。

---

① 资料来源于广西壮族自治区人民政府门户网站(http://www.gxzf.gov.cn/)

广西地税局也从 2009 年 1 月 22 日起出台若干措施对 2008 年 7 月 1 日后返乡创业就业的农民工给予个人所得税、营业税、城市维护建设税等税种不同程度的减免,为推动广西广大农村地区流动人员返乡创业就业创造优良环境,包括:(1)返乡农民工①免收税务登记证件工本费。(2)返乡农民工从事个体经营的,其营业税起征点为月营业额 5000 元,达不到起征点的,不征收营业税及随营业税征收的城市维护建设税、教育费附加。(3)对各类教育和培训机构为返乡农民工进行农业机耕、排灌、病虫害防治等技术培训取得的收入,免征收营业税及随营业税征收的城市维护建设税、教育费附加。对政府举办的高等、中等和初等学校(不含下属单位)为返乡农民工举办进修班、培训班取得的收入并全部归该学校所有的,免征营业税及随营业税征收的城市维护建设税、教育费附加。(4)对返乡农民工提供代种植物、代养动物、林木养护、林木砍伐和病虫害防治等劳务取得的收入,免征营业税及随营业税征收的城市维护建设税、教育费附加。(5)返乡农民工用自有房产和土地从事生产经营的,免征房产税和城镇土地使用税。(6)对返乡农民工初次创业所获得政府部门给予的补贴,不属于税法列举的应税项目,不计征个人所得税。(7)返乡农民工办理税务事项享受优先待遇,各级地税机关办税服务大厅要开通绿色通道,为返乡农民工提供优质、高效、便捷的税收服务。

一系列措施使农民工返乡创业的环境逐步得到改善,返乡农民工的创业热情也不断高涨,创业类型不断拓展,创业规模也呈现扩大的趋势,具体表现在:

1. 创业存量及增量丰富。就课题组调研的 265 份问卷中,231 人正在创业,22 人又创业意向,其余 12 人仍有外出打工的想法。从创业实体类型来看,创办个体工商户的有 171 户,占创业总人数的 74%,创办私营企业的有 60 户,占 26%。从增量上看,除了发送问卷的 22 人有创业意向,通过访谈课题组还了解到,由于食品价格的持续高涨,外出务工的待遇却提升有限,实际收入也因此不断减少,所以有不少正在外出务工的农民工都打算近期回来发展。

2. 运用务工学到的技术、积累的经验和资金,发展现代农业。创业优惠措施的出台,使返乡农民工意识到,只要有技术,有知识,在哪都能发展,在那马镇有不少农民工就把打工学到的技术和积累的经验运用到以前从事的传统农业中来,通过改变种植物种,改进种植方法提高产出,通过改变农产品销售渠道等方式增加收入,发展了现代农业,实现了农业产业化,转变了发展方式。

---

① 指初次创业办理税务登记时,县级劳动和社会保障部门认定并颁发《广西返乡农民工优惠证》的农村居民,下同。

那马奶水牛场位于良庆区那马镇共和村,是全广西最大的私营奶水牛养殖场,是良庆区水牛奶业开发的龙头示范基地。养殖场占地面积650亩,建有牛舍3栋,建筑面积近2000平方米,牛床位300多个,现奶牛存栏276头。该养殖场通过推广养殖新模式,带动养殖户发展,同时大量收购农产品废料,带动了那马镇及周边地区农业产业结构调整,扩大甘蔗种植面积5000多亩,扩大玉米和牧草种植3000多亩,木薯10000多亩,自2008年金融危机爆发以来,解决了近50名返乡农民工的再就业问题,并通过产业化带动其他产业发展,为农业增效、农民增收发挥了积极作用。据了解,由于土地肥沃,气候湿润,该镇还有无公害蔬菜、菠萝、萝卜、水库鱼等种养殖业等几大特色产业。

那马镇连山村的何雨鸿原本在浙江打工,2008年12月,受金融危机的影响,她成为返乡农民工大军的一员。后来何雨鸿多次从媒体上看到养殖甲鱼致富的报道后,产生自己养甲鱼的念头。经过多年的循环投入和科学喂养,何雨鸿逐渐摸索出了从幼苗孵化、幼苗养殖到成品繁育一整套养殖技术,养殖规模和销路不断扩大,自己办起了甲鱼养殖场。据了解,该养殖场地占地面积1亩左右,养殖甲鱼1000多只,按每斤甲鱼市场价格60~70元/斤计算,今年何雨鸿可售出的甲鱼有500只左右,年纯收入可以达到2万元。

3. 经营"农家乐"等涉农服务业。那马镇的休闲旅游特色明显,有南宁市首家温泉酒店——绿都温泉,有风光旅游的大王滩度假村,有别具特色的天鹅表演,有浓郁乡村风情的竹泉岛,有集休闲健身于一体的跑马运动,各具特色,展示出那马独特的城郊型休闲旅游新概念。那马镇政府近年来也积极利用这些旅游资源优质,引进旅游项目建设,搞好优质服务,改善对外关系,为投资经营单位和个人创造良好的投资环境。当地群众与开发商关系融洽,以竹泉岛文化村为中心的旅游观光、休闲度假区的服务功能日益完善,在南宁市区初具知名度,并拥有一定数量的稳定客源。

面对家乡日渐红火的旅游业,不少返乡农民工借助这些环境优势,在旅游景点附近经营起了"农家乐"餐馆和旅社,吸引了不少旅游观光者的到来,这不仅对原有旅游业项目是一种丰富,更解决了不少返乡农民工的就业创业问题。在接受课题组调研的265人中,有56人从事此类涉农服务业。

(三)返乡农民工创业帮扶政策存在问题分析

从以上数据可以看出,从整体来说农民工返乡创业还处于起步阶段,创业规模小、水平低,竞相创业的氛围远未形成;创业环境的改善、现有的政策制度与返乡农民工的现实需求还存在着很大差距。具体表现在：

1. 返乡农民工就业创业政策缺乏连续性。不可否认，2008 年金融危机爆发以来，返乡农民工生计问题受到各级政府的高度重视，也一度成为那马镇政府工作的首要任务，返乡农民工也确实享受到许多优惠政策。然而伴随着金融危机影响的逐渐减弱及就业形势的持续好转，返乡农民工问题也慢慢地淡出公众视野，农民工帮扶工作也不再被各级政府所重视。

首先，返乡农民工技能培训举办次数越来越少。多数农民工朋友表示，政府举办的农民工技能培训系列活动，给他们一个很好的相互学习和交流的机会，对于他们提升技艺，找到适合工作的作用很大。但这种培训活动举办次数越来越少，据统计，2010 年以来，针对返乡农民工的技能培训活动仅有一次。

其次，农民工创业优惠政策时限较短，多为半年到一年。如广西地税局对2008 年 7 月 1 日后返乡创业就业的农民工的个人所得税、营业税、城市维护建设税等税种不同程度的减免措施等政策的执行期限为自 2009 年 1 月 1 日起至 2009 年 12 月 31 日止。这就意味着，自 2010 年起的返乡农民工家乡创业就享受不到相应的优惠政策，使返乡农民工创业面临的负担明显加重，这极大地打击了他们的积极性。

2. 创业帮扶政策对返乡农民工宣传不到位。在调研中，我们发现，返乡农民工创业帮扶政策对农民工的宣传不到位，加上农民工思想守旧、文化有限，一般情况下不会主动通过网络或去政府部门了解政府的帮扶政策，于是一些优惠政策的出台和实施不为返乡农民工所知晓。265 人中，21%的农民工表示不知道或 2010 年后才知道政府会帮助返乡农民工介绍工作再就业；33%的返乡农民工表示不知道或 2010 年后才知道省市内有免费农民工技能培训培训活动；38%的农民工表示不知道广西地税局 2009 年 1 月 1 日起至 2009 年 12月 31 日的税收减免政策；44%的返乡农民工表示不知道创业时可以去银行办理小额信用贷款。

3. 返乡农民工创业融资困难。不少农民工返乡创业，有技术，有经验，有热情，却缺乏资金的支持。在调研中，我们发现，尽管政府出台了不少贷款优惠政策，但返乡农民工进行创业面临的首要问题依然是融资困难。

金融机构服务不到位。一些金融机构创新意识不强，服务理念落后，金融产品单一，营销方式简单。金融机构推出的信贷品种少利率高，且尚无适合返乡农民工创业特点、需求的信贷品种，如中国农业发展银行是为农业和农村经济发展服务的政策性银行，其主要职责之一就是支持农业产业化经营，然而南宁市农业发展银行并没有支持返乡农民工发展现代农业的贷款品种。在那马镇，仅有农村信用社和邮政储蓄银行面向创业农民工发放小额信用贷款。

农村金融服务体系不够完善。除农村信用社、邮政储蓄银行在基层乡镇设置营业网点，其余银行均只会在城镇设立网点。

申请小额贷款的流程复杂。农民工返乡创业，需经农村信用社对其进行评级授信和办理相关担保手续后才能得到贷款支持。如南宁地区农村信用社的小额担保贷款从提出申请到银行发放贷款共八个步骤。

金融机构提供的优惠贷款附加条件过多。南宁地区对创办企业的资金和人员规模都有要求，甚至要求雇多少返乡农民工等。由于返乡农民工实力有限，创办的大多是规模较小的家庭作坊企业，因此这些附加条件使大批返乡农民工难以获得劳动密集型小企业贷款政策等优惠贷款。

4. 返乡农民工创业帮扶渠道单一。就目前来看，那马镇返乡农民工创业帮扶工作主要是由政府牵头和负责的，从这种模式的推行成果来看，这种单一的帮扶渠道使政府投入了过高的成本，也未能达到最佳效果。返乡农民工生计问题意义重大，政府部门责无旁贷的应担当起帮扶他们的重任，并发挥主导作用，但政府不应该是也没有能力是返乡农民工帮扶资源的唯一提供者。

首先，政府部门掌握的资源有限。在法定政府规模的限制下，各级政府的人力、物力、财力都是受到限制的，其所能运用的资源也是有限的，排除日常运行的消耗，单纯留给返乡农民工的空间就非常有限。所以，农民工安置工作在一定时间范围内可能会是政府工作的中心任务，随着形势的好转，以及接连不断新任务的需要，政府能给返乡农民工提供的资源也就越来越少，以政府为唯一提供者的安置模式也是农民工帮扶政策缺乏连续性的原因之一。其次，单一供给模式下，相关资源提供的针对性难免有所欠缺。自金融危机爆发以来，对于年龄不同、行业不同、务工流向各异、返乡时间不同，返乡之后对于未来又各有打算的农民工，政府作为唯一的提供者，是很难在一定时间范围内以一种或几种标准来满足返乡农民工的不同需求的。如在帮助农民工再就业上，技能的培训没有从市场需求出发，也没有针对农民工从事行业的不同和掌握技能的熟练程度因材施教，对技能培训后产生效果也缺少反馈。在农民工创业支持上，未对返乡农民工创业的政策需求进行调研，出台的政策主要集中于费用减免和税收减免，对返乡农民工创业的资金需求，用地需求考虑得较少。

5. 返乡农民工创业帮扶工作评估与监管缺位。返乡农民工创业帮扶工作只对上级政府负责,缺少对返乡农民工满意度的考虑。农民工创业帮扶工作的评估方式单一,仅对上级政府部门负责,甚至有些基层领导在农民工就业创业支持上不从返乡农民工的实际需求出发,而是为应付上级检查甚至谋求政绩,盲目地做空做大,浪费了许多公共资源,收不到应有的效果。返乡农民工创业帮扶工作,其主旨是解决返乡农民工的生计问题,采取措施增加他们的收入,鼓起他们对未来生活的信心。因此返乡农民工创业帮扶工作评估的重要标准就是返乡农民工的满意度,政府部门尤其是基层部门要通过与返乡农民工接触,通过农民工的真实想法了解现有工作取得的成效,并认真倾听返乡农民工对创业帮扶工作的其他诉求,以期对原有工作进行改进,提升返乡农民工的满意度。在那马镇的调研中,未发现政府工作人员回访返乡农民工调查满意度的情况,创业帮扶政策的效果仅仅通过一些粗略的数据得出,缺乏科学性和真实性。

对返乡农民工创业帮扶工作开展而产生的财政支出及专项资金缺乏有效的监管,难以保证相关资金运用的透明度。农民工的安置及培训少不了大量资金的投入,如广西壮族自治区政府拨划的 10 亿元设立返乡农民工创业就业基金,农民工技能培训活动举办的财政投入,及各级政府给予返乡农民工创办企业的工商、税务、卫生等行政事业性收费的补助,这些专项资金从投入使用到最终结算,均未有在各级政府部门的网站反映出来,因此不能保证这些资金切实运用到解决返乡农民工困难上去而不是被挪用和浪费。

四、改进返乡农民工创业扶持措施的政策建议

(一)改进返乡农民工就业创业帮扶机制的必要性和紧迫性

农民工阶层位于社会结构的基层,不仅在经济上处于弱势地位,其阶层利益的表达渠道也并不畅通,因此除非处于特定的社会环境,否则其利益的实现很容易被社会所遗忘。伴随着农民工就业形势的好转,各级政府在返乡农民工问题上花费的精力也越来越少,以前的各项帮扶政策也大都过期,然而,伴随着国内国际经济形势新的变化,农民工帮扶机制的改进很有必要。

首先,国际上,美国国债危机的爆发致使国际评级机构美国标准普尔公司把美国主权信用评级从顶级的 AAA 级下调至 AA+ 级。加上早期的欧洲国家的主权债务危机,使得投资者对经济发展持悲观态度,这种担忧情绪又导

致欧美股市大跌等连锁反应。8月18日纽约股市暴跌，道琼斯指数跌400点以上，标准普尔跌幅近4.5%，纳斯达克指数跌幅超过5.2%。美国劳工部于同一天对外发布的数据显示，上一周美国首次申请失业救济的人数增加9000人至40.8万人[1]。种种迹象表明，新一轮国际性的经济危机随时都有可能爆发，在经济全球化影响下，沿海各省出口依存度高的手工业和制造业必然首当其冲遭受冲击，企业不得不停产减员，而这些劳动密集型行业也是农民工流入最多的行业，所以说，农民工返乡潮有可能再次袭来。

其次，在国内，2011年上半年南方中小企业也面临着不少危机，甚至有着"中小企业倒闭潮"的说法。部分中小企业生产经营困难的原因是多方面的，和原材料和劳动力成本上涨、国家经济结构调整、企业规模过快扩张、海外市场动荡、一些企业投资经营战线拉得太长等问题有关。在标普下调美国信用评级后，南方各省中小企业的形势更是雪上加霜：下调前，中小企业还有一些对美订单；下调后，对美订单便锐减，有些外国企业开始推迟订单，甚至退单。东莞纺织服装行业协会会长陈耀华认为，东莞企业已经达到2008年以来最危险的时期。另据报道，素有"牛仔之都"美誉的广东省佛山市均安镇，近半年来近100家牛仔企业先后倒闭。

(二)改进返乡农民工就业创业帮扶机制的具体措施

1. 建立返乡农民工帮扶的长久机制。建立返乡农民工帮扶长久机制，就要对农民工技能培训长抓不懈。第一，强化政府在培训上的主体作用，逐步建立有利于返乡农民工再就业培训的宏观政策和教育培训体系，把返乡农民工教育培训纳入当地经济社会发展的总体规划当中。第二，通过调整产业结构，创造再就业机会，通过广泛宣传教育、典型示范等形式，让返乡农民工逐渐意识到接受教育培训对改善自己生存发展状况的必要性和重要性，进而激发农民工参加培训的热情；第三，整合各类职业教育培训资源，建设适合农民工不同层次需求，符合劳动力市场需求的教育培训体系。

建立返乡农民工帮扶长久机制，就要坚持农民工创业优惠政策长期性与适应性的统一。农民工创业优惠政策的长期性是指创业优惠政策不会因为"返乡潮"的消退而结束，而是对任何时候返乡的农民工放开，使所有返乡后有志于支援家乡发展的农民工都有享受优惠政策的均等机会，激发返乡农民

---

[1] http://finance.qq.com/a/20110818/008344.htm.

工的创业热情。广西壮族自治区于 2011 年 06 月 22 日出台的《关于大力发展微型企业的若干意见》就提出了发展"微型企业"①,为低收入群体提供创业机会,其中城镇失业人员、被征地拆迁户、残疾人等八类人群创办的微型企业尤其能享受到优惠政策,可以获得政府直接资金补助,享受资本金、税收、培训、融资、行政规费等方面的多项优惠政策。所谓的适应性是指返乡农民工的安置政策应该从实际出发,依据返乡农民工总体就业形势的变化而有所调整,在农民工返乡趋于平淡的时候对原来的一些临时性应急性的政策进行必要的调整,保证安置政策能起到应有效果。

2. 加大创业优惠政策对返乡农民工的宣传力度。鉴于返乡农民工在创业优惠政策上的封闭性与被动性,政府部门应该主动采取措施,加大相关政策的宣传力度。首先,丰富宣传渠道。运用政府部门网站,地方电视台、地方广播、地方报刊等公共传媒,使返乡农民工能够全面及时地了解政府出台的相关政策。其次,运用自身资源宣传。县乡政府、村委会也应该在办公地方张贴告示,必要时也可以采取去公共场所发放传单的方式。公务人员也应该深入基层、群众,与返乡农民工接触时积极地向他们宣传和解释政府的优惠政策。最后,强化与返乡农民工的互动。在强化政策宣传的同时还应该强化与农民工的互动,公务人员与农民工当面接触时,可以询问返乡农民工对家乡创业的有关顾虑和对政府的其他要求,以通知、告示传单为形式的宣传方式可以留下信箱,热线为返乡农民工提供反馈的渠道,以对后期工作进行改进

3. 依托地方优势,运用智慧创业。经过调研我们发现,那马镇农民工返乡之前在各行各业均有涉猎,所在地也遍布全国,因此农民可以善用自己在外出务工获得的先进管理理念、经营方式、技能技术等,返乡后充分发挥自己的创造性,运用自己的智慧创业。另一方面,创业农民工也应该依托地方经济上、文化上、自然环境上优势,规避相应的劣势,从家乡的实际情况出发确定自己的创业方向和创业规模。那马镇气候温暖湿润,风景宜人,所以返乡农民工从事的现代农业和涉农服务业取得了良好的效果。

4. 完善农民工帮扶工作的监督机制及责任追究机制。首先,深入实施帮扶工作的政务公开。政府部门要严格执行政府信息公开条例,主动、及时、准确公开帮扶工作相关财政预算决算,包括花费开支的时间、方式,公开的内容要详细全面,逐步细化到"项"级科目,使农民工帮扶专项资金接受公众监督,

---

① 广西扶持的微型企业界定为:从业人员(含投资者)20 人及以下、出资数额或注册资本 10 万元及以下的依法注册登记的个人独资企业、合伙企业、有限责任公司。

保证相关资源运用的透明、规范和效率。其次,加强对帮扶工作的监督考核。把返乡农民工帮扶工作纳入行政组织和领导干部的绩效考核范围中来,细化考核评估标准。建立舆论监督和群众监督体系,充分发挥人大代表、政协委员、民主党派、人民团体和新闻媒体的监督作用,强化社会监督,对农民工帮扶工作实现全过程监察。高度重视人民群众监督,认真解决农民工投诉反映的问题。建立健全激励和问责机制,对农民工安置工作落实到位、群众满意度高的地区和部门要予以奖励;对帮扶工作落实不力的,要进行诚勉谈话,限期整改;对贪污挪用农民工帮扶专项资金,损害农民工权益、造成严重后果的,要严格追究责任;坚决避免农民工就业创业扶持工作流于形式,确保农民工帮扶各项政策落到实处。

5. 整合多种社会力量支持农民工返乡创业。政府部门掌握资源的有限性决定了仅依靠政府来解决返乡农民工问题是不可行的。所以政府在发挥主导作用的同时,也应该培育多种社会力量共同解决返乡农民工就业创业问题。如培育农民工协会,老乡会等民工自治组织,能为农民工提供就业招工信息、工作技能的交流传播、维护农民工权益及相关法律咨询等服务,其建立有利于扩大农民和农民工参与社会事务的范围,实现农民工的利益。政府也应该为农民工自治组织的建立提供相应的指导与信息服务,给予它们发展壮大的空间,实现这些组织在实际运行过程中规范化、高效化、法制化。

又如在农民工创业融资上,银行可以更新观念,创新金融产品,提供一些适合返乡农民工创业的贷款品种。针对农民工技能培训,可以增强地方职校技校的社会责任感,鼓励这些学校对前来培训的返乡农民工实行学费减免的优惠政策,使农民工能花费较小的成本实现同等条件的培训。

[该调研报告收录于《中国民族地区发展问题调研报告》(Ⅱ)
中国出版集团·世界图书出版公司 2012 年 4 月第 1 版]